Kohlhammer

Die Autor:innen

Prof.in Dr.in Silke Kaiser (Dipl.-Soz.Päd.) ist Professorin für Pädagogik der Kindheit an der Evangelischen Hochschule Freiburg, Leitung des Master-Studiengangs Bildung und Erziehung im Kindesalter und Co-Leitung des Zentrums für Kinder- und Jugendforschung.

Denise Maag (geb. Pasquale) ist wissenschaftliche Mitarbeiterin und Lehrbeauftragte an der Evangelischen Hochschule Freiburg.

Prof. Dr. Klaus Fröhlich-Gildhoff, Dipl. Psych., Psychologischer Psychotherapeut und Kinder- und Jugendlichenpsychotherapeut, war bis 2020 an der Evangelischen Hochschule Freiburg Professor für Entwicklungspsychologie und Klinische Psychologie und Co-Leiter des Zentrums für Kinder- und Jugendforschung (ZfKJ).

Silke Kaiser
Denise Maag
Klaus Fröhlich-Gildhoff

Übergänge im Bildungsverlauf von Kindern und Jugendlichen

Professionelle Begleitung in Krippe, Kita und Schule

Verlag W. Kohlhammer

1. Auflage 2026

Gesamtherstellung: W. Kohlhammer GmbH, Heßbrühlstr. 69, 70565 Stuttgart
produktsicherheit@kohlhammer.de

Print:
ISBN 978-3-17-045876-5

E-Book-Formate:
pdf: ISBN 978-3-17-045877-2
epub: ISBN 978-3-17-045878-9

Vorwort

Übergänge begleiten uns durch unser gesamtes Leben. Von der frühen Kindheit bis ins Erwachsenenalter müssen Übergänge gemeistert werden. Gelingende Transitionen in Kindheit und Jugend sind entscheidend, da sie Entwicklung, Persönlichkeit und seelische Gesundheit prägen und auf zukünftige Herausforderungen vorbereiten.

Im Rahmen des Präventionsnetzwerks Ortenaukreis (PNO) wurde 2021 eine umfassende Bestands- und Bedarfsanalyse im Bereich Kinder- und Jugendgesundheit mit über 300 Fachkräften aus dem Gesundheits-, Jugendhilfe- und Bildungssystem durchgeführt (Weltzien, Pasquale & Boidol, 2022). Übergänge waren für alle Beteiligten zentral – sowohl große Wechsel wie von der Krippe in die Kita oder von der Schule in den Beruf als auch alltägliche Übergänge, etwa vom Innen- in den Außenbereich. Im Fokus steht hierbei die Stärkung der seelischen Gesundheit im Sinne der Resilienzförderung. Übergangsphasen sind vulnerable Phasen, in denen eine unterstützende Begleitung entscheidend dazu beiträgt, dass Kinder und Jugendliche Veränderungen positiv bewältigen und gestärkt aus ihnen hervorgehen. Gleichzeitig gilt es, negative Entwicklungsfolgen zu erkennen und zu vermeiden. Nachhaltig gelingende Übergänge erfordern ein passgenaues Übergangsmanagement, das verschiedene Perspektiven berücksichtigt. Dabei müssen sowohl die Rahmenbedingungen in verschiedenen Settings als auch die Bedürfnisse besonders vulnerabler Gruppen, wie Familien in Armutslagen oder mit Migrationshintergrund, gezielt einbezogen werden. Praxisnahe Konzepte sind essenziell, besonders angesichts des Fachkräftemangels. Das PNO steht dazu im engen Austausch mit Einrichtungen und Fachkräften und hat den wichtigen Bereich der Transitionen in seine Arbeit mit aufgenommen.

Mit finanzieller Unterstützung der Techniker Krankenkasse beauftragte das PNO das Zentrum für Kinder- und Jugendforschung (ZfKJ) an der Evangelischen Hochschule Freiburg mit der Entwicklung eines Curriculums »*Gestern – Heute – Morgen: Positive Bewältigung von Transitionen zur Stärkung der Kinder- und Jugendgesundheit*«. Dieses wurde von Kaiser und Maag erstellt und richtet sich an Teams in Krippen, Kitas und Schulen. Neben pädagogischen Fachkräften und Lehrkräften werden auch Eltern aktiv einbezogen, da gelingende Übergänge eine gemeinsame Gestaltung erfordern.

Das vorliegende Buch greift diesen Gedanken auf, vermittelt wissenschaftliche Grundlagen und praktische Konzepte, um Multiplikator:innen sowie pädagogische Fach- und Lehrkräfte in dieser wichtigen Aufgabe zu unterstützen. Wir sind davon überzeugt, dass eine professionelle Begleitung von Übergängen nicht nur zur individuellen Resilienz von Kindern und Jugendlichen beiträgt, sondern auch eine nachhaltige und gesundheitsorientierte Bildungslandschaft fördert.

Unser Dank gilt der Techniker Krankenkasse, den Autor:innen sowie allen Beteiligten, die durch ihr Wissen, ihre Erfahrung und ihr Engagement zur Entstehung des vorliegenden Buches beigetragen haben.

Angela Schickler
Sachgebietsleitung Kommunale Präventionsstrategie
Landratsamt Ortenaukreis

Moritz Schulz
Leiter des Amts für Soziale und Psychologische Dienste
Landratsamt Ortenaukreis

Inhalt

Vorwort **5**

1 **Einleitung** **9**

2 **Grundlagenwissen: Bildungsübergänge im Kindes- und Jugendalter** **12**
2.1 Definition von Transitionen (Übergängen) 14
2.2 Basiskompetenzen und Resilienz 17
2.3 Transitionstheorien, -modelle und Erklärungsansätze 28
2.4 Makro- und Mikrotransitionen, normative und nicht-normative Übergänge 42
2.5 Psychische Grundbedürfnisse bei Übergängen 44

3 **Spezifische Übergänge im Bildungsverlauf** **48**
3.1 Von der Familie in Krippe und/oder Kita 48
3.2 Von der Kita in die Grundschule 73
3.3 Von der Grund- in die weiterführende Schule 88
3.4 Von der weiterführenden Schule in Berufsausbildung, Studium und Freiwilligendienste 100

4 **Zusammenarbeit mit Eltern** **118**
4.1 Zusammenführung praxisrelevanter Forschungsbefunde 119
4.2 Anregungen für Elternabende und weitere Zusammenkünfte mit Eltern 124
4.3 Zusammenarbeit mit Eltern mit spezifischen Bedarfen 129

5 **Kooperation und Vernetzung** **133**
5.1 Herausforderungen und Gelingen 133
5.2 Stufen der Kooperation 137

6 **Kompetenzen pädagogischer Fach- und Lehrkräfte** **140**
6.1 Transitions-Kompetenz-Modell 140
6.2 Spezifische Kompetenzen für die Übergangsbegleitung von Kindern und Jugendlichen 144
6.3 Entwicklung eines Übergangskonzepts 146

7 Fazit und ›Checkliste‹ für die Praxis 147
7.1 ›Checkliste‹ zur positiven Gestaltung von Übergängen 147
7.2 Fazit 149

Literaturverzeichnis 151

1 Einleitung

Übergänge (Transitionen) sind prägende Ereignisse im Lebenslauf eines Menschen. Sie sind von vielfältigen Emotionen begleitet (wie Stolz, Freude, Unsicherheit, Angst) und fordern Menschen heraus, sie angemessen zu bewältigen. Menschen sind bei dieser Bewältigung von Transitionen auf kognitiver, emotionaler und Verhaltensebene gefordert.

Auch Kinder und Jugendliche müssen Übergänge bewältigen. Der erste große Übergang ist die Geburt. Darauf folgen verschiedene weitere Übergänge – sowohl solche, die zu erwarten sind (normative Übergänge), als auch unerwartete (nicht-normative Übergänge). Zu erwarten sind z. B. Übergänge im Bildungsverlauf, die sogenannten Bildungsübergänge. Diese müssen von nahezu allen Kindern und Jugendlichen bewältigt werden. Von diesen normativen Übergängen handelt das vorliegende Werk. Nicht-normative Übergänge kommen nicht in jedem Lebenslauf vor, fordern jedoch das einzelne Kind, den einzelnen Menschen ebenso in seinen Bewältigungsfähigkeiten heraus. Dazu gehören Ereignisse, die unerwartet auftreten, wie Trennung oder Scheidung der Eltern, der Tod eines Elternteils oder einer nahen Bezugsperson, ein Umzug an einen entfernten Ort, wo das Kind niemanden außer seiner Familie kennt. Auf diese nicht-normativen Übergänge wird im vorliegenden Buch nicht näher eingegangen. Treffen normative Übergänge mit nicht-normativen Übergängen zusammen, z. B., wenn ein Kind mit seiner Familie während der Sommerferien von einer Stadt im Süden Deutschlands in eine Stadt im Norden Deutschlands umzieht und nach den Sommerferien in die erste Klasse eingeschult wird, vielleicht auch kurz zuvor noch ein Geschwisterkind geboren wurde oder die Eltern sich getrennt haben, häufen sich normative und nicht-normative Übergänge. Dann ist das Kind besonders stark in seinen Bewältigungsfähigkeiten gefordert.

Übergänge fordern jedoch nicht nur das einzelne Individuum heraus, sondern auch das jeweilige Umfeld, das zum einen ebenfalls Veränderungsprozesse durchläuft, zum anderen dem einzelnen Individuum unterstützend zur Seite steht und bei der Bewältigungsleistung helfen kann. Übergänge können somit als eine »komplexe Herstellungsleistung« (Zehbe, Krähnert & Cloos, 2021, S. 7) betrachtet werden, als Herstellung einer gelingenden Bewältigung, als Leistung der einzelnen Kinder, Jugendlichen und ihres Umfelds. Damit diese Herstellungsleistung in ihrer Komplexität gelingen kann, bedarf es der moderierenden und unterstützenden Begleitung durch Professionelle – bei Bildungsübergängen sind dies beispielsweise pädagogische Fach- und Lehrkräfte, Schulsozialarbeiter:innen, Kindheitspädagog:innen u. v. a. m. Werden Entwicklungsaufgaben erfolgreich bewältigt, erhöht das die Wahrscheinlichkeit, dass künftige Entwicklungsaufgaben auch gut durchlaufen werden (Havighurst, 1982). Werden frühe Übergänge gut gemeistert, z. B. der Übergang von der Kita in die Grundschule, hat das Auswirkungen auf weitere Übergänge, Anpassungsprozesse in der Schule und den Schulerfolg (Carigiet, Troesch & Schaller, 2020). Somit können gelingende Übergänge weitere gelingende Übergänge nach sich ziehen. Erleben Kinder und Jugendliche eine Übergangssituation als positiv und zu bewältigende Herausforderung, dann können möglicherweise auch spätere Übergänge gut gemeistert werden.

In den vergangenen Jahrzehnten gerieten Übergänge und deren erfolgreiche Bewältigung vermehrt in den Blickpunkt der Aufmerksamkeit, in Deutschland federführend vorangetrieben durch Griebel und Niesel (IFP München). Inzwischen gibt es vielfältige Forschung und Fachliteratur zum Thema Übergänge. Häufig handelt es sich dabei um die spezifische Betrachtung einzelner Übergänge, z. B. des Übergangs von der Familie in die Krippe bzw. Kita mit besonderem Blick auf Eingewöhnung. Manche normative Übergänge sind recht gut erforscht, wie der Übergang von der Kita in die Grundschule, andere noch weniger, wie insbesondere der Übergang von der Krippe in die Kita oder von der Grund- in die weiterführende Schule. Im vorliegenden Buch haben es sich die Autor:innen zum Ziel gesetzt, nicht nur einen spezifischen Bildungsübergang im Kindes- oder Jugendalter zu fokussieren, sondern alle größeren Bildungsübergänge im Kindes- und Jugendalter: von der Familie in die Krippe oder Kita, von der Kita in die Grundschule, von der Grundschule in die weiterführende Schule, von der weiterführenden Schule in Ausbildung, Studium oder Freiwilligendienste. Angesichts der Fülle an Übergängen im Kindes- und Jugendalter kann das Buch dabei keine abschließende Aufstellung, jedoch eine Übersicht zur Orientierung bieten. Dabei wird sowohl auf spezifische Charakteristika einzelner Bildungsübergänge eingegangen als auch auf Gemeinsamkeiten.

Gemeinsam ist all diesen Übergängen, dass sie Bewältigungsleistungen erfordern und somit das Individuum und sein Umfeld in ihrer Resilienz herausfordern. Gemeinsam ist den Übergängen zudem, dass sie der professionellen Begleitung durch pädagogische Fach- und Lehrkräfte bedürfen, die Übergänge moderieren. Gemeinsam ist den Übergängen auch, dass diese besser gelingen, je mehr Unterstützung die Kinder oder Jugendlichen dort erhalten, wo eigene Bewältigungsfähigkeiten und Ressourcen nicht ausreichen. Im vorliegenden Werk wird auch auf die entwicklungspsychologische Perspektive geachtet, indem Entwicklungsaufgaben der jeweiligen Lebensphase mit der Bewältigung von Transitionen in Einklang gebracht werden, um zu verdeutlichen, dass Kinder und Jugendliche neben ihren jeweiligen altersbedingten Entwicklungsaufgaben auf motorischer, psychischer und sozialer Ebene auch die gesellschaftlich vorgegebenen Entwicklungsaufgaben in Form von Bildungsübergängen bewältigen müssen. Da Bildungsübergänge der Bewältigungskompetenz bedürfen, werden zudem Verknüpfungen zwischen Übergängen und Resilienz hergestellt.

Das Buch geht zurück auf die Beschäftigung der Autor:innen mit Transitionen im Rahmen ihrer Lehr- und Forschungstätigkeit an einer Hochschule und auf einen Impuls des Präventionsnetzwerk Ortenaukreis (PNO)[1], das im Zuge des Aufbaus einer Präventionskette an die Autorinnen herantrat mit der Bitte, ein Curriculum für eine Multiplikator:innenschulung zum Thema Transitionen zu entwickeln. Da das Präventionsnetzwerk aktuell im Ausbau begriffen ist und Kinder und Jugendliche von 0 bis 18 Jahren erreichen möchte, entstand die Idee, alle Bildungsübergänge in diesem Altersbereich zu fokussieren. Der Aufbau sowie die Inhalte des vorliegenden Buches wurden in aktualisierter und erweiterter Form teilweise an das Curriculum angelehnt und manche Teile – wo passend – übernommen.

Das vorliegende Buch setzt sich aus theoretischen Informationen, (Selbst-)Reflexionseinheiten, Übungen simulierter Praxis und praktischen Handlungsimpulsen zusammen und zielt dadurch auf die Stärkung und den Ausbau der Kompetenzen und somit der Handlungsfähigkeit der begleitenden pädagogischen Professionellen. Dabei schließt jedes Kapitel mit einer kurzen Zusammenfassung der wesentlichsten Aspekte. Am Ende des Buchs befindet sich eine ›Checkliste‹ für die stärkende Gestaltung von Übergängen und eine Anregung für pädagogische Fach- und Lehrkräfte, basierend auf den zuvor vertieften Inhalten und Erkenntnissen ein für ihre Institution passgenaues Transitionskonzept zu formulieren.

Das Buch soll pädagogischen Fach- und Lehrkräften Impulse zur gelingenden Übergangsbegleitung bieten und sie dadurch ermutigen, sich dieser bedeutsamen und unerlässlichen Aufgabe anzunehmen. Angeregt werden sollen zudem Austausch, Vernetzung und Kooperation zwischen den involvierten Professionellen, da diese sowohl Unterstützung als auch Entlastung für alle Beteiligten – nicht nur für Kinder, Jugendliche und deren Familien – darstellen.

1 https://www.pno-ortenau.de

2 Grundlagenwissen: Bildungsübergänge im Kindes- und Jugendalter

Übergänge gehören zum Mensch-Sein dazu, sie finden im Laufe des Menschenlebens in vielfältiger Weise statt. Wann immer eine größere Veränderung in den Verhältnissen eines Menschen eintritt – ob jemand eine Berufsausbildung beginnt, heiratet, an einen anderen Wohnort zieht, in den Ruhestand geht –, stets wird ein Übergang durchlebt. Insbesondere das Kindes- und Jugendalter ist eine Zeit, in der Menschen zahlreiche Übergänge erleben und diese somit zu bewältigen haben. Zum 1. März 2024 besuchten deutschlandweit 717.248 Kinder unter drei Jahren eine Kinderkrippe und 2.220.628 Kinder zwischen drei und sechs Jahren eine Kita (Statistisches Bundesamt, 2024a). 8,4 Millionen Schüler:innen gingen im Schuljahr 2023/2024 in allgemeinbildende Schulen in Deutschland (davon hatten 29 % der Schüler:innen eine Einwanderungsgeschichte) und 2,3 Millionen Schüler:innen in berufliche Schulen (Statistisches Bundesamt, 2024b). Im Jahr 2022 verließen 55.708 Schüler:innen die Schule ohne Hauptschulabschluss, 130.322 Schüler:innen mit Hauptschulabschluss, 336.361 mit Mittlerem Schulabschluss (Realschule) und 259.230 mit Allgemeiner Hochschulreife (Statistisches Bundesamt, 2024c).

Hinter all diesen Zahlen verbergen sich Kinder und Jugendliche, die Übergänge von einem Bildungssystem in das nächste bewältigen mussten und bewältigt haben – die einen mehr, die anderen weniger erfolgreich. All diese Kinder und Jugendlichen verfügen über eigene Kompetenzen, um diese Übergänge zu bewältigen, und sie verfügen über ein mehr oder weniger kompetentes Netz aus Familie, pädagogischen Fachkräften, Lehrkräften und weiteren Personen aus dem Umfeld, die sie bei diesen Übergängen mehr oder weniger kompetent unterstützen. All diese Kinder und Jugendlichen haben bereits zumindest einen oder gar mehrere Übergänge hinter sich: den Übergang von der Familie in die Krippe, von der Krippe in die Kita oder direkt von der Familie in die Kita, von der Kita in die Grundschule, von der Grundschule in die weiterführende Schule, von der weiterführenden Schule in Ausbildung, Studium oder Sonstiges. Jeder dieser Übergänge im Kindes- und Jugendalter bedeutet mit zunehmendem Alter etwas mehr Loslassen und Sich-Entfernen vom Elternhaus und damit einen Schritt mehr in Richtung Autonomie und Selbstständigkeit. Jeder einzelne Übergang kann sowohl Chance als auch Risiko sein:

> »Übergänge oder Transitionen gelten als ein wesentliches Gestaltungselement in der Biografie von Menschen, zugleich stellen sie ein Ereignis dar, das sowohl Chancen als auch Risiken in sich birgt. Letztere werden insbesondere mit Blick auf Übergänge im Bildungssystem sichtbar« (Liegmann, Mammes & Racherbäumer, 2014, S. 7, zitiert nach Graalmann, 2016, S. 19).

Befunde aus der Forschung zeigen, dass der Großteil der Kinder und Jugendlichen Übergänge ohne Probleme bewältigt, während ein kleinerer Teil Schwierigkeiten bei der Bewältigung hat (Kluczniok, Anders & Roßbach, 2015). Dabei sind Bildungsübergänge »entscheidende Wandlungsprozesse in der Biografie von Schülerinnen und Schülern, die [...] entscheidenden Einfluss auf Identitätsentwicklung, Leistungsfähigkeit und Schulerfolg haben« (Mays et al., 2023, S. 358). Übergänge haben folglich eine entscheidende Bedeutung für das weitere Leben von Kindern und Jugendlichen, weshalb alle am Bildungsprozess und damit an Übergängen beteiligten Erwachsenen Interesse daran haben sollten, einen positiven Verlauf von Bildungsübergängen zu begünstigen. »Insofern sind so genannte ›Transitionsphasen‹ [...] besonders zu beachten. Hier müssen teilweise bisher stabile Settings noch einmal hinterfragt werden, und es entsteht evtl. neuer Unterstützungsbedarf oder Anpassungsbedarf« (Rassenhofer & Fegert, 2023, S. 176). Alle am Übergang Beteiligten sind gefordert, sich einzubringen, um Kinder und Jugendliche in ihren jeweiligen (Bildungs-)Übergängen zu begleiten und angemessen zu unterstützen und so zur Entwicklung einer positiven Identität, zum Erfolg in der Schule und zur Leistungsfähigkeit beizutragen. Dabei sind in Übergängen Bewältigungskompetenzen der Kinder und Jugendlichen selbst nötig, aber auch ein tragfähiges, professionelles Netzwerk mit Transitionskompetenzen.

Bei dem Teil der Kinder, die den Übergang eher als Belastung erleben, können sich im Verlauf des Übergangs unterschiedliche Dynamiken zeigen und manifestieren. Dies kann sich äußern in

> »Stresssymptomen, wie Wut oder Depression, Schüchternheit, emotionalen und sozialen Anpassungsproblemen bei der Bewältigung des Alltags [...] oder in mangelnder Akzeptanz ihrer Peergruppe, mangelnder sozialer Integration und mangelnder Fähigkeit, neue Freunde zu finden« (Mays et al., 2023, S. 259).

Es obliegt der Verantwortung der jeweils beteiligten Professionellen, im jeweiligen Einzelfall zu erkennen, ob die einzelnen Kinder bzw. Jugendlichen den Übergang eher als Belastung oder als (positive) Herausforderung ansehen. Da sich nicht gelungene Übergänge negativ auf den Schulerfolg von Kindern und Jugendlichen auswirken können, ist es besonders bedeutsam, als Professionelle an einem gelingenden Übergang mitzuwirken. So sollten z. B. Kinder und Jugendliche in der neuen Institution dabei unterstützt werden, bald neue Freund:innen zu finden und Orientierung zu gewinnen – über Räume, Personen, Abläufe und sonstige Strukturen. Denn wer einen gelungenen Übergang von der Kita in die Grundschule erlebt hat, zeigt im späteren Leben eher Erfolge auf schulischer, gesellschaftlicher und beruflicher Ebene (Gutman, Sameroff & Cole, 2003; LoCasale-Crouch, Mashburn, Downer & Pianta, 2008; Shields, 2009). Dies betont die Bedeutung einer bestmöglichen Begleitung insbesondere auch der frühen Bildungsübergänge – und darüber hinaus. Es kommt darauf an, Kindern und Jugendlichen zu helfen, die Herausforderung ›Übergang‹ als (positive) Lernerfahrung zu sehen und als ein zu bewältigendes und handhabbares Ereignis, bei dem Eltern, pädagogische Fachkräfte und Lehrkräfte zur Seite stehen und zusammen ein tragfähiges, kompetentes Netzwerk bilden. Günstig ist es, wenn ein Übergang im grundsätzlichen

Vertrauen auf eigene Fähigkeiten und Ressourcen sowie auf Unterstützung aus der Umwelt aktiv und optimistisch angegangen werden kann.

Während in der Umgangssprache von ›Übergängen‹ gesprochen wird, hat sich in der Fachsprache der Begriff ›Transitionen‹ etabliert. Der Unterschied zwischen den Begriffen ›Übergang‹ und ›Transition‹ liegt darin, dass es bei Übergängen vorrangig um Kontinuität in den Lebens- und Lernerfahrungen von Kindern und Jugendlichen, d. h. um klar zu definierende Lebensabschnitte geht, während mit Transition die spezifische Bewältigung von diskontinuierlichen Übergängen im Sinne einer Entwicklungsaufgabe gemeint ist, die vielfältige biografische Änderungen und Veränderungsprozesse sowie Umstrukturierungen mit sich bringt (Graalmann, 2016; Griebel, 2012). Beginn und Ende des Transitionsprozesses lassen sich dabei nicht eindeutig festlegen (Carigiet, Troesch & Schaller, 2020). Im Folgenden wird das Begriffsverständnis von ›Transition‹ zugrunde gelegt, aus Gründen der sprachlichen Abwechslung werden ›Übergang‹ und ›Transition‹ jedoch synonym verwendet. Wichtig ist jeweils, das einzelne Individuum in seinen Änderungsprozessen und Bewältigungsversuchen zu betrachten. Wie eine Transition subjektiv erlebt wird, ist dabei entscheidend. Zudem ist es von Bedeutung, wie gut die familiäre und institutionelle Umwelt bei der Transitionsbegleitung aufgestellt ist.

Es gibt verschiedene Sichtweisen auf Transitionen, die von der jeweiligen wissenschaftlichen Blickrichtung geprägt sind, aus der sie stammen (z. B. Soziologie, Anthropologie, Pädagogik, Psychologie). Im Folgenden wird insbesondere auf eine pädagogisch-psychologische Sichtweise Bezug genommen, da diese für den Übertrag auf Transitionen im Bildungssystem von Relevanz ist. Hier sind in Deutschland u. a. Griebel und Niesel (2018) federführend, die am Institut für Frühpädagogik (IFP) in München das *IFP-Transitionsmodell* erarbeitet haben.

2.1 Definition von Transitionen (Übergängen)

Eine Transition wird als Impuls für Entwicklung angesehen und als Form der Bewältigung von Diskontinuitäten (Griebel & Niesel, 2018). Das IFP-Transitionsmodell legt demgemäß folgende Definition von Transitionen zugrunde:

> »Transitionen sind Lebensereignisse, die Bewältigung von Diskontinuitäten auf mehreren Ebenen erfordern, Prozesse beschleunigen, intensiviertes Lernen anregen und als bedeutsame biografische Erfahrungen von Wandel in der Identitätsentwicklung wahrgenommen werden« (ebd., S. 33).

Transitionen sind somit als Lebensereignisse zu verstehen, die es erforderlich machen, Diskontinuitäten zu bewältigen. Diskontinuitäten sind Abläufe, die in ihrer zeitlichen bzw. räumlichen, aber auch in ihrer personalen Ordnung unterbrochen werden oder sich verändern. Transitionen bringen demnach Veränderungen in räumlichen, zeitlichen, organisatorischen und beziehungsmäßigen Routinen mit sich. Dadurch werden (Lern-)Prozesse herausgefordert und gegebenenfalls beschleunigt, wodurch Lernen angeregt werden kann. Transitionen werden als biografisch bedeutsam wahrgenommen, da Menschen in ihrer Identitätsentwicklung gefordert sind: Wer bin ich? Wer möchte ich am neuen Ort sein? Wie zeige ich mich? Wer hilft mir? Auf wen kann ich mich verlassen? Was in mir ist konstant und verlässlich angesichts der transitionsbedingten Veränderungen? Was in meiner Umgebung ist verlässlich und unterstützend angesichts der Veränderungen, die Verunsicherung mit sich bringen können? Wer und was bietet mir Orientierung?

Aktive Bewältigende der jeweiligen Transition sind das Kind bzw. die jugendliche Person und die Eltern bzw. Familie, wogegen die pädagogischen Fachkräfte oder Lehrkräfte den Übergang zwar begleiten oder moderieren, jedoch selbst keine Transition in der Begleitung der jeweiligen Familien erleben. Zudem stellt für die jeweils beteiligten Professionellen der Übergang in der Regel kein erstmaliges oder einmaliges Ereignis dar (Niesel & Griebel, 2013).

Transitionskompetenzen

Damit Kinder und Jugendliche Transitionen positiv bewältigen können, benötigen Akteur:innen im Transitionsprozess spezifische Kompetenzen, die von Griebel und Niesel (2018) als ›Transitionskompetenzen‹ bezeichnet werden:

> »Transitionskompetenz wird bestimmt als eine Kompetenz des sozialen Systems und nicht des Kindes allein, weil hier die Kompetenzen der Beteiligten eingehen und gefragt sind. Beim Kind ist die Frage nach Basiskompetenzen und spezifischen Kompetenzen für den jeweils anstehenden Übergang zu stellen« (S. 37 f).

Entscheidend ist somit, dass nicht nur die jeweiligen Kinder oder Jugendlichen den Übergang erleben und vollziehen, sondern das jeweilige Umfeld gleichermaßen daran beteiligt ist: Pädagogische Fachkräfte, Lehrkräfte und Eltern bzw. Erziehungsberechtigte tragen bestenfalls ihren Teil dazu bei, dass sich junge Menschen in Übergangssituationen gehalten fühlen und Kontinuität in der Diskontinuität erleben – indem dauerhaft ein stabiles Beziehungsangebot seitens der Eltern bestehen bleibt und indem neue und alte Bezugspersonen unterstützend wahrgenommen und schrittweise kennengelernt bzw. verabschiedet werden können. Auch die bisherigen institutionellen Bezugspersonen sind gefordert, Kinder und Jugendliche angemessen auf die anstehende Transition vorzubereiten und professionell zu begleiten. Jede Transition erfordert dabei sowohl Basiskompetenzen als auch unterschiedliche (spezifische) Kompetenzen vom einzelnen Kind bzw. der jugendlichen Person als auch vom sozialen System. Transitionskompetenzen sind, wie im obigen Zitat erwähnt, Fähigkeiten von Kindern bzw. Jugendlichen und des begleitenden Systems aus Familie und Professionellen, die bei der Bewältigung von Entwicklungsherausforderungen im Sozialen in Übergangsprozessen helfen (ebd.) und für eine erfolgreiche Bewältigung von Übergängen als essenziell angesehen werden (Hurrelmann, Klotz & Haisch, 2010).

Eine Transition kann als (gesellschaftlich vorgegebene) Entwicklungsaufgabe, als besondere Belastung oder Herausforderung angesehen werden und das Individuum in seiner Bewältigungsfähigkeit herausfordern (▶ Abb. 1). Bei der Bewältigung des Übergangs kommen sowohl Risiko- als auch Schutzfaktoren (jeweils auf personaler und sozialer Ebene) zum Tragen, die sich hemmend bzw. unterstützend auf den Prozess auswirken können (▶ Kap. 2.2). Gelingt die Bewältigung der Transition, so wirkt sich dies entwicklungsförderlich für die Kinder bzw. Jugendlichen aus. Gelingt die Bewältigung nicht, dann kann sich dies in externalisierenden oder internalisierenden Verhaltensweisen zeigen.

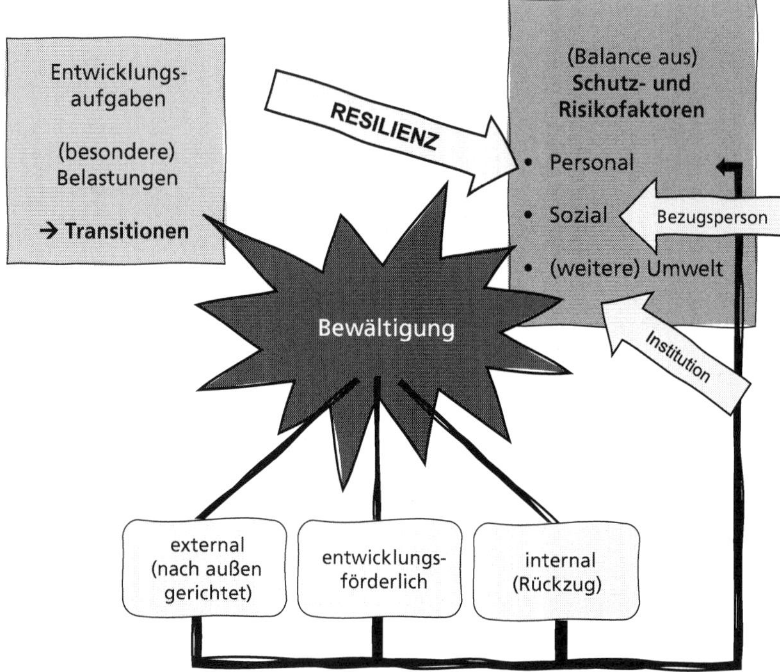

Abb. 1: Zusammenhang zwischen Transitionsbewältigung sowie Risiko- und Schutzfaktoren (eigene Darstellung modifiziert nach Fröhlich-Gildhoff, 2013, S. 30)

Bei institutionalisierten Übergängen wie dem Wechsel von der Familie in die Krippe, von der Krippe in die Kita, von der Kita in die Grundschule, von der Grund- in die weiterführende Schule sowie nach Schulabschluss gilt es, Transitionen nicht verallgemeinert zu betrachten, sondern diese als jeweils individuelle Bewältigungsleistung zu sehen. Die heutige Übergangsforschung »geht deshalb auch von der individuellen Gestaltung von Übergängen als einem Phänomen der Lebensbewältigung aus«, wobei es »letztlich um die Sicherung von Handlungsfähigkeit [geht]« (Truschkat, 2013, S. 49). Hieraus ergibt sich die Frage, welche Kompetenzen die einzelnen Kinder bzw. Jugendlichen und deren jeweiliges familiäres sowie *professionelles* Umfeld benötigen, um eine bestmögliche individuelle Bewältigungsleistung zu erzielen.

Zur (Selbst-)Reflexion

- Denken Sie bitte an Bildungsübergänge zurück, die Sie in Ihrem Leben bisher bewältigt haben. Welche Übergänge waren das?
- Erinnern Sie sich noch, welche Gedanken und Gefühle Sie in den jeweiligen Bildungsübergängen beschäftigten?
- Nehmen Sie ein Blatt Papier. Legen Sie es im Querformat vor sich hin.
- Zeichnen Sie eine gerade Linie von links nach rechts ein. Diese stellt einen Zeitstrahl dar. Tragen Sie die bisherigen Bildungsübergänge in Ihrem Leben auf dem Zeitstrahl ein.

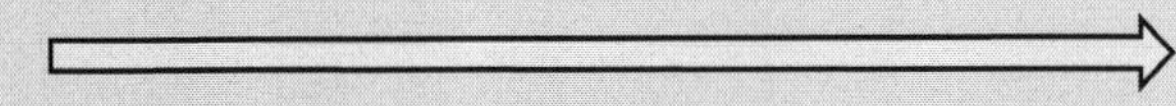

- Überlegen Sie: Was hat Ihnen in den notierten Übergängen geholfen? Wer hat Ihnen geholfen? Was haben Sie in den jeweiligen Transitionen gelernt? Welche Kompetenzen haben Sie dabei erworben?
- Welche Risiken sehen Sie in Übergängen?
- Welche Chancen sehen Sie in Übergängen?
- Basierend auf Ihren eigenen Erfahrungen in Ihren Übergängen: Was ist aus Ihrer Sicht wichtig? Wie möchten Sie – basierend auf Ihrem Erfahrungswissen – Übergänge begleiten?

2.2 Basiskompetenzen und Resilienz

Unter Basiskompetenzen können Faktoren gefasst werden, die allgemein bei der Bewältigung des Lebens und von Krisen im Lebenslauf unterstützend sind. Denn Transitionen können eine Krise auslösen, müssen dies aber nicht – dies ist von Einzelfall zu Einzelfall unterschiedlich. Diese unterstützenden Faktoren (Basiskompetenzen) lassen sich durch einen (kurzen) Blick in die Resilienzforschung erörtern. »Resilienz meint eine psychische Widerstandsfähigkeit von Kindern [und Jugendlichen] gegenüber biologischen, psychologischen und psychosozialen Entwicklungsrisiken« (Wustmann Seiler, 2021, S. 18). Dabei lassen sich Entwicklungsrisiken gemäß dem biopsychosozialen Ursachenmodell nach Engel (1977) in Risikofaktoren auf unterschiedlichen Ebenen einteilen: auf der biologischen, der psychologischen und der sozialen Ebene. Risikofaktoren sind Faktoren, die eine (psychisch) gesunde Entwicklung von Kindern und Jugendlichen hemmen können (Bengel, Meinders-Lücking & Rottmann, 2009; Holtmann & Schmidt, 2004). Eine extreme Form von Risikofaktoren sind traumatische Erlebnisse (Wustmann Seiler, 2021). Den Risikofaktoren gegenüber stehen Schutzfaktoren, die eine (psychisch) gesunde Entwicklung von Kindern und Jugendlichen begünstigen. Auch diese Faktoren lassen sich in verschiedene Ebenen unterteilen: die kindbezogene Ebene, die Resilienzfaktoren, Faktoren innerhalb der Familie und Faktoren im weiteren sozialen Umfeld bzw. den Bildungsinstitutionen (Wustmann Seiler, 2021). In der folgenden Darstellung sind Risikofaktoren aufgezeigt (zusammengestellt von Kaiser & Reutter, 2023, S. 18, unter Bezugnahme auf Fröhlich-Gildhoff & Rönnau-Böse, 2019; Scheithauer, Niebank & Petermann, 2000; Schwab & Fingerle, 2013; Wustmann Seiler, 2021).

Kindbezogene Risikofaktoren (Vulnerabilitätsfaktoren)

- Prä-, peri- und postnatale Faktoren (z. B. Frühgeburt, Geburtskomplikationen, niedriges Geburtsgewicht)
- Neuropsychologische Defizite
- Genetische Faktoren
- Chronische Erkrankungen (z. B. Asthma, Neurodermitis)
- Unsichere/desorganisierte Bindungsorganisation
- Geringe kognitive Fähigkeiten
- Geringe Fähigkeiten zur Selbstregulation

Umgebungsbezogene Risikofaktoren

- Niedriger sozioökonomischer Status
- Unzureichende, unausgewogene Ernährung
- Aversives Wohnumfeld (z. B. hohe Kriminalität)
- Chronische familiäre Disharmonie
- Chronische Belastungen/belastende Lebensereignisse der Mutter während der Schwangerschaft
- Elterliche Trennung/Scheidung
- Alkohol-/Drogenmissbrauch der Eltern
- Psychische Störungen eines/beider Elternteile
- Kriminalität der Eltern
- Niedriges Bildungsniveau der Eltern
- Abwesenheit eines Elternteils/alleinerziehender Elternteil
- Unerwünschte Schwangerschaft
- Häufige Umzüge, häufiger Schulwechsel
- Migrationshintergrund
- Soziale Isolation der Familie
- Verlust eines Geschwisters bzw. enger Freund:innen
- Ausgeprägte Internetnutzung
- Cybermobbing; Mobbing

Traumatische Erlebnisse

- Natur-, technische, durch Menschen verursachte Katastrophen
- Kriegs-/Terrorerlebnisse/politische Gewalt/Verfolgung/Flucht
- Schwere (Verkehrs-)Unfälle

- Gewalttaten (direkte Gewalterfahrung wie körperliche Misshandlung, sexueller Missbrauch, Vernachlässigung usw.)
- Beobachtete Gewalterlebnisse; Tod oder schwere Erkrankung eines/beider Elternteile

In den Transitionen im Kindes- und Jugendalter spielen diese Risikofaktoren eine Rolle, wenn ein Kind beispielsweise aufgrund geringer Fähigkeiten zur Selbstregulation seine Unsicherheiten im Übergang nicht angemessen ausdrücken oder seine Emotionen nur unzureichend regulieren kann. Besonders herausfordernd für Bezugspersonen wie auch für Kinder und Jugendliche zeigt sich eine Summe bzw. Häufung (Kumulation) von verschiedenen Risikofaktoren, da diese die Bewältigungsfähigkeiten von Kindern oder Jugendlichen im besonderen Maße fordern oder einschränken können. So kann es sein, dass ein Kind mit einer Aufmerksamkeitsstörung in einer Familie mit Armutshintergrund lebt und in der zusätzlich einer der Elternteile an einer psychischen Erkrankung leidet und der andere Elternteil gerade arbeitslos geworden ist. In einem solchen Fall könnte das Kind im Fall einer Transition im Bildungssystem von seiner Familie eher weniger Unterstützung erhalten, weil die Eltern aufgrund eigener Sorgen oder Beeinträchtigungen möglicherweise nicht ausreichend Energie zur Verfügung haben, das Kind angemessen zu unterstützen oder zu begleiten. In einem solchen Fall benötigen das Kind und seine Familie eventuell vermehrte Unterstützung durch die pädagogischen Fach- und Lehrkräfte. Bedeutsam ist daher die Kenntnis der jeweiligen Risikofaktoren durch die pädagogischen Fach- und Lehrkräfte, die insbesondere Kindern und Jugendlichen mit mehreren Risikofaktoren sowie deren Familien vermehrte Unterstützung anbieten oder weiterführende Hilfsangebote vermitteln sollten.

Zur Reflexion

Gehen Sie in Gedanken die Kinder oder Jugendlichen in Ihrer Gruppe bzw. Klasse durch oder notieren Sie deren Namen schriftlich. Überlegen Sie zu jedem Kind bzw. jedem und jeder Jugendlichen, welche Risikofaktoren Sie kennen.

Schreiben Sie diese in Form einer Mind-Map zu den Namen der jeweiligen Kinder bzw. Jugendlichen. Nehmen Sie dazu die obige Aufzählung der Risikofaktoren zu Hilfe.

Fallen Ihnen Kinder oder Jugendliche auf, die besonders viele Risikofaktoren zu bewältigen haben? Was könnten Sie beitragen, um die Risikofaktoren der jeweiligen Kinder bzw. Jugendlichen zu minimieren?

Schutzfaktoren wirken dagegen unterstützend bei der Bewältigung von Krisen, somit auch bei der Bewältigung von Transitionen. Die folgende Auflistung (nach Wustmann Seiler, 2021) summiert Schutz- sowie Resilienzfaktoren. Letztere sind spezifische Schutzfaktoren auf personaler Ebene, die ›von außen‹ z. B. durch pädagogische Fach- und Lehrkräfte gefördert werden können.

Personale Ressourcen

Kindbezogene Ressourcen

- Positive Temperamentseigenschaften
- Intellektuelle Fähigkeiten
- Erstgeborenes Kind
- Weibliches Geschlecht

Resilienzfaktoren

- Problemlösefähigkeiten
- Selbstwirksamkeitsüberzeugungen
- Positives Selbstkonzept, hohes Selbstwertgefühl
- Selbstregulationsfähigkeiten
- Internale Kontrollüberzeugung
- Realistischer Attribuierungsstil
- Hohe Sozialkompetenz, Empathie, Kooperations- und Kontaktfähigkeit, Perspektivenübernahme
- Aktives bzw. flexibles Bewältigungsverhalten
- Sicheres Bindungsverhalten
- Lernbegeisterung, schulisches Engagement
- Optimistische Lebenseinstellung
- Spiritualität, Kohärenzgefühl
- Kreativität
- Interessen, Hobbys, Talente

Soziale Ressourcen

Innerhalb der Familie

- Mindestens eine stabile, warmherzige Bezugsperson
- Autoritativer Erziehungsstil
- Zusammenhalt, Stabilität, konstruktive Kommunikation
- Enge Geschwisterbindungen
- Angemessene Verpflichtungen im Haushalt
- Hohes Bildungsniveau der Eltern
- Harmonische Paarbeziehung der Eltern
- Unterstützendes familiäres Netzwerk
- Hoher sozioökonomischer Status

In den Bildungsinstitutionen

- Klare, transparente Regeln und Strukturen
- Wertschätzendes Klima (Wärme, Respekt, Akzeptanz)

- Hoher, aber angemessener Leistungsstandard
- Positive Verstärkung von Leistung und Anstrengungsbereitschaft
- Positive Peer-Kontakte und Freundschaften
- Förderung der Resilienzfaktoren
- Positive Zusammenarbeit mit dem Elternhaus
- Positive Schulerfahrungen

Im weiteren sozialen Umfeld

- Kompetente und fürsorgliche Erwachsene
- Ressourcen auf kommunaler Ebene
- Gute Arbeits- und Beschäftigungsmöglichkeiten
- Vorhandensein positiver Rollenmodelle

Eine besondere Bedeutung kommt dem zentralsten Schutzfaktor zu: Jedes Kind und jede bzw. jeder Jugendliche sollte eine Bezugsperson haben, der das Kind oder die jugendliche Person wichtig ist, die verlässlich da ist, warmherzig ist, Geborgenheit vermittelt und zugleich altersangemessene Grenzen setzt und Verantwortung überträgt. Jede heranwachsende Person braucht somit mindestens eine kompetente, fürsorgliche Bezugsperson, zu der eine enge Beziehung besteht (Luthar, 2006; Masten, 2016). Bildungsinstitutionen können Resilienz in Transitionen unterstützen, indem sie klare Regeln aufstellen und diese für alle verständlich kommunizieren – auch für Familien mit Migrationshintergrund, denen die deutsche Sprache nicht unbedingt fließend geläufig ist. Des Weiteren sollten Bildungsinstitutionen auf ein Klima Wert legen, das von Wertschätzung, Respekt und Akzeptanz ohne Vorbedingungen gekennzeichnet ist.

Zur Reflexion

Gehen Sie in Gedanken die Kinder oder Jugendlichen in Ihrer Gruppe bzw. Klasse durch oder notieren Sie deren Namen schriftlich. Überlegen Sie zu jedem Kind bzw. jedem und jeder Jugendlichen, welche Schutzfaktoren Ihnen bekannt sind.

Schreiben Sie diese in Form einer Mind-Map zu den Namen der jeweiligen Kinder bzw. Jugendlichen. Nehmen Sie dazu die Darstellung der Resilienz- und Schutzfaktoren zu Hilfe.

Fallen Ihnen Kinder oder Jugendliche auf, die über besonders wenige bzw. besonders viele Schutzfaktoren verfügen? Was könnten Sie dazu beitragen, um die Schutzfaktoren der einzelnen Kinder bzw. Jugendlichen mit wenigen Schutzfaktoren zu vergrößern bzw. um mehr Schutzfaktoren aufzubauen?

Bildungsinstitutionen unterstützen Resilienz in Transitionen, wenn sie Anforderungen an die Kinder bzw. Jugendlichen stellen, die dem jeweiligen Entwicklungsstand angemessen sind. Dies setzt voraus, den aktuellen Entwicklungs- und Leistungsstand der einzelnen Kinder bzw. Jugendlichen zu kennen, um diese weder zu unter- noch zu überfordern, sondern sie in der Zone der nächsten Entwicklung zu fördern (Wygotski, 1987). Die Zone der nächsten Entwicklung ist die individuell nächste Entwicklungsstufe, die ein Kind mithilfe kompetenter Anderer zu erreichen in der Lage ist. Ebenso gilt es, die Zone der nächsten Entwicklung in Übergängen zu erfassen: Wie viel Unterstützung jeder und jede Einzelne benötigt, hängt individuell davon ab, welche Erfahrungen bisher mit Übergängen gemacht wurden und welche Kompetenzen sich die Kinder und Jugendlichen sowie die Familie selbst zuschreiben, um Transitionen angemessen bewältigen zu können. Des Weiteren sollten Anstrengungs- und Leistungsbereitschaft unterstützt werden, indem Kindern und Jugendlichen Möglichkeiten zur Mitbestimmung eingeräumt und positive Leistungen wertgeschätzt werden, um so gute Erfahrungen mit der jeweiligen Institution zu ermöglichen.

Die Unterstützung positiver Peer-Beziehungen und Freundschaftskontakte stärkt Kinder und Jugendliche, insbesondere auch in Übergängen. Damit diese als positiv erlebt werden, gilt es, darauf zu achten, dass die Freund:innen sich unterstützen und sich gegenseitig zu positiven Aktionen und positivem Verhalten anspornen. Schließlich ist es ein Schutzfaktor, wenn Bildungsinstitutionen in der Lage sind, gewinnbringend mit allen Elternhäusern zusammen zu arbeiten sowie die Resilienzfaktoren der Kinder und Jugendlichen zu fördern. Resilienzfaktoren sind, wie bereits erwähnt, Schutzfaktoren auf personaler Ebene. Sie liegen in der Person der jeweiligen Kinder oder Jugendlichen, sind jedoch von außen durch pädagogische Fach- oder Lehrkräfte förderbar. Deshalb werden die Resilienzfaktoren im Folgenden etwas näher beschrieben und exemplarisch auf deren Fördermöglichkeiten eingegangen.

In Bezug auf die Bewältigung der genannten Anforderungen sind die Resilienzfaktoren von besonderer Bedeutung. Diese setzen sich aus den Faktoren (1) Selbst- und Fremdwahrnehmung, (2) Selbstregulation, (3) Selbstwirksamkeit, (4) soziale Kompetenz, (5) Problemlösekompetenz und (6) Aktive Bewältigungskompetenz zusammen, bei Jugendlichen der Sekundarstufe ergänzend Sinnfindung und Zielanpassung (Rönnau-Böse & Fröhlich-Gildhoff, 2024)[2]:

Selbst- und Fremdwahrnehmung

Selbstwahrnehmung meint die ganzheitliche und adäquate Wahrnehmung eigener Emotionen, Handlungen und Gedanken sowie die Fähigkeit zur Selbstreflexion. Bezogen auf Übergänge bedeutet dies, dass Kinder und Jugendliche je nach Alter und Entwicklungsstand in der Lage sein oder in die Lage versetzt werden sollten, sich ihrer eigenen Gedanken und Emotionen bezüglich der jeweiligen Transition bewusst zu werden. Manche Kinder freuen sich beispielsweise auf den bevorstehenden Übergang von der Kita in die Grundschule und verbinden damit eine

2 Der folgende Abschnitt ist teilweise folgenden Werken entnommen bzw. folgt:
Kaiser, S. & Reutter, A. (2022). *Prävention und Resilienzförderung in der Sekundarstufe I – Ein Curriculum für Multiplikator*innen. Weiterbildung von Lehrkräften und pädagogischen Fachkräften der Sekundarstufe I.* Freiburg: Zentrum für Kinder- und Jugendforschung.
Rönnau-Böse, M. & Fröhlich-Gildhoff, K. (2024). *Resilienz und Resilienzförderung über die Lebensspanne* (3. Auflage). Stuttgart: Kohlhammer.

positive Erwartung (»Ich werde ein Schulkind!«, »Ich bin schon groß!«), während andere eher ängstlich auf die bevorstehende Transition in die nächste Bildungsinstitution oder in die Ausbildung blicken (»Ich weiß gar nicht, was da auf mich zu kommt«, »Ich kenne dort niemanden«, »Ich weiß nicht einmal, wo dort die Toiletten sind«, »Ich habe Angst vor den Hausaufgaben«, »Ich weiß gar nicht, ob ich den Anforderungen einer Ausbildung gewachsen bin«, »Ich kann das gar nicht, mich bewerben«, »Ich fürchte mich vor dem Bewerbungsgespräch«).

Bezugspersonen im familiären und im Bildungsumfeld können Kinder und Jugendliche dabei unterstützen, sich über ihre Gedanken und Emotionen klar zu werden, indem sie Raum für Gespräche schaffen (»Möchtest du dich über den Übergang unterhalten?«, »Wie geht es dir denn angesichts deines bevorstehenden Wechsels?«), indem sie ihre eigenen Emotionen und Gedanken verbalisieren (»Ganz schön aufregend, so ein Wechsel, was?«), indem sie stellvertretend hypothetisch die Emotionen und Gedanken der Kinder bzw. Jugendlichen benennen oder spiegeln (»Da kommt ziemlich viel Unbekanntes auf dich zu, das ist ein mulmiges Gefühl, oder?«, »Freust du dich auf den Wechsel oder macht er dir eher Angst?«), indem sie Unterstützung anbieten (»Wenn du darüber sprechen möchtest oder Fragen hast, kannst du jederzeit zu mir kommen«, »Wenn du Hilfe brauchst beim Bewerbungsschreiben, gib Bescheid«) und indem sie einfach da sind und sich als Zuhörende sowie als sicherer Hafen anbieten. Sicherheit verleiht es den Kindern und Jugendlichen im Übergang, wenn sie wissen, was auf sie zukommt: Wie sieht das neue Gebäude aus? In welchem Zimmer (Klassenzimmer, Gruppenraum) werde ich sein? Wie komme ich dort hin (mit dem Bus, zu Fuß, werde ich gebracht, mit Freund:innen gemeinsam)? Wie heißen die neuen Bezugspersonen bzw. Lehrkräfte? Wenn Erwachsene ein wertschätzendes Beziehungsangebot unterbreiten, können sich Kinder und Jugendliche eingeladen fühlen, mit ihren Ängsten und Sorgen zu den Erwachsenen zu kommen und diese zu teilen.

Fremdwahrnehmung bedeutet, andere Personen und ihre Gefühlszustände wahrnehmen und angemessen einschätzen und sich einfühlen zu können. Kinder bzw. Jugendliche benötigen – auch in Transitionen – die Fähigkeit, Gleichaltrige, pädagogische Fach- und Lehrkräfte in der alten sowie in der neuen Institution einschätzen zu können. Wie gehen andere auf mich zu? Welche Signale senden sie aus? Sind sie offen für eine Begegnung? Möchten sie mit mir spielen?

Selbstregulation

… umfasst die Fähigkeit, eigene innere Zustände wie Gefühle und Spannungszustände situationsadäquat herzustellen und aufrechtzuerhalten, indem diese kontrolliert und reguliert werden. Außerdem umfasst dies »verhaltensbezogene Fähigkeiten, die es ermöglichen, persönliche Ziele zu erreichen und sich an wechselnde Umstände anzupassen. Im Einzelnen sind dies kognitive, emotionale, motivationale und soziale Fähigkeiten« (Nationale Akademie der Wissenschaften Leopoldina, 2024, S. 30). Kompetenzen im Bereich der Selbstregulation sind wesentlich für das Wohlergehen von Kindern und Jugendlichen und die Möglichkeiten zur Selbstentfaltung, vor allem mit Blick auf seelische und körperliche Gesundheit, Teilhabe und Bildung (ebd.). Auf emotionaler Ebene bedeutet dies, eigene Emotionen handhaben zu können. Gute Emotionsregulationsfertigkeiten und positive Emotionen sind zentral für eine gesunde Entwicklung von Kindern (Petermann, 2017). Kinder, die über eine gute Emotionsregulation verfügen, können bessere Anpassungsleistungen vollbringen (ebd.) und somit auch in Übergängen, in denen verschiedene Anpassungsprozesse vollzogen werden.

> »Der Begriff ›Emotionsregulation‹ bezieht sich [...] auf Strategien und Prozesse, die das Auftreten, die Intensität, die Dauer und den Ausdruck von Emotionen verändern. Unter entwicklungspsychologischen Gesichtspunkten ist dabei der Übergang von der externalen zur internalen Regulation besonders bedeutsam« (ebd., S. 129).

In frühen Transitionen wird mehr externale Regulation (Ko-Regulation) nötig sein als in späteren Transitionen. Strategien der Emotionsregulation dienen dazu, sozial angemessene und günstige Bewältigungsstrategien zu lernen und anzuwenden (ebd.). Hierzu benötigen Kinder über die Ko-Regulation von Bezugspersonen Möglichkeiten, Selbstregulation zu lernen und zu erweitern. Es gibt verschiedene Strategien der Emotionsregulation, z. B. kognitive Umbewertung, Problemlösen, Akzeptanz, Unterdrücken des Gefühlsausdrucks, Vermeidung, Grübeln. Dabei stehen Vermeidung und Grübeln in einem Zusammenhang mit Ängstlichkeit bis hin zur Depression (ebd.). Somit ist es insbesondere auch bei Übergängen wichtig, Kinder und Jugendliche zu ermutigen, ihre Emotionen (sozial angemessen) auszudrücken und mit Personen ihres Vertrauens über ihre Gedanken, Wünsche, Gefühle zu sprechen. Zur Emotionsregulation gehören auch Strategien der Selbstberuhigung und Kenntnis von Handlungsalternativen.

Diese Fähigkeit ist auch in Transitionen von Bedeutung: Wenn ein Kind sich beispielsweise am ersten Schultag ängstigt, kann es bei vorhandener Fähigkeit zur Selbstregulation mit diesen Ängsten besser umgehen und entweder sich selbst Mut zusprechen (»Ich habe Angst, aber ich bin auch mutig«) und bzw. oder dies den Bezugspersonen kommunizieren, woraufhin diese über seine Befindlichkeit informiert sind und entsprechend handeln können (»Was kann ich für dich tun?«, »Wie kann ich dich unterstützen?«, »Möchtest du meine Hand nehmen?«, »Möchtest du deinen Mut-Stein in der Hosentasche anfassen? Der gibt dir Kraft!«, »Möchtest du mit deiner Freundin mitgehen?«). Die Fähigkeit zur Selbstregulation hängt auch mit Fähigkeiten der Introspektion sowie mit kognitiven und verbalen Kompetenzen zusammen: Können die Kinder oder Jugendlichen in sich selbst hineinspüren, die eigene Befindlichkeit wahrnehmen und dies angemessen verbalisieren oder auf körperlicher Ebene adäquat zum Ausdruck bringen, dann kann von dort aus versucht werden, die Emotionen zu regulieren, z. B. durch Aufmerksamkeitslenkung, durch positives Umdeuten, durch Gespräche.

Selbstwirksamkeit

... bedeutet, grundlegendes Vertrauen in eigene Fähigkeiten zu haben und überzeugt zu sein, Ziele auch durch die Überwindung von Hindernissen erreichen zu können: Hat eine Person die Erwartung, Aufgaben, Hindernisse oder Schwierigkeiten durch Anstrengung überwinden zu können, dann gelingt es ihr eher, diese anzupacken und mit Zutrauen in sich und eigene Fähigkeiten selbst aktiv zu werden. Hierbei spielen erlernte Erfolgserwartungen eine bedeutsame Rolle. Werden Situationen erfolgreich bewältigt, stärkt dies die Selbstwirksamkeit, was sich wiederum positiv auf die Herangehensweise in darauffolgenden Situationen auswirkt. Dies ist eine günstige Voraussetzung für eine erfolgreiche Bewältigung von Transitionen. Eine Person, die sich als selbstwirksam erlebt und davon ausgeht, bei künftigen Aufgaben selbstwirksam zu sein, wird einen Übergang nicht als unüberwindliches Hindernis ansehen, sondern als Herausforderung, die es zu bewältigen gilt und die aus eigener Kraft (oder mit Unterstützung anderer) bewältigt werden kann. Selbstwirksamkeit beinhaltet auch internale Kontrollüberzeugungen (das Gefühl, Situationen beeinflussen zu können und ihnen nicht hilflos ausgeliefert zu sein) und einen realistischen Attribuierungsstil. Insbesondere die Selbstwirksamkeitsüberzeugung hilft in Übergangssituationen dabei, sich Mut zuzusprechen und nicht zu verzagen. Kinder bzw. Jugendliche, die sich als selbstwirksam erleben, werden sich z. B. sagen: »Das schaffe ich!«, »Ich kann das, ein paar Kinder kenne ich ja schon!«, »Auch, wenn es nicht einfach ist, ich werde das Bewerbungsgespräch schon meistern!«.

In der früheren Bildungsbiografie erfolgreich bewältigte Übergänge verschaffen demnach die Zuversicht, auch den folgenden Übergang zu bewältigen. Auch wenn Kinder beim Wechsel von der Familie in die Krippe oder von der Krippe in die Kita noch weniger kognitive Fähigkeiten zur Verfügung haben, um sich selbst Mut zuzusprechen, so nehmen sie doch die erlebte Unterstützung und Ko-Regulation aus dem Umfeld wahr und erleben das Gefühl, ob der Übergang funktioniert hat oder ob es schwierige (Trennungs-)Situationen gab. Deshalb sollten pädagogische Fach- und Lehrkräfte Familien dabei unterstützen, bereits ab der frühesten Transition im Leben eines Kindes daran mitzuwirken, dass diese Transition positiv abläuft und ein Impuls bzw. Modell für weitere positive Transitionen sein kann.

Folglich sollten pädagogische Fach- und Lehrkräfte, so häufig es geht, im pädagogischen Alltag Situationen nutzen und ermöglichen, die den Kindern und Jugendlichen Selbstwirksamkeitserfahrungen verschaffen, indem Hindernisse (in der Zone der nächsten Entwicklung; Wygotski, 1987) überwunden werden. Nach solchen Situationen können pädagogische Fach- und Lehrkräfte Kindern und Jugendlichen prozessbezogene Rückmeldung zur Situation geben und sie fragen: Wie ist es dir gelungen? Wie hast du das geschafft? Indem Kinder und Jugendliche sich diese Prozesse bewusstmachen, können solche Lernerfahrungen verankert werden.

Soziale Kompetenz

... ist die Fähigkeit, Situationen im Sozialen bzw. im Umgang mit anderen Menschen richtig einzuschätzen und mit angemessenem Verhalten zu (re)agieren. Dazu zählt die Fähigkeit zur adäquaten Kontaktaufnahme, zum Kontakthalten und zur Beendigung von Kontakten. Kommunikations- und Konfliktlösefähigkeiten gehören ebenso dazu wie die Fähigkeit, sich selbst zu behaupten, »Nein« sagen zu können oder sich im Bedarfsfall Unterstützung zu holen.

Soziale Kompetenzen sind in Transitionen unabdingbar. Denn eine Transition bringt es unweigerlich mit sich, dass Kinder oder Jugendliche unbekannten Personen begegnen und sich auf diese einlassen müssen, um neue Freundschaften zu schließen, neue Beziehungen zu knüpfen und um dem Unterricht bzw. den Gruppenprozessen in Krippe und Kita folgen zu können. Weiß ein Kind oder eine jugendliche Person, wie angemessen auf andere zuzugehen ist, wie ein gelingendes

Gespräch abläuft, wie jemand gut zuhört, sich höflich verhält, hilfsbereit ist und angemessen kommuniziert, dann schließt die betreffende Person in der Regel leichter Freundschaften. Hierbei ist das Erleben einer sicheren Bindung in der frühen Kindheit wesentliche Grundlage. Auch in Konfliktsituationen sind angemessene (alters- und entwicklungsadäquate) soziale Kompetenzen von Bedeutung: Insbesondere, wenn noch junge Freundschaften auf die Probe gestellt werden, weil eine Unstimmigkeit vorliegt, ist es förderlich für die Freundschaft, wenn beide Konfliktparteien in der Lage sind, ihren Disput verbal auszutragen, einander zuzuhören und kompromissbereit zu sein, als wenn eine der beiden Seiten mit körperlicher Gewalt den Konflikt beseitigen möchte.

In Übergangssituationen ist es wichtig, dass Kinder und Jugendliche gehört und angeleitet werden, ihre jeweiligen Interessen und Bedürfnisse wahrzunehmen und zu vertreten – insbesondere, indem sie mitentscheiden können: Wie möchte ich den Weg in die neue Einrichtung gestalten (selbst hin laufen, mit Freund:innen, mit dem Bus hinfahren)? Welche Einrichtung gefällt mir/auf welche Schule würde ich gerne gehen? Außerdem ist es wichtig, Kinder und Jugendliche dazu anzuregen, sich Unterstützung und Hilfe zu holen, wenn sie diese brauchen, bzw. diese den Kindern und Jugendlichen aktiv anzubieten.

Kognitive Kompetenzen, besonders: Problemlösekompetenz

... meint die Fähigkeit, komplexe Sachverhalte unter Zuhilfenahme angemessener Lösungsstrategien handhaben zu können. Zu erfolgversprechenden Lösungsstrategien zählen eine systematische Vorgehensweise und Überprüfung derselben. Je mehr die kognitive Flexibilität von Kindern und Jugendlichen gefördert wird, desto besser und flexibler können sie in Problemsituationen agieren. Dabei sind kognitive Kompetenzen notwendig, wie z. B. die kognitive oder positive Neubewertung einer Situation, das Relativieren oder eine positive Refokussierung (Piekny et al., 2017).

Eine Transition kann als ein Problem bzw. eine Herausforderung angesehen werden. Wissen Kinder oder Jugendliche, wie Probleme angemessen gelöst werden, dann ist dies auch bei der Lösung des ›Problems‹ Transition hilfreich. So kann es sein, dass eine jugendliche Person sich als sehr schüchtern einschätzt und Sorge hat, in der weiterführenden Schule Anschluss an einen neuen Freundeskreis zu finden. Gemäß dem Problemlösezyklus (Textor, 2007) kann sie sich überlegen (gegebenenfalls mit Unterstützung der Bezugspersonen): *Was genau ist mein Problem?* (Dass ich sehr schüchtern bin.) *Was ist mein Ziel?* (Dass ich jemanden in der neuen Klasse kennenlerne und Freund:innen gewinne.) *Was für Lösungen fallen mir ein, was für verschiedene Alternativen?* (Ich könnte mich einfach still an meinen Tisch setzen und mit niemandem sprechen; Ich könnte mich umschauen, wen ich nett finde, und mich neben die Person setzen oder ich könnte versuchen, jemanden anzusprechen; Ich könnte vorab versuchen, ob ich in die Parallelklasse komme, denn dort kenne ich schon Personen aus meiner ehemaligen Klasse.) *Welche der Lösungen halte ich für die Beste?* (Ich spreche jemanden an, den ich nett finde. Was könnte ich sagen? Ich überlege mir einen ersten Satz, um auf die unbekannte Person zuzugehen, vielleicht kann ich das auch schon mal zu Hause oder mit Freund:innen üben.) Und schließlich: *Was hat wie gut funktioniert? Was hat geklappt?* (Das war gar nicht so schwer. Das Mädchen, das ich angesprochen habe, kannte auch niemanden und war froh, dass ich auf sie zugegangen bin.) Nach diesem Schema können Probleme strukturiert angegangen und (positiv) bewältigt werden. Wenn Erwachsene Kinder und Jugendliche dabei unterstützen, Probleme (auch kleinere Alltagsprobleme) in strukturierter Form analog dem eben formulierten Problemlösezyklus anzupacken, dann kann diese Vorgehensweise verinnerlicht und auch auf weitere (größere) Probleme angewandt und übertragen werden.

Aktive Bewältigungskompetenzen
... bedeutet, stressbehaftete Situationen angemessen einschätzen und gut für sich sorgen zu lernen, um durch proaktives Zugehen und den Einsatz angemessener Bewältigungsstrategien die Situation bewältigen zu können.

Je jünger Kinder in Übergangssituationen sind, desto mehr ist es Aufgabe der begleitenden Erwachsenen, das Stresspotenzial und die Stressbelastung von Kindern wahrzunehmen und den Stress zu minimieren, indem sie ko-regulierend eingreifen, soweit es möglich ist. Je älter Kinder und Jugendliche sind, desto mehr können Erwachsene von außen Hinweise und Tipps geben, wie mit der stressigen Situation umgegangen werden könnte.

Außerdem bietet es sich an, Kinder und Jugendliche früh an Möglichkeiten der Stressregulation und Entspannung heranzuführen. So ist es grundsätzlich günstig, wenn Kinder und Jugendliche angemessene Stressbewältigungsmöglichkeiten kennen und sie anwenden können. Kinder und Jugendliche erwerben Bewältigungskompetenzen im Umgang mit Stress, wenn sie verschiedene Methoden und Techniken zur Stressreduktion kennen. Hierzu gehören: Autogenes Training, Yoga, Atemübungen, Entspannungsübungen, kreative Beschäftigungen (malen, zeichnen, musizieren, singen usw.), sich in der Natur aufhalten (spazieren gehen, rennen, Rad fahren, klettern usw.) oder progressive Muskelentspannung. Werden diese Methoden und Techniken frühzeitig an Kinder und Jugendliche herangeführt und lernen sie durch gezielte Informationen und Übungen, wie diese wirken und was sie bewirken, dann können Kinder und Jugendliche in Transitionen an die Durchführung solcher Übungen erinnert werden. Möglich ist auch, dass pädagogische Fach- und Lehrkräfte solcherlei Übungen mit der gesamten Gruppe durchführen, integriert in den gemeinsamen pädagogischen Alltag. Es kann beispielsweise eine Gewohnheit werden, gemeinsam mit der Gruppe morgens oder zu Beginn einer Schulstunde zusammen regelmäßig Übungen der Stressregulation durchzuführen.

Wann gilt ein Übergang als gelungen?

Es lassen sich verschiedene Aspekte eines gelungenen Übergangs herausarbeiten. Zum einen ist die Beurteilung und subjektive Wahrnehmung des einzelnen Individuums von Bedeutung. Wenn Kinder oder Jugendlicher selbst die Transition als gelungen oder als Erfolg wahrnehmen, ist das ein entscheidender Punkt. Es lassen sich jedoch zum anderen noch weitere Aspekte benennen. Von Bedeutung ist, dass das Kind oder der bzw. die Jugendliche:

- sich in der neuen Institution wohlfühlt und ein Gefühl der Zugehörigkeit entwickelt,
- sich in der neuen Institution zurecht findet (sowohl bezüglich des Ortes als auch bezüglich der Abläufe),
- gute Beziehungen zu den Menschen in der neuen Institution aufnimmt (sowohl zur Peer-Gruppe als auch zu Erwachsenen),
- »über Interesse, Motivation und eine bejahende Einstellung zum Lernen verfügt,
- Selbstwirksamkeit und die eigene Kompetenz erlebt,
- Lernfortschritte erzielt« (Wildgruber & Griebel, 2016, S. 11).

Pädagogische Fach- und Lehrkräfte sowie Eltern bzw. Erziehungsberechtigte können Kinder und Jugendliche so begleiten, dass sie zu Übergangsgewinner:innen werden können – dazu braucht es ein soziales Netzwerk, das trägt.

Zur Reflexion

- Wie können Sie Basiskompetenzen und Resilienzfaktoren von Kindern, Jugendlichen und ihren Familien vor, während und nach Übergängen stärken?
- Wie können Sie Kinder und Jugendliche zu angemessener Selbst- und Fremdwahrnehmung vor, während und nach Übergängen unterstützen?
- Wie können Sie Kinder und Jugendliche dabei unterstützen, sich selbst zu regulieren, vor, während und nach dem Übergang?
- Wie können Sie Kindern und Jugendlichen vor, während und nach Übergängen zu einem Gefühl der Selbstwirksamkeit verhelfen?
- Wie können Sie die soziale Kompetenz von Kindern vor, während und nach Übergängen fördern?
- Wie können Sie Kinder und Jugendliche dazu anregen, über Probleme vor, während und nach Übergängen zu sprechen, sich Hilfe zu suchen und diese Probleme gemeinsam zu lösen? Wie können Sie dafür sorgen, dass Kinder und Jugendliche analog dem Problemlösezyklus strukturiert an die Lösung von Problemen herangehen?
- Wie können Sie Kindern und Jugendlichen hilfreiche Stressbewältigungsmöglichkeiten vermitteln? Wie können Sie mit Kindern und Jugendlichen Techniken und Methoden der Stressregulation üben?

2.3 Transitionstheorien, -modelle und Erklärungsansätze

Unterschiedlichste Wissenschaftsdisziplinen (wie Psychologie, Pädagogik, Anthropologie) beschäftigen sich mit Transitionen oder erweitern bzw. vertiefen das Verständnis von Transitionen. Einige davon werden im Folgenden ausgewählt und (kurz) vorgestellt, da sie von Relevanz für ein Grundverständnis von Transitionen im hier vorliegenden Zusammenhang sind.

Transitionen als Entwicklungsaufgaben

Havighurst (1982) zufolge gilt es, im Lebenslauf verschiedene Entwicklungsaufgaben zu bewältigen. Nachfolgende Entwicklungsaufgaben werden besser durchlaufen, wenn vorherige bereits erfolgreich bewältigt wurden. Denn durch die erfolgreiche Bewältigung von Entwicklungsaufgaben werden Bewältigungsmechanismen und -kompetenzen erworben, auf die im späteren Verlauf der Entwicklung zurückgegriffen werden kann (Lohaus & Vierhaus, 2015).

Transitionen im Kindes- und Jugendalter können als gesellschaftlich vorgegebene Entwicklungsaufgaben verstanden werden. Um nachfolgende Entwicklungsaufgaben (wie weitere Übergänge innerhalb des Bildungssystems) angemessen bewältigen zu können, ist es von Bedeutung, Kinder und Jugendliche bei jeder Transition bestmöglich zu begleiten und zu unterstützen. Pädagogische Fachkräfte und Lehrkräfte können sich und den Eltern anhand des Konzepts der Entwicklungsaufgaben bewusstmachen, dass es entscheidend für künftige Übergänge ist, möglichst erfolgreiche Übergänge zu unterstützen.

Transitionen als kritisches Lebensereignis

Filipp (1995) bezeichnet kritische Lebensereignisse als Ereignisse, die im Leben eines Menschen auftreten und »die durch die Veränderung der (sozialen) Lebenssituation der Person gekennzeichnet sind und die mit entsprechenden Anpassungsleistungen durch die Person beantwortet werden müssen« (S. 23). Kritische Lebensereignisse beinhalten verschiedene Kennzeichen wie eine raumzeitliche und punktuelle Verdichtung eines Geschehens, das Entstehen eines Ungleichgewichts des bisher bestehenden Personen-Umwelt-Passungsgefüges und das Erleben von affektiven Reaktionen auf das entstehende Ungleichgewicht (Filipp, 1995, nach Epp, 2017).

Bei Transitionen im Kindes- und Jugendalter müssen Anpassungsleistungen erbracht werden. Dabei stellt sich jedes Mal neu die Frage, wie gut sich Kinder bzw. Jugendliche (mit ihren Fähigkeiten) aktiv an die neue Situation nach dem Übergang anpassen können. Es stellt sich aber auch umgekehrt die Frage, wie gut sich die neue Situation für die Kinder und Jugendlichen als passend erweist und diese jeweils empfängt bzw. diesen Unterstützung in der Bewältigung des jeweiligen potenziellen kritischen Lebensereignisses wie einer Transition zukommen lässt. Wichtig ist: Filipp geht nicht grundsätzlich davon aus, dass kritische Lebensereignisse zu einer negativen Persönlichkeitsentwicklung führen müssen, sondern sie können auch eine positive Persönlichkeitsentwicklung mit sich bringen. Kritische Lebensereignisse bergen zum einen Chancen für Entwicklung und persönliches Wachstum, zum anderen Risiken und die Möglichkeit negativer Entwicklungen, wenn ein Individuum emotionale Belastungen nicht gut regulieren kann und eine erfolgreiche Anpassung misslingt (Griebel & Niesel, 2018).

Transitionen und Rituale

Eine Transition stellt eine Übergangspassage (›rites de passage‹) im Leben eines jungen Menschen dar (van Gennep, 1986), in dem von einer Tätigkeit zu einer anderen, von einer Altersgruppe in die nächste gewechselt wird – diese Wechsel werden je nach gesellschaftlicher und kultureller Zugehörigkeit von bestimmten Ritualen begleitet (ebd.). Dabei sind Rituale als Handlungen zu verstehen, die über alltägliche Praktiken hinausgehen und ihren Ursprung in Initiationsriten haben können: Ein Ritual als Handlung oder Technik kann bei der Bewältigung von Veränderungen unterstützend oder dienlich sein (Epp, 2017). Van Gennep (1986) benennt in einem Strukturmodell, das auf der Analyse früherer Gesellschaftsstrukturen basiert, einen dreigliedrigen Ablauf von Übergangsriten (▶ Abb. 2):

1. *Trennungsphase:* Diese ist durch die Ablösung bzw. Loslösung von der bisherigen Gruppe gekennzeichnet.
2. *Schwellen- oder Umwandlungsphase:* Diese bedeutet, dass der neue Zustand noch nicht erreicht ist, der bisherige jedoch schon verlassen wurde (z. B. die Sommerferien zwischen Kita und Grundschule). In diesem Zwischen- oder Schwebezustand orientieren sich die Kinder und Jugendlichen bereits neu, nehmen aber auch (innerlich) Abschied vom Bisherigen. In dieser Phase finden Schwellenrituale statt wie z. B. ein Abschiedsfest in der Kita, ein Sommerfest in der Schule, ein Abschlussball in der Schule o. Ä.
3. *Angliederungsphase:* In dieser Phase finden das Ankommen und die Integration in die neue Einrichtung statt. Ab dieser Phase kommen Betroffene wieder in einen stabilen Zustand, während die vorherigen Phasen durch mögliche Instabilität gekennzeichnet waren (nach Epp, 2017; van Gennep, 1986).

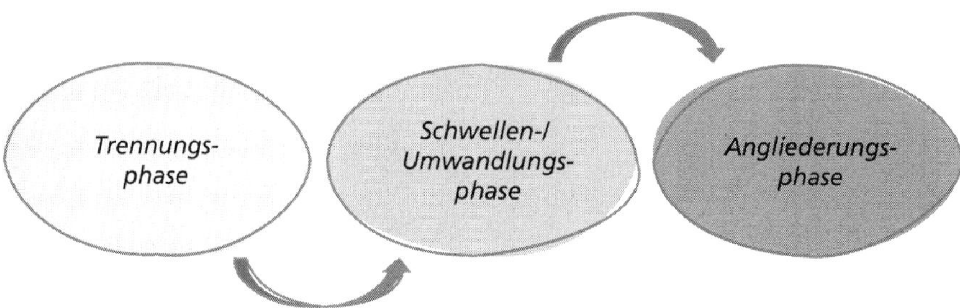

Abb. 2: Ablauf von Übergangsriten (eigene Darstellung in Anlehnung an van Gennep, 1986)

Wenn auch die Strukturierung von Übergängen nach van Gennep (1986) nicht direkt auf Bildungsübergänge übertragbar ist, so lassen sich doch ähnliche Phasen beobachten sowie Rituale für die jeweiligen Übergänge (er-)finden, die Kindern und Jugendlichen die Bedeutung des Übergangs bewusstmachen und als besonderes Ereignis markieren. So gibt es beispielsweise für den Übergang von der Kita in die Grundschule spezifische Rituale (wie Schultüten, ›Sprung‹ aus dem Kindergarten, Begrüßungsspalier in der Grundschule, Theateraufführung usw.), die Kindern den Übergang erleichtern und ihnen ein positives Erlebnis verschaffen sollen.

Die dreigliedrige Struktur von Übergängen als Rituale kann Erwachsene dabei unterstützen, ein besseres Verständnis für den Ablauf der jeweiligen Transition zu erwerben und so bereits rechtzeitig im Vorfeld einer anstehenden Transition mit den betreffenden Kindern oder Jugendlichen im Gespräch auf die bevorstehende Trennung und Ablösung einzugehen – sofern das gewünscht ist. Für die Schwellen- oder Umwandlungsphase können sich begleitende Erwachsene überlegen, welches Ritual oder welche Rituale den jeweiligen Übergang stimmig markieren (wenn möglich in Abstimmung mit den Kindern bzw. Jugendlichen) und diesen erleichtern könnten. Ebenso gilt es, in der Angliederungsphase jedes Kind und jede:n Jugendliche:n im Blick zu behalten und abzuschätzen, ob tatsächlich eine Stabilisierung eintritt. Sollte das nicht der Fall sein, geht es darum, dies in der Beobachtung zu erfassen sowie als pädagogische Fach- oder Lehrkraft stabilisierende Maßnahmen zu ergreifen und Kinder und Jugendliche im Gespräch zu fragen, was sie brauchen, um Stabilität zu erlangen.

Die nachfolgende Auflistung gibt Anregungen für Übergangsrituale, die auf den spezifischen Übergang, die vor Ort gegebenen Rahmenbedingungen sowie individuell auf die Bedürfnisse der Kinder und Jugendlichen im Übergang angepasst werden können:

Einladung
Die Eltern bzw. Erziehungsberechtigten erhalten einen Brief, in dem sie gebeten werden, bezüglich des betreffenden Übergangs darüber nachzudenken, wie das damals bei ihnen war (bei ihrem Übergang z. B. von der Kita in die Grundschule oder von der Grund- in die weiterführende Schule oder von dort in Ausbildung bzw. Studium). Welche Gedanken haben sie sich gemacht? Waren sie aufgeregt, neugierig, ängstlich? Wer hat ihnen geholfen, den Übergang zu bewältigen (z. B. eine pädagogische Fachkraft, eine Lehrkraft, ein Elternteil, Großeltern, Geschwister, Tante, Onkel, jemand anderes)? Die Eltern berichten ihrem Kind bis zu einem bestimmten Datum, wie sie sich damals gefühlt haben und wer bzw. was für sie hilfreich war. An einem festgelegten Tag erhalten die Kinder bzw. Jugendlichen Gelegenheit, von ihrem Gespräch mit ihren Eltern zu berichten, oder die Eltern bzw. Erziehungsberechtigten berichten auf einem Elternabend. Das Ziel besteht darin, Eltern bzw. Erziehungsberechtigte dazu anzuregen, sich (besser) in ihr Kind einfühlen zu können sowie ein Gespräch und einen Austausch zwischen den Generationen in Gang zu bringen. Den Kindern bzw. Jugendlichen zu vermitteln: Auch deine Eltern haben den Übergang geschafft. Das hat ihnen dabei geholfen. Was hilft dir?

Brief an die Kinder bzw. Jugendlichen
Die pädagogische Fachkraft oder Lehrkraft aus der Grund- bzw. weiterführenden Schule schreibt Briefe an die einzelnen Kinder bzw. Jugendlichen mit ein paar Zeilen, was sie ihm bzw. ihr wünscht/mit einem Spruch/Gedicht.

Erinnerungsfoto
Die Kinder bzw. Jugendlichen erhalten ein Foto zum Abschied (auf dem Foto kann die Gruppe bzw. Klasse sein, die pädagogischen Fach- bzw. Lehrkräfte oder die Kinder bzw. Jugendlichen selbst).

Rauswurf
Die Kinder bzw. Jugendlichen werden symbolisch aus der alten Einrichtung ›geworfen‹, z. B., indem sie durch einen Vorhang oder ein Tuch gehen, von einer Erhöhung auf eine weiche Matte springen oder die Rutschbahn hinab durch einen Bogen aus Zweigen ›davon‹ rutschen. Verbal begleitet werden kann dies beispielsweise durch einen kleinen Spruch oder Reim (z. B. *1, 2, 3 – die Kita-Zeit ist jetzt vorbei; 4, 5, 6 – in die Schule geht es jetzt!*) (nach Niesel, Griebel & Netta, 2008).

Schultüte
Ein Klassiker, der keiner Erklärung bedarf. Schön ist es, wenn in einer Schultüte ein ermutigender Spruch notiert wird oder eine Karte mit guten Wünschen.

Gebäude-Rallye oder Tour durch das Gebäude
In der neuen Einrichtung kann eine Gebäude-Rallye stattfinden oder eine geführte Tour durch das Gebäude und Gelände, um Orientierung zu vermitteln. Dabei können ältere Kinder bzw. Schüler:innen mitwirken.

Pat:innensysteme
Um den Kindern bzw. Jugendlichen das Ankommen in der neuen Institution zu erleichtern, können den einzelnen Kindern bzw. Jugendlichen jeweils ältere Kinder bzw. Jugendliche zugeordnet werden. Diese zeigen den neuen Kindern bzw. Jugendlichen die Einrichtung, Strukturen, Regeln sowie Besonderheiten und stehen für Fragen der ›Neuen‹ zur Verfügung.

Klassen-/Stufen-Zeitung
Ein weiteres Erinnerungsstück kann auch eine gemeinsam gestaltete Klassen- oder Stufen-Zeitung darstellen. Diese kann von den Schüler:innen selbst verfasste Beiträge über Mitschüler:innen und bzw. oder gemeinsame Erlebnisse beinhalten.

Abschlussfest in der ›alten‹ Einrichtung
Ein Fest zum Abschied, bei dem das Beisammensein, die Erinnerung an gemeinsame Erlebnisse, der Abschied und der Neubeginn gefeiert werden, kann das Ende in der bisherigen Einrichtung markieren.

Statuspassage

Mit einem stärker fokussierten Blick auf das Individuum werden Transitionen auch als ›Statuspassage‹ (Glaser & Strauss, 1971) bezeichnet, während sich der soziale Zustand eines Individuums verändert. So wird aus einem Kindergartenkind ein Schulkind, aus einem Schulkind nach Abschluss der Schule eine auszubildende oder eine studierende Person. Dabei können Statuspassagen freiwillig oder unfreiwillig, erwünscht oder unerwünscht, vermeidbar oder unvermeidbar, für sich allein oder gemeinsam mit anderen stattfinden (ebd.). Wie bereits erwähnt, besteht in einer Statuspassage die Herausforderung für jede einzelne Person, den jeweiligen Übergang erfolgreich zu bewältigen und dabei – im Unterschied zu stark vorgegebenen und geregelten Übergängen in früheren Gesellschaften – jeweils individuelle Übergänge aktiv zu gestalten. Oft finden mehrere Übergänge im Leben einer Person zeitgleich bzw. sich überlagernd statt (z. B. der Übergang von der Schule in die Berufsausbildung und zugleich vielleicht der Umzug in eine eigene Wohnung oder an einen anderen Ort). Dabei ist zentral, ob die jeweilige Statuspassage eine bedeutende Rolle für die einzelne Person spielt und wie lange die Passage jeweils dauert. So bekümmert das eine Kind sich möglicherweise nur wenig um den Übergang von der Kita in die Grundschule und gewöhnt sich schnell an die neue Situation, während ein anderes sich bereits Monate im Voraus Gedanken macht und auch nach dem Übergang noch lang mit den Veränderungen beschäftigt ist oder um Anpassung an die neue Situation ringt. Die Sichtweise von Übergängen als Statuspassagen kann begleitende pädagogische Fachkräfte und Lehrkräfte dazu anregen, den Blick auf die jeweiligen Kinder oder Jugendlichen in ihren individuellen Transitionskompetenzen und im Ringen um Bewältigung der Statuspassage zu richten und eine möglichst passgenaue Begleitung anzubieten.

Bindungsforschung

Insbesondere mit Blick auf Transitionen in der frühen Kindheit (und auch im späteren Kindes- bzw. Jugendalter) kann die Bindungstheorie und -forschung als Erklärungsansatz herangezogen werden. Die Bindungstheorie geht auf John Bowlby (1969) zurück und befasst sich u. a. mit der Frage, wie (sichere) Bindungen zwischen Bezugsperson und Kind entstehen, welche Faktoren auf Seiten der Bezugsperson eine sichere Bindungsbeziehung stärken und welche Rolle Bindungserfahrungen der (frühen) Kindheit hinsichtlich weiterer Beziehungen zwischen Menschen spielen.

Mit Blick auf Übergänge im Leben von Kindern und Jugendlichen besagt die Bindungstheorie,

> »dass Kinder, die in ihrer frühen Lebensphase in sicheren und zuverlässigen Beziehungen zu ihren Bezugspersonen leben, Veränderungs- bzw. Übergangssituationen besser zu bewerkstelligen vermögen als Kinder, denen in früher Kindheit verlässliche Beziehungen vorenthalten bleiben« (Denner & Schumacher, 2014, S. 24).

Auch hier zeigt sich wieder die Bedeutung des Schutzfaktors Beziehung (► Kap. 2.2). Je nach Bindungstyp (sicher gebunden, unsicher-ambivalent, unsicher-vermeidend, desorganisiert; nachzulesen u. a. bei Bowlby, 2008; Grossmann & Grossmann, 2014) gelingt es Kindern mehr oder weniger gut, Trennungen von ihren Bezugspersonen zu bewältigen und ein Gefühl von Sicherheit zu erleben. Verfügt ein Kind über eine Bindungsunsicherheit, dann kann dies ein Risikofaktor sein, der auch in Transitionen eine gelingende Bewältigung minimieren kann. Wichtig zu wissen ist, dass die Bindungstypen sich in der genannten Form nur in der westlichen Welt finden und nicht global zu verallgemeinern sind (Keller, 2019).

Ebenso hängt es mit dem verinnerlichten Arbeitsmodell von Bindung zusammen, wie gut ein Kind sich auf Veränderungen einlassen und sich an neue Situationen anpassen kann. Hat ein Kind verinnerlicht, dass Bezugspersonen verlässlich verfügbar sind sowie Sicherheit gewährleisten und kann sich ein Kind auf neue Bezugspersonen einlassen im Vertrauen, auch bei ihnen Schutz und Sicherheit zu finden, dann gelingt die Anpassung an neue Situationen im Übergang in der Regel besser als bei einem Kind, dessen inneres Arbeitsmodell von Bindung durch Verunsicherung und geringere Verlässlichkeit geprägt ist.

Damit pädagogische Fachkräfte eine Bindungsbeziehung zu den Kindern der Gruppe aufbauen können, sollten sie mit den Kindern feinfühlig interagieren, sodass diese sichere Bindungsrepräsentationen ausbilden können. Denn durch klare, konsistente, feinfühlige und responsive Interaktions- und Beziehungsangebote können eventuell bestehende Risiken und Bindungsunsicherheiten abgepuffert und nach einiger Zeit durch ein ›sicheres Gegenüber‹ überlagert werden (Glüer, 2013; Luthar, 2006). Sichere Beziehungserfahrungen in den Bildungsinstitutionen können damit kompensatorisch, schützend und unterstützend wirken – insbesondere auch beim Aufbau neuer Beziehungen in Übergängen.

Transitionen als Veränderungsprozesse auf ökosystemischer Ebene

Transitionen im Kindes- und Jugendalter werden nicht isoliert nur von den jeweiligen Kindern oder Jugendlichen bewältigt, sondern finden eingebettet und in Interaktion mit verschiedenen Umweltsystemen statt. Diese Sichtweise beruht maßgeblich auf dem Ansatz von Bronfenbrenner (1981) und wurde z. B. auch auf die Transition von der Kita in die Schule übertragen (Rimm-Kaufman, Pianta & Cox, 2000). Laut Bronfenbrenner ist jeder Mensch von verschiedenen Systemen umgeben, innerhalb derer er sich (direkt und indirekt) bewegt, die in vielfältiger Weise auf ihn einwirken und auf die wiederum jeder bzw. jede Einzelne einwirkt. Diese Systeme sind: Mikrosystem, Mesosystem, Exosystem und Makrosystem sowie Chronosystem (Bronfenbrenner, 1981). Das Zusammenwirken der einzelnen Systeme spielt gerade auch in Transitionen eine wichtige Rolle.

Mikrosystem: Das Mikrosystem ist »ein Muster von Tätigkeiten und Aktivitäten, Rollen und zwischenmenschlichen Beziehungen, die die in Entwicklung begriffene Person in einem gegebenen Lebensbereich mit ihm eigentümlichen physischen und materiellen Merkmalen erlebt« (Bronfenbrenner, 1981, S. 38). Auf Ebene des Mikrosystems finden direkte setting-gebundene Interaktionen statt, z. B. zwischen Kindern und Eltern, Kindern und pädagogischen Fachkräften, Kindern und Lehrkräften, Kindern oder Jugendlichen und Freund:innen, Auszubildenden und Lehrmeister:innen. Hier finden jeweils charakteristische Aktivitäten statt. Kinder und Jugendliche erfüllen aber auch jeweils bestimmte Rollen in diesem System (»die schüchterne Schülerin«, »das quirlige Kind«, »der kluge Jugendliche«), die Interaktionen prägen und die wiederum geprägt werden über die Zuschreibungen, die pädagogische Fach- und Lehrkräfte machen (Epp, 2017; Walper, 2021). Pädagogische Fach- und Lehrkräfte können sich somit fragen: Welche Zuschreibungen nehme ich mit Bezug auf Kind X und Jugendliche Y vor? Welches Handeln erwarte ich von ihm bzw. ihr?

Mesosystem: Das Mesosystem besteht aus den Wechselwirkungen zwischen den verschiedenen Mikrosystemen, z. B. der Beziehung zwischen Elternhaus und Kita bzw. Schule, zwischen Kita-Fachkräften und Lehrkräften. Das Mesosystem erweitert sich, wenn Kinder oder Jugendliche eine Transition durchlaufen. Während z. B. in der Kita-Zeit eines Kindes Eltern bzw. Erziehungsberechtigte und pädagogische Fachkräfte aus der Kita eine Erziehungs- und Bildungspartnerschaft eingingen, verändert sich diese mit dem Schulwechsel des Kindes hin zu einer Erziehungs- und Bildungspartnerschaft zwischen Eltern und Lehrkräften sowie gegebenenfalls pädagogischen Fachkräften im Hort/Ganztag. Während in der Kita die Bezugsfachkraft oder einige wenige pädagogische Fachkräfte Ansprechpersonen waren, sind dies in der Grundschule Klassenlehrkraft und Fachlehrkräfte sowie eventuell pädagogische Fachkräfte im Ganztag und Schulsozialarbeitende, in der weiterführenden Schule wieder andere Personen. Mit Blick auf institutionelle Übergänge sind somit insbesondere Kooperationen wie die Zusammenarbeit zwischen Elternhaus und Krippe, Kita oder Schule wesentlich. Zum Mesosystem zählt des Weiteren der jeweilige kulturelle Hintergrund einer Gesellschaft (Epp, 2017).

Exosystem: Zum Exosystem haben nicht alle, sondern nur einzelne Mitglieder der Familie Zugang. Ereignisse, die in einem solchen System stattfinden, haben indirekt jedoch Auswirkungen auf das betreffende Individuum, beispielsweise auf ein Kind im Übergang von der Familie in die Krippe. So hat z. B. die Mutter Kontakt zu Arbeitskolleg:innen, die das Kind vielleicht gar nicht direkt kennen. Wenn sich die Mutter aber am Arbeitsplatz bei einigen Kolleg:innen Rat einholt, wie sie das Kind bei der Eingewöhnung in die Krippe begleiten kann oder sie ihre eigenen Sorgen oder Ängste schildert und sich diesbezüglich Tipps holt, dann wirkt sich der Rat der Kolleg:innen auf ihr Verhalten im Eingewöhnungsprozess eventuell aus und spielt so indirekt eine Rolle in ihrem Verhalten dem Kind gegenüber.

Makrosystem: Das Makrosystem wirkt als »übergreifender Bezugsrahmen, … [worunter] politische, ökonomische, soziale, juristische, erzieherische usw. Muster [fallen]« (Epp, 2017, S. 68), wie die Ebene der Normen und Gesetze, die Auswirkungen auf die Gestaltung des täglichen Lebens haben. So spielen bezüglich Transitionen im Bildungswesen z. B. die Bildungs- und Orientierungspläne der jeweiligen Bundesländer eine Rolle, Verwaltungsvorschriften sowie politische Regelungen in Familien- und Bildungspolitik.

Chronosystem: Im Chronosystem wird der Blick auf Veränderungen im Lauf der Zeit gerichtet. So finden Übergänge grundsätzlich über den gesamten Lebenslauf, nicht nur von Bildungssystem zu Bildungssystem, statt. Der erste Übergang ist die Geburt, der letzte Übergang der Tod. Mit Blick auf Übergänge im Bildungssystem sind folgende Übergänge im zeitlichen Verlauf von Bedeutung: von der Familie in die Krippe oder Kita, von der Kita in die Grundschule und später in die weiterführende Schule und von dort wiederum in FSJ, Ausbildung, Studium o. Ä.

Gemäß der ökosystemischen Sichtweise ist es von Bedeutung, wie gut das Zusammenspiel verschiedener Systeme in Übergangssituationen funktioniert und inwiefern die verschiedenen Systeme vereinbar sind bzw. zueinander passen. Zudem sollten in einem bestimmten System erlernte Verhaltensweisen im nächstfolgenden System anwendbar sein (z. B. Lernprozesse in der Kita mit jenen in der Grundschule, Lernprozesse in der Grundschule mit jenen in der weiterführenden Schule usw.). Außerdem sollten Menschen Einfluss ausüben können auf die jeweilige Gestaltung der unterschiedlichen Systeme (Kroll, 2011; Krüger & Grunert, 2010) und ihre eigenen Interessen, Bedürfnisse, Denkweisen zur Geltung bringen dürfen. Daraus lässt sich ableiten, dass es von Bedeutung ist, wie Kinder, Jugendliche und Eltern einbezogen werden und ihre jeweiligen Interessen und Bedürfnisse äußern können. Außerdem ist es wichtig, dass die jeweiligen professionellen Übergangsbegleitenden wie pädagogische Fachkräfte und Lehrkräfte über die Bedürfnisse und Vorstellungen der anderen Berufs- und Personengruppe Bescheid wissen und sich untereinander abstimmen.

Zur Reflexion

Aus den geschilderten Theorien lassen sich Fragen ableiten, die im Hinblick auf die Begleitung von Übergängen hilfreiche Impulse geben können:

- Wenn Übergänge ein potenziell kritisches Lebensereignis sein können, wie kann dann sichergestellt werden, dass eine positive Entwicklung/persönliches Wachstum in diesem Bewältigungsprozess/Resilienz ermöglicht wird?
- Wenn Übergänge durch Rituale geprägt werden können, wie kann in der jeweiligen Phase des Übergangs bestmöglich durch Rituale unterstützt werden? Welche Rituale werden als hilfreich angesehen und erlebt? Welche Rituale sind in der Anfangsphase günstig? Welche Rituale sind in der Schwellenphase zu empfehlen? Welche Rituale erleichtern die Angliederungsphase?
- Wie wird mit Instabilitäten in Übergängen umgegangen? Wie kann Stabilität ermöglicht und aufgebaut werden? Für die Kinder bzw. Jugendlichen und deren Eltern?
- Wie kann auf die Erwartungen, die aufgrund individueller Bindungserfahrungen an Übergänge gerichtet werden, eingegangen werden? Wie können Kinder mit sicherer Bindung unterstützt werden?
- Welche Begleitung benötigen Kinder mit unsicher-vermeidendem oder unsicher-ambivalentem Bindungsmuster? Wie können sich die bisherigen primären und sekundären Bindungspersonen unterstützend einbringen? Wie können die Professionellen in der neuen Institution Vertrauen aufbauen und eine positive Beziehung anbieten?

Neben den benannten Theorien existieren auch unterschiedliche Modelle, die Transitionsprozesse erfassen und darstellen. In Deutschland hat sich als häufig zugrunde gelegtes Modell zur Erklärung von Transitionsprozessen im Kindesalter das IFP-Transitionsmodell etabliert, das am Staatsinstitut für Frühpädagogik (IFP) in München entwickelt wurde. Dieses Modell wird im Folgenden näher vorgestellt, da es auf verschiedene Übergänge anwendbar ist, nicht nur für den Übergang von der Familie in die Kita und von der Kita in die Grundschule. Von Bedeutung für das Verständnis von Transitionen ist außerdem das Anforderungs-Bewältigungs-Paradigma im Transaktionalen Stressmodell von Lazarus (1995), das deshalb ebenfalls betrachtet wird.

IFP-Transitionsmodell

Im IFP-Transitionsmodell werden Veränderungen auf unterschiedlichen Ebenen fokussiert. Es steht hierbei nicht nur das einzelne Kind oder die einzelne jugendliche Person im Fokus, sondern ebenso deren Familien und Lebensumwelten. Das IFP-Transitionsmodell betrachtet Transitionen als die Bewältigung von Diskontinuitäten. Transitionen bedeuten Veränderungen auf drei verschiedenen Ebenen (Griebel & Niesel, 2018; Niesel & Griebel, 2013):

a) Individuelle Ebene – Ebene der einzelnen Person
b) Interaktionale Ebene – Ebene der Beziehungen
c) Kontextuelle Ebene – Ebene der Lebensumwelten

Zu a): Auf *der individuellen Ebene* können Transitionen unterschiedliche Gefühle hervorrufen. Insbesondere bei älteren Kindern und Jugendlichen können ambivalente Gefühle auftreten – einerseits Stolz, Neugier und Freude, andererseits Unsicherheit und Ängste. Es werden neue Kompetenzen und veränderte Verhaltensweisen erforderlich, ebenso wie ein Wechsel der Peer-Gruppe und auch der Bezugspersonen nötig wird. Typisch für Transitionen ist ein Identitätswandel, der jedoch Zeit sowie »Sicherheit auf der Beziehungsebene« (Niesel & Griebel, 2013, S. 224) benötigt. Diese Sicherheit auf der Beziehungsebene zu gewährleisten, ist Aufgabe der begleitenden Erwachsenen. Der Identitätswandel umfasst die veränderte Sichtweise im Selbstkonzept von Kindern bzw. Jugendlichen, z. B. »Ich werde nun ein Schulkind«, »Ich werde ein Auszubildender bzw. eine Auszubildende«. Dies beinhaltet bestenfalls wachsende Kompetenzen, die mit dem jeweiligen Wandel der Identität zusammenhängen. Aber auch Konflikte und Frustrationen, die mit der Transition auftreten können, müssen be- und verarbeitet werden.

Nicht nur auf Ebene der Kinder und Jugendlichen, sondern auch der jeweiligen Bezugspersonen findet ein Identitätswandel statt – mit allen dazugehörigen Emotionen und gesellschaftlichen Erwartungen. Geben Eltern bzw. Erziehungsberechtigte ihr Kind z. B. schon mit wenigen Monaten in eine Kinderkrippe, kann dies in der nahen Umgebung Unverständnis oder Kritik hervorrufen. Außerdem erleben auch Eltern bzw. Erziehungsberechtigte ähnliche Emotionen wie ihre Kinder (Vorfreude, Angst, Stolz, Unsicherheit usw.). Eltern und Kinder haben zudem die Aufgabe, ein Zugehörigkeitsgefühl zur neuen Institution zu entwickeln – dies kann beispielsweise durch ein herzliches Willkommen und ein transparentes Informationsmanagement der Einrichtung erreicht werden.

Zu b): Auf *interaktionaler Ebene* werden neue Beziehungen zu Erwachsenen wie Gleichaltrigen geknüpft, bestehende Beziehungen verändern sich oder können verloren gehen (wie Freundschaften in der früheren Einrichtung). Hier spielen, wie erwähnt, aus Sicht der Bindungstheorie die erworbenen internalen Arbeitsmodelle von Heranwachsenden eine Rolle: Je nachdem, welche Erfahrungen Kinder und Jugendliche auf Beziehungsebene bisher mit ihren Bezugspersonen gemacht haben, werden Erwartungen ausgebildet, wie (diese und andere) Bezugspersonen auf ihre Signale reagieren werden, z. B. mit Trost, wenn sie in Stresssituationen Unsicherheit und Angst zeigen. Auch in Transitionen treten Stressreaktionen auf. Je nach Erwartung, die die jeweiligen Kinder oder Jugendlichen an das Verhalten der Bezugspersonen haben, werden sie sich vertrauensvoll an die Erwachsenen wenden und darauf bauen, passgenaue Unterstützung zu erhalten (wenn eher eine sichere Bindung vorliegt). Andere Kinder und Jugendliche werden sich eher zurückhalten und die stressige, Unsicherheit auslösende Transition mit sich selbst ausmachen und eher vermeiden, Hilfe von außen einzufordern (wenn eher eine unsicher-vermeidende Bindung vorliegt). Wieder andere erleben auf der Suche nach Sicherheit im Übergangsprozess und insbesondere in den Beziehungen zu den beteiligten (Bezugs-)Personen ein hohes Maß an Stress, was sich in herausfordernd erlebtem Verhalten der Kinder und Jugendlichen äußern kann (wenn eher eine unsicher-ambivalente Bindung vorliegt).

Pädagogischen Fachkräften, Lehrkräften und Eltern bzw. Erziehungsberechtigten kommt die Aufgabe zu, die Verhaltensweisen der die Kinder bzw. Jugendlichen zu beobachten und zu analysieren, um deren spezifische Bedürfnisse im Übergangsprozess zu erkennen, *verstehen* und adäquat beantworten zu können. Hierzu zählt auch, immer wieder Gesprächsbereitschaft zu signalisieren, genau zu beobachten, wie es ihnen geht, und daraus – insbesondere auch bei Kindern und Jugendlichen mit unsicherem Bindungsverhalten – den jeweiligen Unterstützungsbedarf abzuleiten. Die begleitenden Erwachsenen sollten folglich für *alle* Kinder und Jugendlichen sowohl als sichere, zuverlässige Ansprechperson fungieren als auch als Ermutigende, die Optimismus verbreiten, dass die Transition gut bewältigt werden kann.

Zu c): Durch Veränderungen auf *kontextueller Ebene* werden, bedingt durch sozial-räumliche und institutionelle Veränderungen, unterschiedliche Lebensbereiche in Einklang gebracht oder eben nicht. Kinder und Jugendliche in Transitionsprozessen müssen eine Menge neuer Informationen aufnehmen, filtern und verarbeiten. Dies beginnt bei den räumlichen Veränderungen (neuer Kita-/Schulweg, neue Verkehrsmittel, z. B. Bus, neue Räume in Kita oder Schule), umfasst aber auch Veränderungen auf Ebene der Institution mit ihren jeweiligen Strukturen und Regeln (Wechsel von Kita-Fachkräften zu Lehrkräften mit Klassenlehrkraftsystem und Fachlehrkräften; Wechsel von Primarstufenlehrkräften zu Sekundarstufenlehrkräften, die noch mehr Selbstständigkeit fordern; Wechsel von Lehrkräften zu Lehrherren bzw. -frauen, Dozierenden usw.) sowie deren jeweiligen Erwartungen (hinsichtlich Selbstständigkeit, Pünktlichkeit usw.). Nicht nur die Kinder und Jugendlichen, sondern auch die jeweiligen Eltern bzw. Erziehungsberechtigten erleben Veränderungen auf kontextueller Ebene, sie müssen sich auf andere Ansprechpersonen einstellen (z. B. statt Kita-Bezugsfachkraft die Klassenlehrkraft), statt dem möglicherweise kurzen und vertrauten Weg zur Kita auf den eventuell längeren Schulweg (mit Bus, Bahn, Fahrrad, Roller oder zu Fuß) sowie jeweils andere Zeiten, die in der Institution verbracht werden (von der Kita mit verlängerten oder ganztägigen Öffnungszeiten und nur wenigen Schließtagen im Jahr zur Primarstufe mit 75 Werktagen Schulferien usw.; von Schüler:innen zu Auszubildenden mit gegebenenfalls weiterem Anfahrtsweg oder zu Studierenden mit potenziellem Wohnortwechsel).

Die eigentlichen Akteur:innen, die den jeweiligen Übergang aktiv bewältigen, sind Kinder oder Jugendliche und deren Eltern bzw. Erziehungsberechtigte. Denn für diese ist der Übergang ein je einmaliger und erstmaliger Prozess, während pädagogische Fach- oder Lehrkräfte viele Kinder und Jugendliche im Übergang begleiten und somit das Kriterium der Einmaligkeit nicht vorliegt. Für die beteiligten Professionellen im System stellt sich jeweils die Herausforderung, die Transition für die *einzelnen* Akteur:innen entsprechend vorzubereiten, zu begleiten und nach dem Übergang zu beobachten, ob alle gut angekommen sind oder nähere bzw. spezifische Unterstützung benötigen. Außerdem müssen alle Übergangsbewältigenden informiert und einbezogen werden.

Zentral ist somit die soziale Komponente von Transitionen: Es ist insbesondere die Verantwortung der pädagogischen Fach- und Lehrkräfte, für einen gelingenden Übergang zu sorgen, indem sie die Familien dabei entsprechend professionell begleiten. Um eine professionelle Transitionsbegleitung zu ermöglichen, sollten pädagogische Fach- und Lehrkräfte, wie im IFP-Transitionsmodell genannt, neben der individuellen Ebene stets auch die interaktionale und kontextuelle Ebene berücksichtigen. Dazu gehört es, über entsprechendes Fachwissen zu verfügen, aber auch Handlungsstrategien bereit zu halten, die generell sowie individuell wirksam und unterstützend sind. Nicht zuletzt ist die Bereitschaft zur Kooperation mit der anderen beteiligten Einrichtung erforderlich.

In allen Bildungsübergängen im Kindes- und Jugendalter gibt es ein »Vorher« – »Während« – »Nachher« (▶ Abb. 3). Begleitende pädagogische Fach- und Lehrkräfte finden sich in einer Trias mit den jeweiligen Kindern bzw. Jugendlichen und deren Eltern. Kinder, Jugendliche und Eltern benötigen bereits rechtzeitig vor der Transition in der Vorbereitungs- bzw. Ablösungsphase Informationen und individuelle, passgenaue Begleitung. Sie sollten mit ihren Fragen, Ängsten und Sorgen wahr- und ernstgenommen werden. Dazu braucht es Gespräche und eine Atmosphäre, um sich zu trauen, die Fragen zu stellen sowie Ängste und Sorgen zu äußern – basierend auf einer Vertrauensbeziehung zu den Pädagog:innen.

Hilfreich ist in dieser Phase ein »Trennungsritual«, das in der jeweiligen Einrichtung gepflegt wird. So packen z. B. Krippenkinder, die in die Kita-Gruppe gehen, einen Koffer mit ihren Habseligkeiten aus der Krippe und nehmen diese mit in die Kita, Kita-Kinder gehen durch einen Rosenbogen oder erleben den symbolischen »Rauswurf« an ihrem letzten Kita-Tag, Schulabsolvierende feiern eine Abschlussfeier usw. Während des Übergangs befinden sich die Kinder und Jugendlichen in der Schwellen- bzw. Umwandlungsphase, in der sie die tatsächliche Transition bewältigen müssen. Je nachdem, wie viel Resilienz beim Kind bzw. der jugendlichen Person vorhanden ist, birgt der Übergang das Potenzial für ein Stress-Ereignis oder eine Krise bzw. wird er als Bedrohung erlebt, weil die eigenen Ressourcen und jene der Umwelt nicht zur Bewältigung ausreichen. In diesem Fall kann sich eine Transition entwicklungshemmend auswirken, was sich in Rückzug, starker Ängstlichkeit, vielleicht sogar Depression äußern kann.

Wird die Transition als zu bewältigende Herausforderung erlebt, können Kinder bzw. Jugendliche an dieser wachsen und sie kann sich entwicklungsfördernd auswirken: Neue Fähigkeiten, ein besseres Selbstwertgefühl, erhöhte Selbstwirksamkeit können daraus resultieren. Sind die Kinder bzw. Jugendlichen in der neuen Einrichtung angekommen, geht die Transition noch weiter: mit der Ankommensphase, die zum Teil ein ganzes Schuljahr andauern kann. Zu Beginn dieser

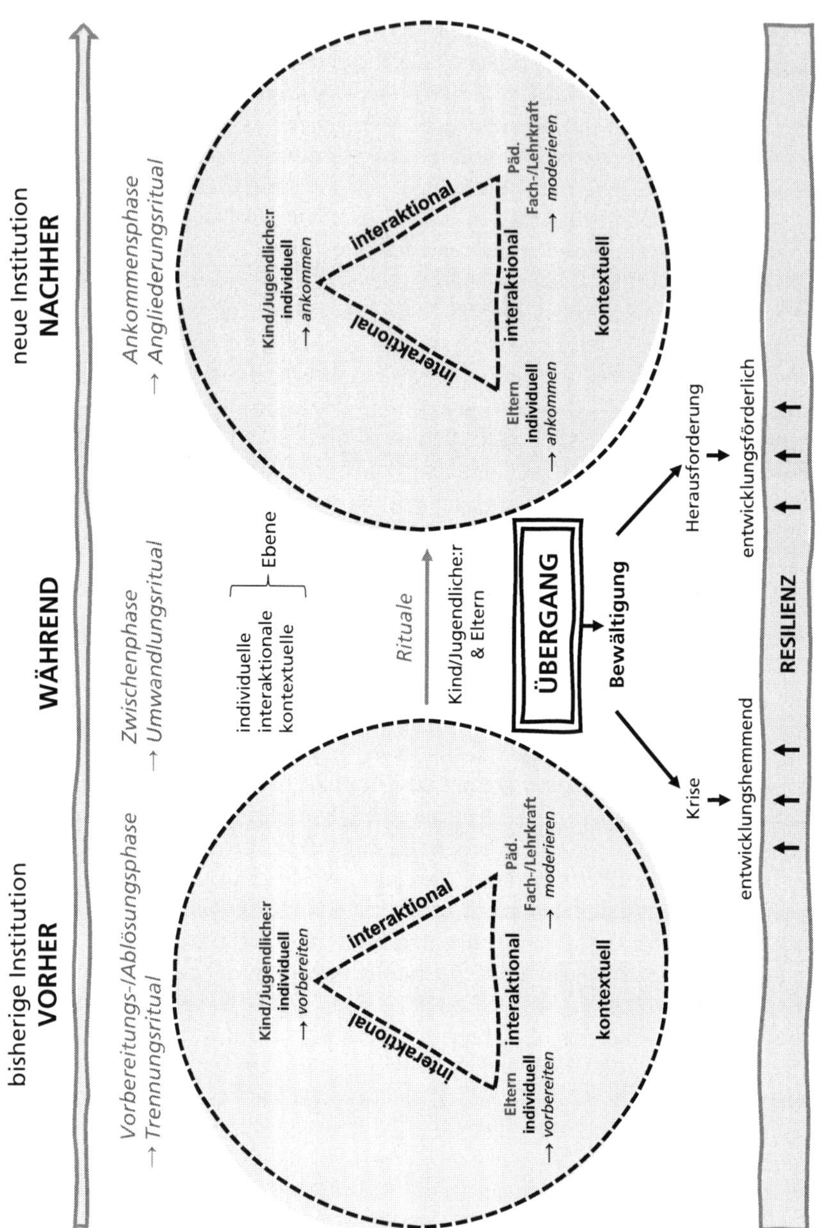

Abb. 3: Phasen von Übergängen (eigene Darstellung)

Ankommensphase bietet sich wieder ein passendes Angliederungsritual an (z. B. eine Willkommensfeier, Pat:innen usw.), um die neuen Kinder bzw. Jugendlichen willkommen zu heißen. Dabei ist die individuelle Begleitung beim Ankommen nötig, eingebettet in die Rahmenbedingungen in der neuen Institution. Auch hier wirken wieder Kinder bzw. Jugendliche, Eltern und pädagogische Fach- und Lehrkräfte zusammen, um ein gutes Ankommen zu ermöglichen, wozu auch Sorgen, Nöte, Ängste, Fragen der Beteiligten wahrgenommen werden sollten und angemessen darauf reagiert werden muss (▶ Abb. 3).

Transaktionales Stressmodell

Nach Lazarus (1995) sind Entwicklungsaufgaben, wie z. B. der Eintritt in die Grundschule oder der Beginn einer Ausbildung, Anforderungen, die von Kindern bzw. jungen Menschen gelöst werden müssen. Dabei gelingt es unterschiedlich gut, diese zu bewältigen. Wenn eine Anforderung weniger gut bewältigt wird, kann dies als Belastung erlebt werden. Je nachdem, wie gut die Bewältigung einer Aufgabe gelingt, wird diese durch das jeweilige Individuum unterschiedlich bewertet. Lazarus und Folkman (1984) formulierten diese unterschiedlichen Bewertungsweisen im Transaktionalen Stressmodell/Anforderungs-Bewältigungs-Modell. Demnach umfasst die Bewertung einer Anforderung drei Schritte:

1. die Bewertung der Situation (*primäre Bewertung*),
2. die Bewertung des vorhandenen Potenzials, um die Situation zu bewältigen (*sekundäre Bewertung*),
3. die Neubewertung der (veränderten) Situation (*tertiäre Bewertung*) (Lohaus & Vierhaus, 2015).

Je nachdem, wie im ersten Schritt die Situation (z. B. der Schuleintritt) als positiv, unbedeutend oder stressend bewertet wird, erfolgt im zweiten Schritt die Bewertung eigener Fähigkeiten und Ressourcen zur Bewältigung der Anforderung. Erlebt ein Kind (sowie dessen Eltern) im Schuleintritt eine positive Unterstützung seitens des Umfeldes in der Familie und der Kita und traut sich das Kind eher zu, auf unbekannte Kinder und Erwachsene zuzugehen, und erlebt es sich als selbstständig, dann bewertet es die Situation wahrscheinlich als bewältigbar (= es sind genügend Ressourcen zur Bewältigung vorhanden) – ebenso die Eltern bzw. Erziehungsberechtigten. Sind nicht genügend Ressourcen vorhanden, wird die Anforderung als Stress oder Überforderung erlebt. In einem dritten Schritt wird die bewältigte Situation erneut bewertet, ob als erfolgreich bewältigt oder nicht. Dies hat wiederum einen Einfluss auf die künftige Herangehensweise an Anforderungen bzw. Übergänge.

In Anlehnung an ein soziologisches Stressmodell, das Anforderungs-Kontroll-Modell (Karasek & Theorell, 1990, nach Ernst, Franke und Franzkowiak, 2022), wurde ein eigenes Modell entworfen, um grafisch auszudrücken, wie der wahrgenommene Entscheidungsspielraum mit den vorhandenen Anforderungen (potenziellen Stressoren) in Transitionen und mit der sozialen Unterstützung zusammenhängt (▶ Abb. 4): Werden die Anforderungen als gering erlebt, der Entscheidungsspielraum ebenso, dann verhält sich ein Individuum eher passiv, weil es ohnehin keinen Einfluss auf die Ereignisse zu haben scheint. Sind die Anforderungen gering und der Entscheidungsspielraum ist hoch, dann zeigt sich wahrscheinlich ein niedriges Stresserleben.

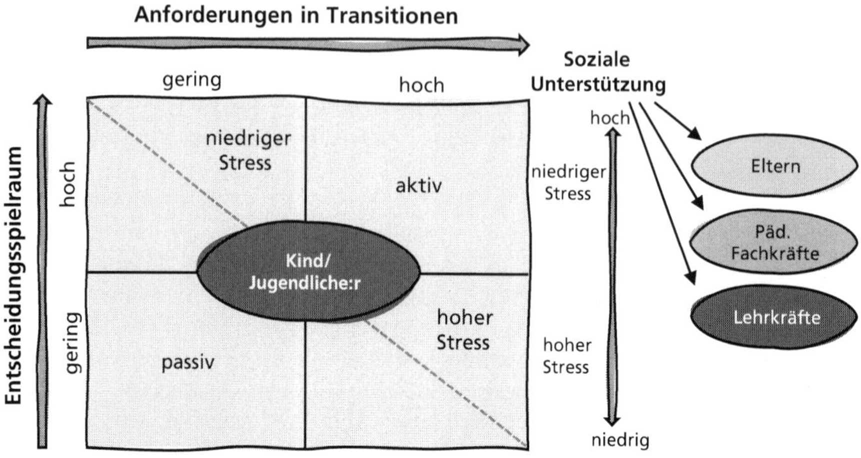

Abb. 4: »Anforderungs-Entscheidungs-Modell in Übergängen« (eigene Darstellung in Anlehnung an Karasek & Theorell, 1990, nach Ernst, Franke & Franzkowiak, 2022)

Sind der Entscheidungsspielraum gering und die Anforderungen hoch, wird hoher Stress erlebt. Sind hingegen sowohl die Anforderungen als auch der Entscheidungsspielraum hoch, erleben sich die Kinder bzw. Jugendlichen als aktiv. Das bedeutet, dass in Transitionen ein möglichst hoher Entscheidungsspielraum günstig ist (Partizipation, Kinder bzw. Jugendliche einbeziehen, ernst nehmen). Hinzu kommt: Bei niedriger sozialer Unterstützung (Eltern, pädagogische Fachkräfte, Lehrkräfte) ist der Stress hoch. Wird hingegen die soziale Unterstützung als hoch erlebt, dann ist das Stressempfinden niedrig. Bezogen auf Transitionen bedeutet das: So viel soziale Unterstützung geben wie nötig. Denn dann ist das subjektive Stresserleben niedrig, was sich positiv auf die Bewältigungsleistung und somit auf die Gesundheit von Kindern und Jugendlichen auswirkt.

2.4 Makro- und Mikrotransitionen, normative und nicht-normative Übergänge

Transitionen werden in Makrotransitionen und Mikrotransitionen sowie in normative und nicht-normative Übergänge unterschieden (Fthenakis, 1999; Kroll, 2011). *Makrotransitionen* sind all jene Übergänge, die sich auf die größeren Wechsel im Lebenslauf beziehen, wie der Eintritt in Krippen oder die Einschulung (▶ Abb. 5).

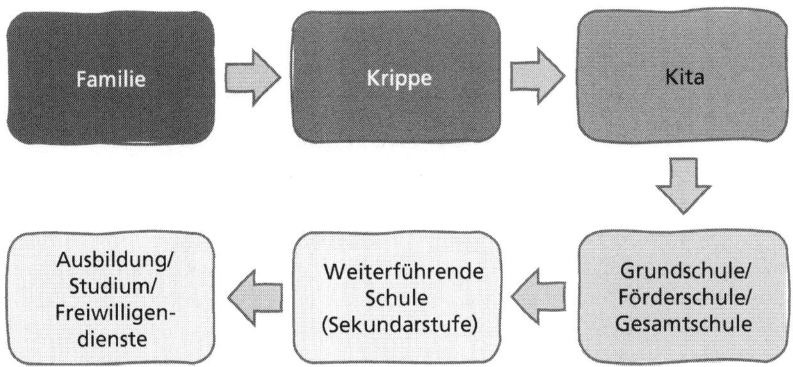

Abb. 5: Makrotransitionen im Kindes- und Jugendalter (eigene Darstellung)

Mikrotransitionen sind dagegen die kleineren Wechsel im Tageslauf, die Kinder und Jugendliche täglich begehen. Gemeint sind mit Mikrotransitionen u. a.:

- Wechsel von erwachsenen Personen (Bezugspersonen wie beim Schichtwechsel in der Kita oder beim Lehrkraftwechsel in der Schule),
- Wechsel von Spielpartner:innen, Räumen, Aktivitäten (Gutknecht, o. J.).

Im Lauf eines Tages in der Krippe, Kita oder Schule vollziehen Kinder und Jugendliche zahlreiche dieser Mikrotransitionen. Wichtig ist, dass die pädagogischen Fachkräfte und Lehrkräfte ein Bewusstsein für die Bedeutung von Mikrotransitionen haben. Günstig ist zudem, wenn die Kinder und Jugendlichen ein »Skript« dafür entwickeln, wie diese Mikrotransitionen ablaufen (ebd.), denn das verschafft ein Gefühl von Sicherheit und Orientierung. Es braucht für einen reibungslosen Ablauf genügend Zeit und – wo nötig – die Begleitung durch die Erwachsenen – auch im Primarstufen-Alter, bisweilen auch im Sekundarstufen-Alter und damit nicht nur in Krippe oder Kita. Denn die Wechsel in Grund- und weiterführender Schule von Raum zu Raum beinhalten auch die Möglichkeit für mehr oder wenige positive soziale Interaktionen. Hier ist es wichtig, einen Blick für Momente und Orte (wie dunkle Pausengänge, Pausenhof, Keller-Stockwerke, Toiletten o. Ä.) zu haben, an denen potenziell ungünstige soziale Interaktionen stattfinden könnten, und diesen pädagogisch wirksame Präsenz entgegen zu setzen bzw. entsprechend Situationen mit den Kindern und Jugendlichen zu besprechen und gemeinsam Regeln aufzustellen.

Zur Reflexion

- Welche Mikrotransitionen gibt es im Tagesablauf Ihrer Einrichtung für die Kinder oder Jugendlichen?
- Wie begleiten Sie Kinder und Jugendliche in Mikrotransitionen?
- Welche Mikrotransitionen verursachen (immer wieder) Stress und Unsicherheit?

- Wie könnten Sie Stress und Verunsicherung in Mikrotransitionen vorbeugen?
- Welche Hilfestellung könnten Sie sich im Team für die Mikrotransitionen überlegen (personell, räumlich, sozial-emotional usw.)?
- Was wünschen sich die Kinder und Jugendlichen Ihrer Institution an Unterstützung bzw. bei der Gestaltung von Mikrotransitionen?

Weiterhin kann zwischen ›normativen‹ und ›nicht normativen‹ Übergängen unterschieden werden. *Normative Übergänge* sind Übergänge, die kulturspezifisch bei nahezu allen Menschen zu erwarten sind (wie beispielsweise die Transition in die Schule als biografisch-institutionelles Ereignis) oder die von einer Mehrzahl der Menschen angestrebt werden (wie Heirat oder Geburt eines Kindes als biografisch-individuelles Ereignis).

Nicht normative Übergänge sind dagegen nicht bei allen Menschen zu erwarten. Sie geschehen oft unerwartet und unvorhergesehen. Hier können nach Kroll (2011) biografisch-individuelle (Trennung oder Scheidung der Eltern, Tod einer nahen angehörigen Person) sowie biografisch-institutionelle Transitionen (wie Unterbringung in einer Pflegefamilie oder in einer stationären Kinder- und Jugendhilfeeinrichtung; Kooperationsverbund gesundheitliche Chancengleichheit, 2015) unterschieden werden.

2.5 Psychische Grundbedürfnisse bei Übergängen

Um das Wohlbefinden von Kindern und Jugendlichen zu gewährleisten, müssen ihre psychischen und physischen Grundbedürfnisse sichergestellt sein. Werden diese Bedürfnisse nicht erfüllt, kann dies zu physischen oder psychischen Erkrankungen führen, so die Annahme. Zu den physischen Grundbedürfnissen zählen nach Maslow (1954) u.a. Nahrung, Wärme, Schlaf, Kleidung. Darauf aufbauend folgen psychische Grundbedürfnisse nach Anerkennung, Liebe, Zugehörigkeit, Selbstverwirklichung (Borg-Laufs, 2012).

Grawe (2004) entwickelte basierend auf zahlreichen wissenschaftlichen Studien das Modell der ›Seelischen Grundbedürfnisse‹. Demnach müssen neben elementaren körperlichen auch seelische Grundbedürfnisse erfüllt sein, damit psychische Gesundheit und Lebenszufriedenheit erlangt werden. Werden diese Grundbedürfnisse nicht erfüllt, lehnen sich Kinder und Jugendliche gegen deren Nicht-Erfüllung auf. Fröhlich-Gildhoff, Rönnau-Böse und Tinius (2020) erweitern diese Grundbedürfnisse um ein weiteres und formulieren folgende fünf zentrale Grundbedürfnisse:

1. Bindung
2. Exploration und Weltaneignung
3. Selbstwertschutz/Selbstwerterhöhung

4. Orientierung und Kontrolle
5. Lustgewinn und Unlustvermeidung

Zu 1: Das Grundbedürfnis nach Bindung wurde bereits beschrieben (▶ Kap. 2.3), weshalb hier nicht erneut darauf eingegangen wird.

Zu 2: Dem Bindungsverhaltenssystem steht das Explorationsverhaltenssystem gegenüber. Das bedeutet, dass Kinder die sie umgebende Welt explorieren (erkunden) möchten. Hierbei handelt es sich um ein angeborenes System wie das Bindungsverhaltenssystem auch. Kinder erkunden die Umwelt, wenn sie sich sicher fühlen. Hier fungieren die Bezugspersonen als sichere Basis, von der aus sich das Kind in die Welt wagt. Erst wenn ein Kind sich sicher fühlt, kann es sich auf seine Umwelt einlassen und diese erforschen, um sich die Welt jeweils ein Stück mehr anzueignen. Dabei vergewissert sich das Kind regelmäßig, ob es noch immer in Sicherheit ist, ob also die Bezugsperson es im Blick hat, ihm bestätigend und aufmunternd zunickt und Zustimmung signalisiert durch ein Lächeln oder eine positiv-bestärkende Geste. Durch diese Prozesse der Weltaneignung findet Bildung statt, das Kind lernt Neues dazu.

Dies gelingt dann, wenn Bezugspersonen dem Kind ein gewisses, alters- und entwicklungsentsprechendes Maß an Autonomie zugestehen. Auch bei der Eingewöhnung in die Krippe wird das Kind von sich aus den Raum, die Spielzeuge, die anderen Personen erkunden und kennenlernen wollen, wenn es sich sicher fühlt – aber erst dann. Um sich sicher zu fühlen, benötigt es angesichts der neuen und unbekannten, potenziell ängstigenden und verunsichernden Situation jedoch die Bezugsperson in seiner Nähe. Dies sollte dem Kind zugestanden werden. Wenn es sich sicher fühlt, wird es sich in die Umwelt (hier: die neuen Räume und Personen in der Krippe bzw. Kita) hinauswagen. Mit zunehmendem Alter gewinnt das Bedürfnis nach Autonomie mehr an Bedeutung – immer vorausgesetzt, dass Kinder und Jugendliche einen sicheren Hafen haben, zu dem sie jederzeit zurückkehren können. Dieser ›innere sichere Hafen‹ wird intrapsychisch verankert.

Jugendliche brauchen Möglichkeiten, sich auszuprobieren und die Welt zu erkunden, ob allein oder mit ihrer Peer-Gruppe. Werden im Jugendalter die Grenzen zu eng gesteckt, wird eventuell dagegen rebelliert oder versucht, diese zu unterwandern. Werden keine Grenzen gesetzt, fehlt es an Orientierung und Sicherheit. Insbesondere Transitionen bieten Gelegenheit, das eigene Autonomiebestreben zu erleben und sich auszuprobieren – wenn sie als solche Gelegenheit ermöglicht bzw. ergriffen werden.

Zu 3: Ein weiteres Grundbedürfnis ist der Schutz des eigenen Selbstwertes. Der Selbstwert ist die Einschätzung, die eine Person über ihren eigenen Wert hat. Der Selbstwert entwickelt sich u. a. durch Erfolgserlebnisse, die Kinder bzw. Jugendliche im Lauf ihres Lebens machen und die auf das eigene (erfolgreiche) Handeln attribuiert werden, also diesem zugeschrieben werden können. Dazu brauchen Kinder und Jugendliche Anforderungen in der Zone der nächsten Entwicklung (Wygotski, 1987) und Ermutigung, sich an Aufgaben heranzutrauen und sich deren Bewältigung zuzutrauen. Der Selbstwert wird geschützt, wenn ein Kind oder eine jugendliche Person Erfahrungen mit der Umwelt macht, die es bzw. sie bestätigen, die ihm oder ihr seinen bzw. ihren Wert und seine bzw. ihre Liebenswürdigkeit vermitteln und es oder sie anerkennen, so wie es oder sie ist. Dies äußert sich in Worten, Berührungen, Blicken und grundsätzlicher Wertschätzung. Günstig ist es, wenn mit jedem Kind an jedem Tag die Gelegenheit besteht, Zeit gemeinsam geteilter Aufmerksamkeit zu verbringen. Das Grundbedürfnis nach Selbstwertschutz wird verletzt, wenn Kinder oder Jugendliche beschämt werden, z. B. durch überzogene Kritik, Abwertung, Ignorieren usw. Wird dieses Grundbedürfnis verletzt, kann es zu einer Gegenreaktion in Form von Widerstand kommen. Deshalb sollte grundsätzlich, aber auch in Transitionen Kindern und Jugendlichen vermittelt werden, dass sie wichtig und wertvoll sind, dass sie gehört, ihre Meinung und Gefühle geachtet werden und in den Transitionsprozess alters- und entwicklungsgemäß gestaltend mit einbezogen werden.

Zu 4: Orientierung und Kontrolle sind Bedürfnisse, durch die Kinder und Jugendliche die Umwelt mitgestalten und beeinflussen, etwas bewirken wollen. Insofern ist die Frage zu stellen, wie sich Kinder und Jugendliche bei Transitionsprozessen als wirkmächtig und selbstwirksam erleben können in einem Rahmen, der von begleitenden Erwachsenen vorgegeben wird und Orientierung und Sicherheit vermittelt. Dazu müssen Kinder und Jugendliche die Transition verstehen, also altersentsprechend erklärt bekommen, da es Sicherheit vermittelt, die Abläufe zu kennen. Von da aus und in diesem Rahmen können Kinder und Jugendliche Einfluss nehmen – vorausgesetzt, die Haltung und Sichtweise der beteiligten Erwachsenen lässt dies zu. Mit dem Bedürfnis nach Kontrolle hängt die Frage nach der Handhabbarkeit von Situationen zusammen. Wichtig mit Blick auf Transitionen ist demnach, Kindern und Jugendlichen nicht das Gefühl zu vermitteln, sie seien dem Transitionsprozess und den Erwachsenen ohnmächtig ausgeliefert, sondern ihnen wird Gehör geschenkt und sie können den Prozess in einem vorgegebenen Rahmen kontrollieren, verstehen, den Sinn nachvollziehen und die Situation handhaben. Klare Rituale und Abläufe stellen das Grundbedürfnis nach Orientierung und Kontrolle zufrieden.

Zu 5: Lustgewinn und Unlustvermeidung. Dieses Grundbedürfnis besagt, dass Kinder und Jugendliche Dinge und Situationen, die ihnen angenehm sind, aufsuchen und unangenehme Dinge vermeiden. Wird den Wünschen von Kindern und Jugendlichen vor, während und nach einer Transition Gehör und Aufmerksamkeit geschenkt, dann fühlen sie sich einbezogen und diesem Grundbedürfnis wird Genüge getan. Wenn Kinder oder Jugendliche sich z. B. gegen eine Transition »wehren« und somit Unlust zum Ausdruck bringen, sind pädagogische Fach- und Lehrkräfte sowie Bezugspersonen gefordert, mit ihnen zusammen Lösungswege zu erarbeiten, die Richtung Lustgewinn zielen. Außerdem wird es einer Transition förderlich sein, wenn Kinder bzw. Jugendliche Lust auf den Übergang haben, wenn es erstrebenswert erscheint, diesen (Entwicklungs-)Schritt zu gehen. Eine positive Konnotation des Übergangs kann zu einer solchen förderlichen Sichtweise beitragen.

Das Wichtigste in Kürze

Jeder Mensch bewältigt in seinem Leben zahlreiche Übergänge. Dabei kann er auf eigene, bisher entwickelte Kompetenzen zurückgreifen sowie auf Kompetenzen aus seinem Umfeld. Übergänge bzw. Transitionen sind Veränderungen in der Biografie eines Menschen, die bedeutende weitere Veränderungen nach sich ziehen wie neue Beziehungen, neue Räume, neue Strukturen und neue Abläufe. Dabei finden Transitionen auf verschiedenen Ebenen statt: individuell, interaktional, kontextuell. Der Großteil der Kinder und Jugendlichen bewältigt Übergänge im Bildungsverlauf ohne Probleme, wohingegen ein kleinerer Teil der Kinder und Jugendlichen Schwierigkeiten zeigt. Zur mehr oder weniger erfolgreichen Bewältigung von Transitionen tragen Risiko- und Schutzfaktoren sowie Resilienzfaktoren bei. Übergänge im Bildungsverlauf haben entscheidenden Einfluss auf die weitere Bildungsbiografie und darüber hinaus (Identität, Schulerfolg, Leistungsfähigkeit), weshalb die angemessene Bewältigung unterstützt werden sollte. Werden Übergänge als belastend erlebt, kann sich dies auf unterschiedliche Weise äußern: z. B. als Wut, Aggression, starke Schüchternheit, Depression.

Je nach theoretischer Sichtweise können Transitionen unter verschiedenen Blickwinkeln betrachtet werden als: Stress, potenziell kritisches Lebensereignis, Statuspassage, Ritual, Entwicklungsaufgabe, Veränderung auf mehreren Systemebenen. In Transitionen sollten – wie im sonstigen Entwicklungsverlauf auch – die psychischen Grundbedürfnisse geachtet werden, um das Wohlbefinden von Kindern und Jugendlichen zu gewährleisten. Kinder und Jugendliche sowie ihre Eltern bzw. Familien durchlaufen die Transition, bei deren Bewältigung sie Unterstützung von pädagogischen Fachkräften, Lehrkräften und weiteren Professionellen benötigen, um einen erfolgreichen Übergang zu fördern.

3 Spezifische Übergänge im Bildungsverlauf

Auf dem Weg vom Eintritt in die erste Bildungsinstitution Krippe oder Kita im frühen Kindesalter bis zur Einmündung ins Berufsleben nach Schulabschluss als junge Erwachsene haben Kinder und Jugendliche in regelmäßigen Abständen institutionsspezifische Übergänge von einer Bildungseinrichtung in die nächste zu bewältigen. Um den jeweiligen Besonderheiten der spezifischen Bildungsübergänge im Kindes- und Jugendalter Rechnung zu tragen und pädagogische Fach- und Lehrkräfte zugleich mit hilfreichen Anregungen zur Begleitung und Stärkung von Kindern und Jugendlichen auszustatten, werden im Folgenden je spezifischem Übergang die generell im jeweiligen Altersbereich zu bewältigenden Entwicklungsaufgaben, die Anforderungen im Übergangsprozess, die geltenden rechtlichen Rahmbedingungen, praxisrelevante Forschungsbefunde sowie weitere spezifische Unterstützungsmöglichkeiten dargelegt und von praxisnahen Diskussions- und Reflexionsübungen gerahmt.

An dieser Stelle sei darauf hingewiesen, dass der dargelegte Forschungsstand keinen Anspruch auf Vollständigkeit erhebt. Im Vordergrund steht die gezielte Vorstellung ausgewählter Studienergebnisse, die für pädagogische Fach- und Lehrkräfte zur Unterstützung und Begleitung von Kindern und Jugendlichen bei einer positiven Bewältigung des anstehenden Übergangs besonders hilfreich sein können.

3.1 Von der Familie in Krippe und/oder Kita

Zur Reflexion

Bitte überlegen Sie: Waren Sie als Kind in einer Krippe oder in einer Kita? Erinnern Sie sich noch an den Übergang von der Familie in die Krippe bzw. Kita? Wer hat Sie beim ersten Tag in der Einrichtung begleitet? Wie hießen die pädagogischen Fachkräfte vor Ort? Wie war die Eingewöhnung? Gab es überhaupt eine Eingewöhnung? Wie lange dauerte diese?

Falls Sie sich selbst nicht mehr erinnern, gehen Sie in Austausch mit Ihren damaligen Bezugspersonen, wenn möglich: Woran erinnern sich diese? Fiel Ihnen der Übergang eher leicht oder eher schwer? Wie gut konnten die Bezugspersonen loslassen? Was lässt sich aus Ihren eigenen Erfahrungen mit diesem Übergang für die Begleitung von Kindern im ähnlichen Übergang ableiten? Worauf wäre aus Ihrer Sicht zu achten?

3.1.1 Entwicklungsaufgaben im Krippenalter

Die Zahl der Kinder, die sich im Alter von unter drei Jahren in institutionalisierter Kindertagesbetreuung befinden, ist in den vergangenen Jahren kontinuierlich angestiegen: Besuchten im Jahr 2007 noch lediglich 15,5 % der Unter-Dreijährigen eine Krippe oder eine Kindertagespflegestelle, betrug der Anteil im Jahr des Rechtsanspruchs auf einen Krippenplatz (2013) bereits 29,3 % (Statista, 2025). Etwas mehr als zehn Jahre später beläuft sich die Betreuungsquote im Jahr 2024 auf 37,4 % (N = 848.200), wobei der Anteil in den östlichen Bundesländern sogar bei 55,2 % liegt und die westlichen Bundesländer mit einer Quote von 33,9 % nachziehen (Statistisches Bundesamt, 2024d).

Mit einer Betreuungsquote von 91,3 % besuchte im Jahr 2024 zudem die große Mehrheit der Kinder eine Kindertageseinrichtung oder eine öffentlich geförderte Kindertagespflegestelle (Statistisches Bundesamt, 2024e). Der Übergang von der Familie in die erste Bildungsinstitution Krippe oder Kita kann folglich als Teil der Normalbiografie in Deutschland lebender Kinder unter sechs Jahren angesehen werden. Für viele Kinder geht der Übergang mit vielfältigen Veränderungen und Anforderungen einher: Sie sind erstmals für einen längeren Zeitraum von ihren primären Bezugspersonen getrennt, zugleich müssen neue Beziehungen zu pädagogischen Fachkräften, aber auch zu Gleichaltrigen eingegangen und sich an neue Abläufe und Strukturen gewöhnt werden. Kinder mit Krippenbesuch durchlaufen in ihrer frühen Kindheit zumeist sogar einen zweiten Bildungsübergang: Im Alter von ca. drei Jahren folgt häufig ein (innerinstitutioneller) Wechsel von der Krippe in die Kita, der ebenfalls spezifische Anforderungen und Veränderungen sowohl für das Kind als auch für seine Eltern bzw. Erziehungsberechtigten mit sich bringt.

Zugleich haben Kinder im Krippenalter zahlreiche Entwicklungsaufgaben u. a. in den Bereichen der Motorik, der Kognition und der sozial-emotionalen Entwicklung zu durchlaufen und zu bewältigen (► Tab. 1). Wie Havighurst (1982) betonte, erhöhen erfolgreich bewältigte Entwicklungsaufgaben die Wahrscheinlichkeit, dass künftige Entwicklungsaufgaben ebenfalls gut durchlaufen werden (► Kap. 2.3). So lernen Kinder im *Krippen-Alter* beispielsweise allmählich, ihre Emotionen zu unterscheiden, ein erstes Selbstkonzept auszudifferenzieren, enge Beziehungen und sichere Bindungen zu ihren Bezugspersonen zu knüpfen, sich empathisch in andere Menschen einzufühlen, sich zunehmend mehr für Gleichaltrige zu interessieren sowie sprachliche Kompetenzen zu erwerben sowie motorische Fertigkeiten zu entwickeln und zu verfeinern. Im zweiten Lebensjahr entwickelt sich die Theory of Mind (Premack & Woodruff, 1987), d. h. die Fähigkeit, sowohl sich selbst als auch anderen Menschen eigene Gedanken, Emotionen, Absichten und Wünsche zuzuschreiben.

Tab. 1: Entwicklungsaufgaben im Krippen-Alter (nach Fröhlich-Gildhoff, Mischo & Castello, 2016, S. 43 ff; Kaiser & Fröhlich-Gildhoff, 2022, S. 52; Wicki, 2015, S. 95; Zumbach-Basu, 2023, S. 139 ff)

Entwicklungsbereich	Entwicklungsaufgaben
Psychologisch	• Aus- und Aufbau physiologischer Regulationsfähigkeiten (Selbstregulation) • Zeigen von Basisemotionen wie Freude, Ärger, Trauer • Entwicklung eines differenzierten Emotionsspektrums • Entwicklung von Objektpermanenz • Allmähliche Ausdifferenzierung des Selbstkonzepts • Emotionales Referenzieren • Ausbildung sensomotorischer Intelligenz und Kausalität • Entwicklung von Kurz- und Langzeitgedächtnis (z. B. Wiedererkennen) • Domänenspezifischer Wissenserwerb • Entwicklung der Theory of Mind • Frühe Denk- und Problemlösekompetenzen • Allmählich zunehmendes Erleben von Selbstwirksamkeit • Entwicklung von Fantasie und Spiel (z. B. sensomotorisches Spiel, Als-ob-Spiel, symbolisches Spiel)
Sozial	• Aufbau von (sicheren) Bindungen und Beziehungen zu primären und sekundären Bezugspersonen • Soziale Kompetenzen wie zunehmende Empathiefähigkeit, prosoziales Verhalten, soziale Perspektivenübernahme, Mitgefühl • Fähigkeit zu gemeinsam geteilter Aufmerksamkeit • Soziales Referenzieren • Zunehmendes Interesse an Gleichaltrigen • Erwerb sprachlicher Kompetenzen wie Sprachverstehen und Sprachproduktion • Entwicklung des Spiels: sensomotorisches Spiel, Informationsspiel (ab ca. 6 Monaten), Konstruktionsspiel (ab ca. 13 Monaten), Symbol-/Als-ob-Spiel (ab ca. 13 Monaten)
Motorisch	• *Grobmotorik:* Freies Sitzen, Krabbeln, Stehen, Laufen, Treppensteigen, Hüpfen, Springen • *Feinmotorik:* Greifen (z. B. von Ganzhand- zu Pinzettengriff)

Zusätzlich zu diesen Anforderungen durchlaufen junge Kinder in institutionalisierter Kindertagesbetreuung Übergänge von der Familie in die erste Bildungseinrichtung Krippe oder Kita – die Entwicklungsaufgaben finden folglich parallel zur Übergangsbewältigung (die auch eine Entwicklungsaufgabe darstellt) statt. Bei diesen Bildungsübergängen werden insbesondere die sozial-emotionalen Kompetenzen der Kinder gefordert. Befindet sich ein Kind beispielsweise aktuell bindungstheoretisch in der Phase der ausgeprägten Bindung, die um den 8. Lebensmonat stattfindet, und beginnt zeitgleich die Eingewöhnung in die Krippe, so sollten sich pädagogische Fachkräfte das potenzielle zeitliche Aufeinandertreffen zweier gegensätzlicher Bestrebungen bewusstmachen und entsprechend auf das Kind eingehen.

Weitere Anforderungen und Veränderungen, die eine Bewältigung des Übergangs in Krippe oder Kita mit sich bringen, sind in Orientierung an die drei Ebenen des IFP-Transitionsmodell in der nachfolgenden Übersicht zusammengefasst (BZgA, 2013; Griebel & Niesel, 2005).

Individuelle Ebene

Familie – Krippe

- Identitätswandel vom ›Familien‹-Kind zum ›Krippen‹-Kind
- Umgang mit starken Emotionen, vor allem bei Bindungsunsicherheit (z. B. Trennungsängste)

Krippe – Kindergarten (Kita)

- Identitätswandel zum ›Kindergarten-/Kita‹-Kind (größer, älter)
- Aufbau eines »Wir«-Gefühls in Bezug auf die Kita-Gruppe
- Emotionsbewältigung (vor allem Stolz, Neugier, Vorfreude, aber gegebenenfalls auch Ängste, Unsicherheit, Verlustgefühle)

Interaktionale Ebene

Familie – Krippe

- Bindungen und Beziehungen zu neuen (Bezugs-)Personen aufbauen
- Zunehmend eigenständige Emotionsregulation
- Zunehmender Erwerb von Autonomie

Krippe – Kindergarten (Kita)

- Beziehungsaufbau zu Peers/Fachkräften
- Neustrukturierung bestehender Beziehungen (gegebenenfalls Verlust/Abbruch von Beziehungen zu pädagogischen Fachkräften und Peers)
- Veränderte Rollenerwartungen
- Veränderungen in den Beziehungen in der Familie durch Streben nach mehr Autonomie

Kontextuelle Ebene

Familie – Krippe

- Ein- und Umstellungsfähigkeit durch unterschiedliche Abläufe, Regeln, Personen in Familie und Krippe
- Integration mindestens zweier Lebensbereiche (Krippe und Familie)

Krippe – Kindergarten (Kita)

- Ein- und Umstellungsfähigkeit durch unterschiedliche Abläufe, Regeln, Personen in Familie, Krippe und Kindergarten
- Integration mindestens zweier Lebensbereiche (Kita und Familie)

3.1.2 Rechtliche Rahmenbedingungen: Die Bildungs- und Orientierungspläne der Länder

Die Organisation für wirtschaftliche Zusammenarbeit und Entwicklung (OECD, 2019) führt regelmäßig die PISA-Studien (Programme for International Student Assessment) durch. Dabei handelt es sich um eine internationale Schulleistungsstudie, an der 78 Bildungssysteme aus der ganzen Welt teilnehmen. Es wird untersucht, welche Kenntnisse und Fähigkeiten Schüler:innen am Ende ihrer Pflichtschulzeit (also mit ca. 15 Jahren) erworben haben, die ihnen eine Teilhabe an der Wissensgesellschaft ermöglichen. Erhoben werden z.B. Fähigkeiten aus dem mathematischen, naturwissenschaftlichen und sprachlichen Bereich. Mit dem sogenannten ›PISA-Schock‹ im Jahr 2001, der durch das relativ schlechte Abschneiden der 15-Jährigen in Deutschland ausgelöst wurde, sahen sich die Bundesländer in der Verantwortung, bereits ab den ersten Bildungsstufen aktiver zur Bildung von Kindern beizutragen. Als Folge wurde durch die Jugend- und Familienministerkonferenz sowie die Kultusministerkonferenz der Bundesländer im Jahr 2004 der ›Gemeinsame Rahmen der Länder für die frühe Bildung in Kindertageseinrichtungen‹ eingeführt. Je nach Bundesland wurden davon ausgehend spezifische Rahmenpläne entwickelt, die entweder Bildungs- oder Orientierungsplan genannt werden. In diesen Rahmenplänen werden übergreifende Grundsätze zur Bildung im Elementarbereich formuliert, außerdem wird der Bildungsauftrag von Kindertageseinrichtungen stärker betont (Dierkes-Hartwig & Groot-Wilken, 2017; Hemmerich, 2020). Punktuell werden auch die Bildungsübergänge in den Bildungs- und Orientierungsplänen der Länder aufgegriffen, was überblickartig anhand der Pläne aus Baden-Württemberg, Bayern, Bremen, Hamburg, Nordrhein-Westfalen und Thüringen veranschaulicht wird.

Der ›Orientierungsplan für Bildung und Erziehung in Kindertageseinrichtungen und Kindertagespflege in Baden-Württemberg‹ (Ministerium für Kultus, Jugend und Sport Baden-Württemberg, 2025) thematisiert Transitionen sowohl in Zusammenhang mit Mikrotransitionen als auch mit Makrotransitionen. So wird auf Übergänge in verschiedenen Zusammenhängen eingegangen, bspw. von der Familie in die Kindertageseinrichtung und von der Kindertageseinrichtung in die Schule, hinsichtlich der Notwendigkeit der Vernetzung zwischen den Systemen Kindertageseinrichtung, Familie und Schule zur Gestaltung gelingender Übergänge, der Notwendigkeit individueller und pädagogischer Abstimmung zwischen Kindertageseinrichtung und Schule sowie bezüglich einzelner Bildungs- und Entwicklungsfelder. Es findet sich im genannten Orientierungsplan ein gesamtes Kapitel zur gemeinsamen Gestaltung von Übergängen und Zusammenarbeit, in dem

u. a. die Prozesshaftigkeit von Makrotransitionen und die Zusammenarbeit aller Beteiligten sowie die Transitionskompetenz des gesamten Systems betont werden. »Die Bildungschancen eines Kindes werden durch einen gelungenen Übergang positiv beeinflusst« (Ministerium für Kultus, Jugend und Sport Baden-Württemberg, 2025, S. 193). Empfohlen wird eine behutsame sowie gemeinsam mit den Eltern gestaltete Eingewöhnung, bei welcher die Familie und das Kind auf den Ankommensprozess vorbereitet werden, eine systematische sowie pädagogische Begleitung im Eingewöhnungsprozess erhalten und der Beziehungsaufbau aktiv gestaltet wird. Erarbeitet werden soll ein »Eingewöhnungskonzept auf der Grundlage eines wissenschaftlich erprobten Eingewöhnungsmodells« (ebd., S. 255). Die konkrete Ausgestaltung, Entwicklung und Umsetzung eines theoretisch fundierten Eingewöhnungskonzepts wird in die Verantwortung des Teams gegeben.

Der »Bayrische Bildungs- und Erziehungsplan« des Staatsministeriums für Familie, Arbeit und Soziales in Zusammenarbeit mit dem Staatsinstitut für Frühpädagogik widmet den »Übergängen des Kindes« dagegen ein ausführliches Kapitel. Vom Übergang von der Familie in die erste Bildungsinstitution über die Transition von einer Tageseinrichtung in die nächste (z. B. von der Krippe in die Kita) bis hin zum Übergang von der Kita in die Grundschule: Für jeden Übergang werden Leitgedanken, Ziele einer erfolgreichen Übergangsbewältigung auf individueller, interaktionaler und kontextueller Ebene sowie Anregungen und Beispiele zur Übergangsbegleitung formuliert. Übergeordnetes Ziel ist dabei, »ein Transitionsprogramm zu entwickeln und einzuführen, an dem alle mitwirken« (Bayrisches Staatsministerium für Familie, Arbeit und Soziales & Staatsinstitut für Frühpädagogik, 2019, S. 88). Sowohl das Kind als auch die Eltern sollen »erfahren, dass Übergänge eine Herausforderung sein können und keine Belastung sein müssen« (ebd., S. 92), sondern vielmehr als Anlässe zur Stärkung des Kindes gesehen werden sollten. Um die pädagogischen Fachkräfte in der stärkenden Übergangsgestaltung zu unterstützen, werden im Bayrischen Bildungs- und Erziehungsplan beispielsweise konkrete Anregungen zur Gestaltung von Übergangsritualen (z. B. Übergangsobjekte bei Probebesuchen, Patenschaften zwischen den Kindern) oder Anlässen zur Beobachtung gegeben.

Der Bremer »Rahmenplan für Bildung und Erziehung im Elementarbereich« widmet dem Thema »Übergänge schaffen« lediglich ein kurzes Unterkapitel, in welchem der Übergang in den Elementarbereich in einem knappen Abschnitt zusammengefasst wird. Aus diesem geht hervor, dass der »Übergang am besten in verbindlicher Absprache mit den Eltern gestaltet [wird], um ihn auf die individuellen Bedürfnisse der Kinder auszurichten« (Die Senatorin für Soziales, Jugend, Integration und Sport Bremen, 2012, S. 38). Nähere Angaben zur konkreten Gestaltung des Übergangs sowie der laut des Rahmenplans zu verfassenden Festschreibung in der Konzeption der jeweiligen Einrichtungen werden jedoch nicht formuliert.

Deutlich ausführlicher wird die Gestaltung der Übergänge dagegen in den »Hamburger Bildungsleitlinien für die pädagogische Arbeit in Kitas« dargelegt. Da Übergänge sowohl auf Ebene des Individuums, der Beziehungen sowie der Lebenswelt Veränderungen mit sich bringen, sind an die Kinder besondere Anforderungen gestellt, die sowohl Chancen als auch Risiken für die kindliche Entwicklung bergen können:

> »Chancen, wenn der Übergang seitens des Kindes als spannende Herausforderung erlebt wird, bei der es Unterstützung erfährt und an der es wachsen kann; Risiken, wenn die neuen Anforderungen nicht den Bedürfnissen und Entwicklungsmöglichkeiten des Kindes entsprechen und es überfordern und verzagen lassen« (Hamburger Behörde für Arbeit, Gesundheit Soziales, Familie und Integration, 2024, S. 104).

Um Übergänge positiv und damit als Chance für das Kind zu gestalten, wird von pädagogischen Fachkräften eine »hohe Aufmerksamkeit und fachliche Kompetenz« (ebd.) gefordert. Um die Fachkräfte dahingehend zu unterstützen, widmen die Hamburger Bildungsleitlinien neben Faktoren für einen gelingenden Übergang zudem der Eingewöhnung, dem intra- und interinstitutionellen Einrichtungswechsel sowie dem Übergang von der Kita in die Grundschule je ein spezifisches Unterkapitel. Als Faktoren für einen gelingenden Übergang werden dabei u. a. Beteiligung der Kinder, Balance zwischen Kontinuität und Diskontinuität, Kooperation aller Beteiligten (insbesondere auch der Familie), individuelle Begleitung des Kindes sowie eine rahmende Rolle der pädagogischen Fachkräfte benannt.

Die »Bildungsgrundsätze für Kinder von 0 bis 10 Jahren in Kindertagesbetreuung und Schulen im Primarbereich in Nordrhein-Westfalen« stellen wiederum fest, dass Kinder eine »Kultur des Übergangs« brauchen (Ministerium für Schulung und Bildung des Landes Nordrhein-Westfalen & Ministerium für Kinder, Familie, Flüchtlinge und Integration des Landes Nordrhein-Westfalen, 2018, S. 54). Diese ist in der gemeinsamen Verantwortung der Fachkräfte aus den beteiligten Bildungsinstitutionen sowie in enger Zusammenarbeit mit den Eltern sowie weiteren familienbezogenen Fachinstitutionen (z. B. Familienberatung) zu gestalten. Als gelungen gelten Übergänge dann, »wenn das Kind sich wohlfühlt und sein Wohlergehen auch zum Ausdruck bringt, wenn es sozial integriert ist, die Bildungsangebote für sich nutzen kann und neue Kompetenzen im Bereich der aufgetretenen Anforderungen erworben hat« (ebd.).

Der Gestaltung von Übergängen ist im »Thüringer Bildungsplan bis 18 Jahre« ein Unterkapitel im Rahmen der Thematisierung ›Bildungswissenschaftlicher Grundlagen‹ gewidmet. Neben Ausführungen zum Übergang in die Schule, innerschulischer Übergänge sowie in die nachschulische Bildung wird auch der Übergang von der Familie in die erste Bildungsinstitution in den Blick genommen. Im Fokus steht dabei insbesondere der vertrauensvolle Beziehungsaufbau zwischen dem Kind und der pädagogischen Fachkraft. Neben einem auf die Individualität des Kindes ausgerichteten Handeln der pädagogischen Fachkräfte werden außerdem zur Minimierung von »Belastungen und Risiken« förderliche strukturelle Rahmenbedingungen benannt:

> »entwicklungsangemessene Gruppengrößen, ein geeigneter Kind-Personal-Schlüssel, eine kindgerechte Umgebung sowie ein pädagogisches Konzept […], das die Individualität der Kinder im Kontext der Kindergruppe würdigt. Risikomindernd wirkt zudem eine schrittweise Gestaltung des Übergangs« (Thüringer Ministerium für Bildung, Jugend und Sport, 2019, S. 33).

Übergänge insgesamt werden als »kritische Lebensereignisse« dargestellt, die folglich »sorgfältig und verantwortungsvoll begleitet« (ebd., S. 32) werden müssen. Als Gelingensfaktoren werden die enge Zusammenarbeit aller Beteiligten (insbesondere mit den Eltern) sowie die »Einbindung von Bekanntem und Vertrautem in neuen Situationen« (ebd., S. 32) genannt.

Trotz der sich deutlich unterscheidenden Ausführlichkeit, mit welcher Übergänge in den jeweiligen Bildungs- und Orientierungsplänen der Länder behandelt werden, sowie der sich unterscheidenden kontextuellen Verortung der Übergänge in den Plänen zeigen sich hinsichtlich der Empfehlungen für die Gestaltung des Übergangs in Krippe bzw. Kita inhaltliche Gemeinsamkeiten. Die Gestaltung des Übergangs in Krippe bzw. Kita sollte laut der Pläne folglich:

- an den Bedürfnissen und damit individuell auf das Kind ausgerichtet sein,
- eine sichere Basis für das Kind schaffen (insbesondere den Aufbau einer sicheren Beziehung zu mindestens einer pädagogischen Fachkraft in der Einrichtung),
- die kindlichen Kompetenzen stärken,
- in enger Abstimmung und Zusammenarbeit mit den primären Bezugspersonen (z. B. Eltern) des Kindes erfolgen,
- konzeptionell verankert sein.

Zur Diskussion

Nehmen Sie die pädagogische Konzeption Ihrer Einrichtung (Kita, Krippe) zur Hand und kommen Sie mit Kolleg:innen bzw. im pädagogischen Team ins Gespräch:

- Wo ist das Thema ›Übergänge‹ in Ihrer Konzeption verankert? Welche Übergänge werden thematisiert? Wie umfassend?
- Welche Hinweise und Empfehlungen zur Gestaltung der Übergänge aus den aufgeführten Bildungs- und Orientierungsplänen finden sich bereits in Ihrer pädagogischen Konzeption wieder? Welche Aspekte sollten gegebenenfalls zusätzlich aufgenommen werden?
- Werden im Bildungsplan Ihres Bundeslands weitere Empfehlungen zur Gestaltung und Begleitung von Übergängen ausgesprochen? Sind diese in Ihrer Konzeption bereits verankert?
- Gibt es in Ihrer Konzeption (weitere) Aspekte, die Sie in Bezug auf die Gestaltung der Übergänge gerne verändern, ausbauen oder erweitern möchten?
- Werden die konzeptionell verankerten Herangehensweisen im pädagogischen Alltag umgesetzt und gelebt? Wo bzw. wann wird dies sichtbar? Falls nein, was bräuchte es für die Umsetzung?

3.1.3 Praxisrelevante Forschungsbefunde

3.1.3.1 Übergang Familie – Krippe

Während die Anfänge der Forschung im Bereich Krippenbetreuung von einem »Legitimationsdiskurs« und der Frage, ob und wie sich eine außerfamiliäre Betreuung von unter Dreijährigen auf die kindliche Entwicklung auswirkt, geprägt waren, entwickelte sich der Fokus der Forschungsaktivitäten zunehmend hin zu einem »Qualitätsdiskurs« (Jung, 2014, S. 35) und der Identifizierung von Qualitätsmerkmalen in Bezug auf die pädagogische Arbeit in Krippen. Forschung zum Übergang von der Familie in die Krippe wurde zunächst eng mit der Bindungsforschung verknüpft und die Aufmerksamkeit insbesondere auf die Beziehung zwischen Kind, Eltern und pädagogischen Fachkräften gelegt. So kamen Laewen, Andres und Hédervári (2003) im Rahmen ihrer Untersuchung beispielsweise zu dem Schluss, dass die Bindungserfahrungen während der Eingewöhnungsphase entscheidend für den Erfolg der Eingewöhnung einerseits und die kindliche Entwicklung andererseits waren. Kinder mit ungünstigen Trennungserfahrungen im Übergang in die außerfamiliäre Betreuung erkrankten häufiger und zeigten vergleichsweise mehr Entwicklungsrückstände als Kinder ohne ungünstige Trennungserfahrungen. Die Ergebnisse mündeten in der Entwicklung des Berliner Eingewöhnungsmodells nach infans, das die Beziehung zwischen Kind und pädagogischer Fachkraft während der Eingewöhnung in den Mittelpunkt stellt.

Daran anschließend verdeutlicht auch eine Untersuchung von Beller (2002) mit 25 Mutter-Kind-Paaren, dass im direkten Vergleich Kinder mit stressreduzierenden Unterstützungsmaßnahmen und damit einer »allmählichen und moderierten« Eingewöhnung gegenüber Kindern ohne diese Maßnahmen (= abrupte Eingewöhnung) langfristig ein deutlich besseres Anpassungsverhalten aufwiesen. Zwar zeigten die Kinder der allmählichen Eingewöhnung zunächst mehr Stress und weniger positive Gefühle als die Kinder der abrupten Eingewöhnung, durch die aktive Auseinandersetzung mit dem Stress (= Coping) und den Veränderungen ihres Alltags erlernten die Kinder jedoch Strategien, um sich daran anzupassen. So ließen sich diese Kinder 15 Monate nach der Eingewöhnung beispielsweise besser trösten, zeigten weniger Stress, Angst, Aggressionen sowie Zeichen von Unlust und gestalteten mehr positive soziale Interaktionen mit den Peers und den pädagogischen Fachkräften als die Kinder mit einer abrupten Eingewöhnung. Zudem brachte die Untersuchung von Beller (2002) hervor, dass die Mütter der Kinder mit einer allmählichen Eingewöhnung responsiver und positiver dem Kind gegenüber sowie offener und vertrauensvoller den Fachkräften gegenüber waren. Beller leitete daraus Erkenntnisse für die Entwicklung des Münchner Eingewöhnungsmodells ab.

Unter Mitwirkung der Bindungsforscherin Ahnert wurde der Übergang von 70 Kleinkindern im Alter von 15 Monaten von der Familie in die institutionelle Kindertagesbetreuung begleitet. Um das Stresserleben dieser Kinder und mögliche dahingehende Veränderungen während des Übergangsprozesses in Erfahrung zu bringen, wurde u. a. die Ausschüttung des Stresshormons Cortisol bei den Kindern zu mehreren Zeitpunkten gemessen (Ahnert, Gunnar, Lamb & Barthel, 2004).

Darüber hinaus wurde auch die Bindungssicherheit zwischen der Mutter und dem Kind vor und drei Monate nach dem Besuch der außerfamiliären Betreuungseinrichtung erfasst. Dabei zeigte sich, dass der Cortisolspiegel der Kinder in den ersten 60 Minuten nach der Trennung von der Mutter bzw. Bezugsperson in den ersten beiden Wochen zwischen 75 und 100 % höher war als das zuhause gemessene Cortisolniveau. Zudem konnte erfasst werden, dass sicher gebundene Kinder in der Eingewöhnungszeit in Begleitung der Mutter bzw. Bezugsperson ein deutlich geringeres Cortisolniveau aufwiesen als unsicher gebundene Kinder. Jedoch zeigten sicher gebundene Kinder zugleich einen deutlich größeren Kummer während der ersten Trennungsphase von der Mutter. Ahnert et al. (2004) leiteten daraus ab, dass die Mutter bzw. die Bezugsperson eine vor Stress schützende Funktion für sicher gebundene Kinder einnimmt. Zugleich schützt jedoch auch eine sichere Bindung zur Mutter bzw. Bezugsperson die Kinder nicht gänzlich vor einem erhöhten Stressempfinden während der ersten Trennungszeit. Dennoch bleibt die Beziehung zur Mutter bzw. Bezugsperson stabiler, wenn diese das Kind in den ersten Tagen der Eingewöhnung in der Einrichtung begleitet. Als besonders herausfordernd für das Kind konnte außerdem der erste Tag der Trennung von der Mutter bzw. Bezugsperson ausgemacht werden. Hervorzuheben ist jedoch, dass die Studie keine Hinweise dazu gibt, ob und inwiefern der erhöhte Stress positive oder negative Auswirkungen auf die kindliche Entwicklung hat und wie sich das Stresserleben von Kindern in innerfamiliärer Betreuung über die Zeit entwickeln würde. Offen bleibt in dieser Untersuchung auch, welche Rolle pädagogische Fachkräfte im Übergangsprozess einnehmen und ob bzw. inwiefern sie das Kind in diesem Prozess unterstützen können.

Eine Studie, die nicht nur das Ziel verfolgt, das Eingewöhnungserleben von Kindern in die außerfamiliäre Kindertagesbetreuung über einen längeren Zeitraum in Abhängigkeit verschiedener Einflussfaktoren zu erfassen, sondern neben den Kindern und ihren Eltern bzw. Erziehungsberechtigten auch gezielt die pädagogischen Fachkräfte und die Ableitung von Kriterien für eine gelungene Eingewöhnung in den Blick nimmt, stellt die Wiener Kinderkrippenstudie dar (Datler, Funder, Hover-Reisner, Fürstaller & Ereky-Stevens, 2012). Im Rahmen dieser Studie wurde der Eingewöhnungsverlauf von 104 Kindern im Alter zwischen 1,5 und 2,5 Jahren in unterschiedlichen Wiener Krippeneinrichtungen wissenschaftlich begleitet. Daten wurden innerhalb der ersten beiden Wochen ohne elterliche Begleitung in der Einrichtung sowie zwei und vier Monate nach dem Krippeneintritt durch Verhaltensbeobachtungen, Befragungen und physiologische Messungen (z. B. Cortisolanalysen) erhoben (ebd.). Unter Berücksichtigung des Bildungsauftrags von Krippen wurde vom Team der Forschenden festgelegt, dass eine Eingewöhnung dann als gelungen bewertet kann, wenn das Kind (1) zunehmend angenehme und lustvolle Gefühle (positive Affekte) erlebt, (2) beginnt, seine materielle und personelle Umwelt zu erkunden, seinem Interesse Ausdruck verleiht und exploriert sowie (3) zunehmend in Austausch- und Interaktionsprozesse mit Peers und Erwachsenen tritt (Datler, Ereky-Stevens, Hover-Reisner & Malmberg, 2012). Anhand dieser Dimensionen wurden die videografisch festgehaltenen Beobachtungen analysiert, wobei sich jedoch schnell zeigte, »dass sich die Eingewöhnungsverläufe der 104 Kinder äußerst unterschiedlich gestalten« (ebd., S. 69).

Zugleich gelangen die Forschenden wiederum zu der Erkenntnis, »dass es für die Untersuchung individueller Eingewöhnungsverläufe bedeutsam ist, der Frage nach dem Stellenwert von Beziehungsprozessen gezielt nachzugehen« (Datler, Funder et al., 2012, S. 73). Dies ist insbesondere deshalb wesentlich, da im Eingewöhnungsprozess die Intensität, die Regulation und das Zeigen von belastenden und schmerzlichen Gefühlen je nach Kind stark variieren können.

Vor diesem Hintergrund leiten Trunkenpolz und Datler (2019) aus den Ergebnissen der Wiener Kinderkrippenstudie ab, dass es seitens der pädagogischen Fachkräfte schnell zu einer Unterschätzung der Trennungsschwierigkeiten von Kindern kommen kann. So konnten einerseits Verhaltensweisen von Kindern identifiziert werden, die auf ein stilles, kaum merkliches Leiden während der Eingewöhnung schließen ließen (ebd., S. 46), sodass das kindliche Bedürfnis nach Nähe und Unterstützung leicht übersehen werden kann. Andererseits konnte beobachtet werden, dass insbesondere zu Beginn der Eingewöhnung ein großes Verständnis der pädagogischen Fachkräfte für den Trennungsschmerz der Kinder aufgebracht und sich den Kindern aktiv und unterstützend zugewandt wurde, sich diese Verhaltensweisen jedoch häufig änderten, sobald die Fachkraft die Eingewöhnung als »abgeschlossen« einschätzte. Beide Fälle haben zur Folge, dass sich die Kinder trotz ihres jungen Alters mit ihren schmerzlichen Gefühlen weitestgehend allein beschäftigen müssen.

Die aus den Ergebnissen abgeleiteten Implikationen für die pädagogische Praxis umfassen deshalb a) eine individuell auf das Kind und seine Eltern abgestimmte Eingewöhnungsgestaltung unter Berücksichtigung eventueller einrichtungsbezogener Besonderheiten, b) das Einplanen und Nehmen von ausreichend Zeit für die Eingewöhnung sowie c) die Weiterentwicklung professioneller Kompetenzen zur Eingewöhnung und zur unterstützenden Übergangsgestaltung des gesamten pädagogischen Teams (Fürstaller, Funder & Datler, 2012). Um insbesondere dem letztgenannten Aspekt gerecht zu werden, entwickelten Fürstaller et al. (2012) auf Grundlage der Ergebnisse der Wiener Kinderkrippenstudie ein Weiterbildungsprogramm für pädagogische Fachkräfte aus Krippen. Schwerpunkte liegen dabei u. a. auf (internationalen) Eingewöhnungskonzepten, dem Umgang mit schwierigen Eingewöhnungsprozessen sowie der Beratung und Begleitung von Eltern.

Der »zweite kleine Übergang« – kennen Sie den?

Manchmal kommt es vor, dass die Eingewöhnung in die Einrichtung problemlos verlief, aber nach einiger Zeit eine Art ›emotionaler Einbruch‹ des Kindes stattfindet.

Insbesondere Kinder mit (vermutlich) unsicherer Bindung, die zu Beginn scheinbar ungerührt von der Trennung der Bezugspersonen waren, können dieses Phänomen zeigen (Bensel, 2010).

Überlegen Sie:

- Kennen Sie solche ›zweiten Übergänge‹?
- Wie gehen Sie in Ihrer Einrichtung damit um?

- Was brauchen genau diese Kinder?
- Was brauchen stille, schüchterne, zurückgezogene Kinder?

Mithilfe einer Befragung von Müttern widmeten sich Swartz, Speirs, Encinger und McElwain (2016) der Identifizierung von Faktoren für eine einfache und gelungene Transition von der Familie in Kindertageseinrichtungen. Nach Ansicht der befragten Mütter gilt der Übergang dann als gelungen, wenn sich das Kind ohne größere Schwierigkeiten an die außerfamiliäre Gruppenbetreuung gewöhnen konnte, sodass die Mütter selbst mit einem guten Gefühl (wieder) ihrer Arbeit nachgehen können. Auch wurde es von den befragten Müttern geschätzt, wenn sie eine gewisse Kontrolle über die Übergangsgestaltung behalten können und damit Anerkennung in ihrer Rolle als Mutter erfahren. Zudem zeigten die Analysen von Swartz et al. (2016), dass »einfache« Übergänge in Verbindung mit jüngeren Kindern, Kindern mit geringeren sozialen Ängsten und Müttern mit geringeren Stressreaktionen auf kindliche Belastungen standen.

In einer Studie von Nentwig-Gesemann und Hurmaci (2020) zeigte sich wiederum, dass Eltern bzw. Erziehungsberechtigte die Kita-Qualität dann als gut erachten, wenn »sie bereits in der Eingewöhnung den Eindruck haben, dass die Fachkräfte sich gut um ihr Kind und damit auch um sie als Eltern kümmern« (S. 19). Ein positives Grundgefühl stellt sich insbesondere dann ein, wenn Eltern und Kinder individuell wahrgenommen werden. Zudem bietet die Eingewöhnungszeit die Möglichkeit, »ganz real und im Sinne einer Erfahrung aus ›erster Hand‹ in den zukünftigen (Er-)Lebenskontext ihres Kindes« (ebd.) einzutauchen.

Kieferle und Griebel (2020) widmen sich in ihrer Untersuchung gezielt »immigrierte[n], geflüchtete[n] und asylsuchende[n] Familien auf dem Weg zur Teilhabe am deutschen Bildungssystem« (S. 18). Mithilfe einer mündlichen Befragung von sechs Elternteilen aus unterschiedlichen Herkunftsländern und mit unterschiedlichem Aufenthaltsstatus konnte in Erfahrung gebracht werden, dass nahezu alle Elternteile den Übergang ihrer Kinder in die Kita als weitestgehend problemlos einschätzten, die Kinder sich nach Angabe der Eltern wohl fühlten und Fortschritte in Bezug auf den Erwerb der deutschen Sprache machten. Lediglich eine Mutter berichtet von einem »unzulänglichen Eingewöhnungskonzept, das ihr zu Beginn keine ausreichende Begleitung ihrer Tochter in die Einrichtung erlaubte« (ebd., S. 22). Trotz der als gut beschriebenen Zusammenarbeit mit den pädagogischen Fachkräften bestanden bei den befragten Elternteilen häufig zunächst Unsicherheiten aufgrund anfänglich unzureichender Sprachkenntnisse. Zudem berichteten die Eltern von einer erschwerten Kontaktaufnahme zu deutschen Familien, auch weil die Kinder häufig Einrichtungen mit einem hohen Migrationsanteil besuchten. Als große Unterstützung wurden verschiedene Informationsangebote des Landkreises und der Gemeinde sowie »das gut vernetzte Quartiersmanagement« (S. 23) benannt. Auch die Bildungsaspirationen der befragten Eltern sind hoch: »Deutsch zu lernen und eine Ausbildung bzw. ein Studium zu absolvieren, betrachteten die Mütter für sich und ihre Kinder als wichtigstes Bildungsziel« (ebd., S. 22). Aufgrund der geringen Stichprobengröße können die Ergebnisse zwar nicht verallgemeinert werden, gleichwohl bieten sie dennoch erste Anhaltspunkte und lenken die Aufmerksamkeit auf eine wichtige Personengruppe, die bei der Übergangsbewältigung nicht vernachlässigt werden darf und möglicherweise sogar einer besonderen Unterstützung bedarf.

Abschließend ist darauf hinzuweisen, dass Studien, die sich explizit Kindern ab drei Jahren im Übergang von der Familie in den Kindergarten widmen, nur marginal vorliegen. Zu verweisen ist hier auf eine Studie von Carigiet, Trösch und Schaller (2020), die den Übergang von der Familie in den Kindergarten in den Blick nimmt. Da es sich jedoch um eine Studie aus der Deutschschweiz handelt, ist die Übertragbarkeit auf frühpädagogische Bildungseinrichtungen in Deutschland nur eingeschränkt möglich. Die Studie macht jedoch deutlich, dass die 255 befragten Eltern den Übergang ihrer Kinder in den Kindergarten überwiegend positiv und damit als erfolgreiche Anpassung beschreiben (64,8 %). Negative Aussagen zu Anpassungsproblemen werden von 35,3 % der Eltern benannt, was sich u. a. in einer Zunahme an Müdigkeit bzw. dem erhöhten Bedarf an Ruhe- und Erholungsphasen, Trennungsproblemen, Herausforderungen im Umgang mit neuen Tagesstrukturen sowie in einem gehemmten Umgang mit anderen Kindern äußert. Dennoch sehen die befragten Elternteile mehrheitlich insgesamt eine positive Einstellung ihres Kindes gegenüber dem Kindergarten (83,1 %). Die ebenfalls im Rahmen der Studie befragten Fachkräfte aus den Kindergärten geben wiederum bereits zwölf Wochen nach Eintritt in den Kindergarten an, dass ca. drei Viertel der Kinder keine bis wenig Schwierigkeiten mit der Anpassung und Bewältigung der neuen Anforderungen hätten. Bei Kindern mit bestehenden Schwierigkeiten und größeren Anpassungsproblemen (betrifft ca. 5–10 % der Kinder) wird jedoch deutlich, dass diese häufig nicht erstmalig im Transitionsprozess auftreten, sondern »dass es sich eher um längerfristige Probleme denn um kurzzeitige Reaktionen der Kinder auf einen schwierigen Start in den Kindergarten handelt« (ebd., S. 199).

Dies deckt sich wiederum mit Erkenntnissen aus einer Studie von Doblinger (2020) im Übergang von der Kita in die Grundschule. Carigiet et al. (2020) leiten aus ihren Ergebnissen zusammenfassend ab, dass es der großen Mehrheit der Kinder im Kindergarten gut gehe, sich jedoch weiterhin der Frage gewidmet werden solle, inwiefern der Übergang weiter flexibilisiert werden könnte, um das Stress- und Druckerleben für die Kinder und ihre Eltern weiter minimieren zu können.

Um sich dem weiter anzunähern, haben Carigiet und Trösch (2022) auf Basis der bereits erhobenen Daten tiefergehende Analysen zur Identifizierung möglicher Determinanten, d. h. entscheidender Faktoren, für einen gelungenen Kindergarteneintritt auf individueller, familiärer und institutioneller Ebene durchgeführt. Dabei stellen sie fest, dass beim Übergang in den Kindergarten

> »praktisch wenig selbständigen Kindern, Kindern mit unzureichenden Sprachkompetenzen in der Unterrichtssprache, Kindern mit Problemverhalten (Verhaltensauffälligkeiten) sowie Kindern, die beim Eintritt keine Kinder der Kindergartenklasse kennen, besondere Beachtung geschenkt werden sollte« (ebd., S. 11).

Geringere Einflüsse haben dagegen das Geschlecht (wobei Jungen im Übergangsprozess als vulnerabler anzusehen sind als Mädchen), der familiäre Bildungshintergrund sowie auf Seiten der institutionellen Merkmale die übergangsvorbereitenden Maßnahmen des pädagogischen Fachpersonals. Dennoch heben die Autorinnen hervor, dass auf Basis der Ergebnisse nicht der Eindruck entstehen darf, eine gelungene Übergangsbewältigung sei ausschließlich von individuellen Merkmalen abhängig, sondern sprechen sich vielmehr für eine noch stärkere Annäherung aller am Übergang beteiligten Institutionen sowie eine Verbesserung der strukturellen Rahmenbedingungen in den Einrichtungen aus.

Simulierte Praxis

Alessja ist 1 Jahr und 5 Monate alt und soll von nun an in die Kinderkrippe Mäusegarten gehen. Da Alessja mit ihrer Mutter erst vor einiger Zeit nach Deutschland gekommen ist, wurden sie beim ersten Kennenlerngespräch mit der Bezugsfachkraft zusätzlich von einer Bekannten der Mutter begleitet und sprachlich unterstützt. Als die Mutter am ersten Tag der Eingewöhnung Alessja an die Bezugsfachkraft übergeben hat und direkt wieder gehen möchte, wird sie von der Bezugsfachkraft aufgehalten.

Sie versucht, Alessjas Mutter zu erklären, dass es für einen reibungslosen Übergang wichtig ist, dass Alessja die ersten Tage von ihrer Mutter begleitet wird. Doch Alessjas Mutter schüttelt energisch mit dem Kopf, gibt zu verstehen, dass sie davon nichts gewusst habe, und macht deutlich, dass sie auf keinen Fall bleiben könne, da sie zur Arbeit müsse.

Zur Diskussion

Wie könnte die Bezugsfachkraft mit der Situation umgehen?
Kennen Sie solche oder ähnliche Situationen? Wie gehen Sie damit um?

3.1.3.2 Übergang Krippe – Kindergarten

Trotz des quantitativen Ausbaus von Krippenplätzen und der kontinuierlich steigenden Inanspruchnahme dieser frühkindlichen Betreuungsform bildet die Transition von der Krippe in den Kindergarten sowohl in der frühpädagogischen Forschungslandschaft als auch mit Blick auf explizite Konzepte zur Übergangsgestaltung in der pädagogischen Praxis »weitestgehend eine Leerstelle« (Jung, 2022, S. 3). Jung (2014) sieht die Gründe in der »historisch geprägte[n] institutionelle[n] bzw. sozialpolitisch definierte[n] Nähe« (S. 247) zwischen den beiden Institutionen, indem die beiden Institutionen häufig unter dem Begriff der »Kita« subsumiert und zusammengedacht werden. Dass der Transition von der Krippe in den Kindergarten kaum Aufmerksamkeit geschenkt wird und wurde, scheint insbesondere mit Blick auf die zu bewältigenden Entwicklungsaufgaben auf individueller, interaktionaler und kontextueller Ebene im Übergangsprozess dennoch verwunderlich, da diese den zu bewältigenden Aufgaben in der Transition von der Kita in die Grundschule sehr ähneln und auch dieser Wechsel damit von Diskontinuität auf verschiedenen Ebenen geprägt ist (Griebel & Niesel, 2005; Jung, 2014).

So wird der Übergang von der Krippe in den Kindergarten von Veränderungen in den Beziehungen des Kindes begleitet. Gegebenenfalls kommt es beispielsweise bei einem nicht-innerinstitutionellen Wechsel erstmalig zu einem Abbruch bestehender Beziehungen zu pädagogischen Fachkräften und Peers. Dies kann zusätzlich mit dem Wechsel von einer vertrauten und überschaubaren Umgebung in eine neue, weniger übersichtliche Umgebung (z. B. mehr und andere Kinder in der Gruppe; mehr und andere pädagogische Fachkräfte; neue Strukturen, Regeln und Anforderungen, andere Räume) und mit neuen (Rollen-)Erwartungen an das »Kindergartenkind« einhergehen (Griebel & Niesel, 2005). Nicht zuletzt bedeutet der Übergang von der Krippe in die Kita auch für die Eltern bzw. Erziehungsberechtigten des Kindes Veränderungen, insbesondere auch in der Beziehung zu den pädagogischen Fachkräften. Neben dem Kennenlernen der neuen Bezugsfachkraft des Kindes gestalten sich der Austausch und der Kontakt zu diesen gegebenenfalls weniger eng als dies in der Krippe der Fall war (ebd.).

Um der »Leerstelle« in Bezug auf die wissenschaftliche Untersuchung der Transition von der Krippe in die Kita entgegenzuwirken, hat Jung (2014) eine gruppenvergleichende Interviewstudie mit sechs Krippen- und sechs Kindergartenfachkräften aus Einrichtungen unterschiedlicher Trägerschaft in Niedersachsen durchgeführt, die aufgrund des geringen Samples jedoch keinen Anspruch auf Generalisierbarkeit erheben kann. Im Rahmen der Untersuchung zeigte sich, dass die befragten Fachkräfte aus Krippen und Kindergärten ihr Wissen über die Begleitung von Übergängen vornehmlich auf praktische Erfahrungen aus der pädagogischen Praxis, den kollegialen Austausch mit dem Team und weniger auf Fort- oder Weiterbildungen stützen. Zudem ging aus den geführten Interviews hervor, dass vor allem bei Kindern mit Krippenerfahrung der Übergang in den Kindergarten von den pädagogischen Fachkräften häufig als »nicht problematisch« gewertet wird und dessen Gestaltung infolgedessen nur eine geringe Aufmerksamkeit und Zuwendung erfährt. Jung sieht hierin jedoch die Gefahr, beispielsweise den Rollenwechsel vom »ältesten Kind in der Krippe zum jüngsten Kind im Kindergarten« (ebd., S. 232) nicht angemessen pädagogisch zu begleiten und die Mehrdimensionalität des Übergangs insgesamt nicht zu erfassen. Hinsichtlich der Kooperation im Übergang von der Krippe in den Kindergarten herrscht bei den befragten Fachkräften häufig eine »Unsicherheit über die Bereitschaft der anderen Institutionsform zu einer Zusammenarbeit« (ebd., S. 246), die Jung als größte Hürde in Bezug auf die Kooperationsgestaltung ansieht. Hinzu kommen weitere Unsicherheiten in Bezug auf die eigene Rolle im Übergangsprozess sowie bei der Begleitung und Beratung von Eltern bzw. Erziehungsberechtigten. Insgesamt zieht Jung (2014) aus den Ergebnissen den Schluss, dass »die Komplexität des Übergangsgeschehens, die auf einer *Erweiterung des Mesosystems* des Kindes beruht, beide Fachkräftegruppen vor eine Herausforderung [stellt], die einer gemeinsam konzipierten Bewältigungsstrategie bedarf« (S. 246).

Zur Diskussion

Aus der Interview-Studie von Jung (2014) geht hervor, dass vor allem bei Kindern mit Krippenerfahrung der Übergang in den Kindergarten von den pädagogischen Fachkräften häufig als »nicht problematisch« (S. 232) gewertet wird und dessen Gestaltung deshalb nur eine geringe Aufmerksamkeit und Zuwendung erfährt.

- Wie bewerten Sie dieses Ergebnis?
- Welche Folgen kann eine solche Haltung haben?
- Wie begleiten bzw. gestalten Sie in Ihrer Einrichtung den Wechsel von Krippe zu Kita?
- Was erachten Sie als hilfreich, damit der Wechsel von der Krippe in die Kita gut gelingen kann?

Eine weitere Untersuchung von Gelitz (2018) nimmt gezielt die Transition von der Krippe in den Kindergarten in der vorschulischen Waldorfpädagogik in den Blick ($N = 202$). Die Ergebnisse zeigen, dass gemeinsame Konferenzen beider Fachkräftegruppen von der großen Mehrheit (93 %) im Transitionsprozess durchgeführt werden. Zugleich gaben jedoch 80 % der befragten Fachkräfte an, dass sie den Kindergarten für dreijährige Kinder häufig als »noch zu anstrengend« (ebd., S. 84) empfinden. Als Gelingensfaktoren für den Übergang von der Waldorfkrippe in den Waldorfkindergarten werden besonders häufig Faktoren auf Beziehungsebene benannt, wie z. B. die Kommunikation mit den Eltern, im Team sowie das »individuelle Eingehen auf die Kinder« (ebd., S. 84). Als hemmend für die Gestaltung einer gelingenden Transition wird wiederum das eigene Belastungserleben von den pädagogischen Fachkräften hervorgehoben.

Zur Diskussion

80 % der insgesamt 202 befragten Waldorf-Fachkräfte empfinden den Kindergarten für Dreijährige häufig als »noch zu anstrengend« (Gelitz, 2018, S. 84).

- Wie sehen Sie das?
- Wie kann einer eventuellen Überforderung der Kinder begegnet bzw. entgegengewirkt werden?

Auch wenn die Daten der beiden vorgestellten Untersuchungen auf Grundlage geringer bzw. selektiver Stichproben basieren und damit mit einer gewissen Vorsicht auf Einrichtungen mit anderen pädagogischen Konzepten zu übertragen sind, können aus den von Jung (2014) und Gelitz (2018) gewonnen Erkenntnissen dennoch hilfreiche Denkanstöße für die Gestaltung des Übergangs von der Krippe in die Kita abgeleitet werden. Abschließend lässt sich festhalten, dass die Transition von Krippe in Kita insbesondere mit Blick auf die zu bewältigenden Anforderungen an das Kind und seine Familie nicht als »beiläufiger« Wechsel verstanden, sondern sowohl auf Ebene der pädagogischen Praxis als auch auf Ebene der Forschung anerkannt und sich zukünftig mit verstärkter Aufmerksamkeit zugewandt werden sollte.

Simulierte Praxis

Thomas (3 Jahre alt) ist nun ein richtiges Kindergartenkind. Seitdem er vor zwei Wochen seinen Abschied in der Marienkäfergruppe der Krippe gefeiert hat, besucht er jeden Tag die Löwengruppe des Kindergartens in derselben Einrichtung. Der Wechsel von der Krippe in den Kindergarten verlief nach Ansicht seiner neuen Bezugsfachkraft in der Löwengruppe ohne Probleme. Kein Wunder, denn Thomas hat ja nur die Gruppe gewechselt und kennt sowohl die Einrichtung als auch einige Kinder und pädagogische Fachkräfte. Als die Bezugsfachkraft kurz die Löwengruppe verlässt, um aus dem Lagerraum Bastelmaterialien zu holen, sieht sie, wie Thomas am Treppengeländer steht. Sie ermahnt ihn und schickt ihn wieder zurück in die Gruppe. Wenige Zeit später wird sie von Thomas gefragt, ob er die Marienkäfergruppe besuchen dürfe. Die Bezugsfachkraft, die mit den Kindern gleich in den Garten raus möchte, vertröstet Thomas auf ein anderes Mal. Als die Bezugsfachkraft am nächsten Tag im Morgenkreis die Kinder zählt, fehlt eins. Schnell fällt auf, dass Thomas nicht dabei ist. Die Bezugsfachkraft sucht den Kindergarten erfolglos ab. Erleichtert, aber auch verärgert entdeckt sie Thomas schließlich vor der Marienkäfergruppe.

Er sitzt auf der Garderobenbank und schaut den Krippenkindern durch die Fensterscheibe beim Spielen zu. Als sie ihn mit in die Löwengruppe nehmen möchte, fängt Thomas bitterlich an zu weinen und erzählt ihr schluchzend, dass er lieber wieder in die Marienkäfergruppe gehen möchte. Seine Bezugsfachkraft ist verwundert, denn Thomas spielt doch so schön ruhig im Kindergarten und geht doch auch nach Aussage seiner Mutter gerne in die Löwengruppe.

Zur Diskussion

Wie könnte die Bezugsfachkraft nun weiter vorgehen?

3.1.4 Eingewöhnungsmodelle

Um Kindern die Eingewöhnung vom Elternhaus in Kindergruppen zu erleichtern, wurden insbesondere für den Bereich der institutionellen Eingewöhnung von jungen Kindern diverse Eingewöhnungsmodelle entwickelt. Angestoßen durch wissenschaftliche Erkenntnisse wie jene (▶ Kap. 3.1.3.1), dass Kinder, die ohne Begleitung durch die Eltern in die Einrichtung kamen, in den ersten sieben Monaten viermal länger krank waren, Irritationen im Bindungsverhalten und einen geringeren Entwicklungsstand zeigten als Kinder, deren Eltern zu Beginn mit dabei waren (Laewen, 2006), wurden das Berliner Modell und das Münchner Modell entwickelt. Diese sollen die vielfältigen Herausforderungen des Übergangs mildern und widmen sich der professionellen Begleitung von hochgradig komplexen Prozessen: häufig erstmalige längere Trennungen von Eltern bzw. Erziehungsberechtigten und Kind, dem Kennenlernen neuer Betreuungswelten mit zu Beginn noch unbekannten Räumen, Regeln, Alltagsstrukturen, fremden Fachkräften, der Kindergruppe mit spezifischen Interaktionen und Dynamiken (Ahnert & Keller,

2020). Je nach Eingewöhnungsmodell wird eine bestimmte Vorgehensweise bei der Eingewöhnung vorgeschlagen. Die Modelle werden im Folgenden kurz vorgestellt. Zu den bekanntesten zählen die eben genannten, das Berliner und das Münchner Modell, an denen sich viele Kitas orientieren und die sie gegebenenfalls auf ihre spezifischen Gegebenheiten anpassen. Zudem werden drei weitere (jüngere) Modelle präsentiert: das partizipatorische Eingewöhnungsmodell (Alemzadeh, 2021), das Zürcher Modell zur Begleitung von Übergangssituationen in der Kindheit (Ditfurth, 2018) sowie das Tübinger Modell (Fink, 2022).

Bei näherer Betrachtung dieser Konzepte zeigt sich, dass die Modelle der jüngeren Vergangenheit mehr das Kind als Individuum (und seine Bezugspersonen bzw. die Peer-Gruppe) in den Blick nehmen und die Bedeutung einer individualisierten Begleitung noch mehr betonen. Demnach können Modelle stets nur als Anregungen dienen, die auf den jeweiligen Einzelfall angepasst werden sollten, um eine adäquate Begleitung des Übergangs sicherzustellen. Dazu braucht es das Engagement der pädagogischen Fachkräfte, sich mit dem jeweiligen Kind und seiner Familie im Vorfeld vertiefter zu befassen, um eine passgenaue Begleitung zu gewährleisten.

1. Berliner Modell

Das Berliner Eingewöhnungsmodell sieht vor, dass Bezugspersonen und pädagogische Fachkräfte sich zwischen zwei und vier Wochen Zeit für die Eingewöhnung des Kindes nehmen. In der Realität bewegt sich die Eingewöhnungsdauer je nach Kind ungefähr zwischen drei und 16 Tagen (Braukhane & Knobeloch, 2012), wobei die Dauer der Eingewöhnung stets vom Kind abhängt bzw. abhängen sollte. Rechtzeitig vor dem Kita-Eintritt des Kindes sollten Eltern bzw. Erziehungsberechtigte über den Ablauf der Eingewöhnung sowie die Bedeutung ihrer Anwesenheit informiert werden. Umgekehrt ist es günstig, wenn die pädagogische Fachkraft bereits vor der Eingewöhnung Hintergrundinformationen über das Kind erhält (z. B. wie verhält es sich mit den Vorlieben des Kindes; wie nennt das Kind ihm wichtige Gegenstände; wie laufen zuhause relevante Prozesse wie Wickeln, Essen usw. ab; hat das Kind Allergien usw.). Das Berliner Modell sieht einen regelhaften Ablauf vor (Laewen, Andres & Hédervári, 2003):

- Grundphase (drei Tage): In dieser Zeit hält sich die Bezugsperson für ein bis zwei Stunden in der Kita auf. Sie ist als sicherer Hafen für das Kind erreichbar und ansprechbar, folgt dem Kind jedoch nicht durch den Raum. Während dieser Zeit bemüht sich die pädagogische Fachkraft, Kontakt zum Kind aufzubauen, indem sie z. B. Angebote zu einem gemeinsamen Spiel macht. Pflegerische Tätigkeiten übernimmt in dieser Zeit die Bezugsperson.
- Erster Trennungsversuch (vierter Tag): An diesem Tag entfernt sich die Bezugsperson für einige Zeit aus dem Raum. Wichtig ist, sich vorher vom Kind zu verabschieden. Lässt sich das Kind bei dieser Trennung nur schwer trösten oder wirkt es stark irritiert (indem es z. B. eine erstarrte Körperhaltung zeigt), sollte die Bezugsperson nach kurzer Zeit wieder zurückgeholt werden (nach zwei bis drei Minuten). Reagiert das Kind eher mit Gleichmut oder lässt es sich von der

pädagogischen Fachkraft beruhigen, kann diese Trennung bis zu 30 Minuten andauern. Entscheidend ist das Verhalten des Kindes.

- Von einer kürzeren Eingewöhnungsdauer (ca. sechs Tage) wird ausgegangen, wenn sich das Kind allein zu regulieren versucht oder den Blickkontakt zur Bezugsperson meidet oder gar Kontakte zur Bezugsperson eher ablehnt (also einen unsicheren Bindungsstil aufzuweisen scheint).
- Von einer längeren Eingewöhnungsdauer wird ausgegangen, wenn das Kind bei der Trennung am vierten Tag deutlich nach der Bezugsperson verlangt, häufig Körper- und Blickkontakt sucht und ohne die Bezugsperson unruhig ist (in diesem Fall scheint das Kind einen eher sicheren Bindungsstil aufzuweisen). Hinweis: Einschätzungen über das Bindungsverhalten von Kindern können pädagogische Fachkräfte mit dem Einschätzbogen ›EiBiS‹ erlangen (Fröhlich-Gildhoff & Hohagen, 2020), der an der Evangelischen Hochschule in Freiburg eigens für den Einsatz durch pädagogische Fachkräfte entwickelt wurde.[3] Für eine Einschätzung der Bindungssicherheit mit dem EiBiS-Bogen sollte die Eingewöhnung des Kindes jedoch bereits abgeschlossen sein.
- Stabilisierungsphase (ab dem fünften Tag): Ab hier übernimmt die pädagogische Fachkraft sukzessive mit der Versorgung des Kindes zusammenhängende Tätigkeiten (wickeln, füttern usw.), die Bezugsperson ist jedoch dabei. Trennungszeiten werden täglich verlängert, Maßstab hierfür ist erneut das Verhalten des Kindes. Die pädagogische Fachkraft übernimmt zunehmend anstelle der Bezugsperson die Reaktion auf die Signale des Kindes und bietet sich weiterhin als Spielpartnerin an. Ab dem fünften Tag können die Kinder zum Schlafen in der Einrichtung hingelegt werden. Das Hinlegen übernimmt die Bezugsperson in Begleitung der Fachkraft, auch beim Aufwachen sollte die Bezugsperson anwesend sein. Berichte aus der Praxis deuten darauf hin, dass ein späterer Schlaf in der Kita sich als günstiger erweist (Bethke et al., 2009, nach Braukhane & Knobeloch, 2012).
- Schlussphase: Hier ist die Bezugsperson nicht mehr in der Einrichtung anwesend, jedoch erreichbar. Das Kind kann nun für mehrere Stunden täglich in der Kita sein, kann sich in den Gruppenalltag einfügen, hat zunehmend Vertrauen in die Fachkraft, die als sichere Basis akzeptiert wird und das Kind trösten, wickeln, füttern und mit ihm spielen darf.

2. Münchner Modell

Das Münchner Modell (Beller, 2002) ist von der Reggio-Pädagogik beeinflusst. Es berücksichtigt alle Beteiligten: das Kind, die Bezugspersonen, die Fachkräfte und die Kindergruppe. Im Münchner Modell geht es nicht darum, ein klares Eingewöhnungsprogramm abzuarbeiten. Die Kindergruppe spielt bei diesem Modell eine wichtige Rolle, weshalb in der Regel auch in der Gruppe eingewöhnt wird, nicht in einem extra Raum oder nur mit wenigen Kindern. Vermeintlich paradox

3 Handreichung zum EiBiS-Bogen verfügbar unter: https://www.bwstiftung.de/fileadmin/bw-stiftung/Publikationen/Gesellschaft_und_Kultur/G_K_Bindungssicherheit_EiBiS_Nr._95.pdf

erscheint im Münchner Modell: Löst sich ein Kind eher schnell von den Eltern bzw. Erziehungsberechtigten, dann sollte die Eingewöhnungszeit eher verlängert werden, da das Auftreten von Trennungsängsten im späteren Verlauf wahrscheinlicher ist. Pädagogische Fachkräfte begleiten nicht nur das Kind bei seinem Übergang, sondern auch die Eltern bzw. Erziehungsberechtigten. Diese sind ebenso gefordert, sich aktiv mit der Loslösung vom Kind auseinander zu setzen. Dabei können die pädagogischen Fachkräfte unterstützen, indem sie basierend auf ihrem Fachwissen und ihrer Erfahrung Empfehlungen geben, aber keine rigiden Vorgaben machen. In groben Zügen geschildert, läuft eine Eingewöhnung nach dem Münchner Modell folgendermaßen ab (Beller, 2002):

- Die pädagogische Fachkraft nimmt anfangs nur indirekt Kontakt zum Kind auf (indem sie auf Signale des Kindes reagiert, ein Spielzeug hinlegt usw.).
- Die Bezugsperson sollte regelmäßig und zu einer bestimmten Zeit mit dem Kind in die Einrichtung kommen.
- Zu Beginn der Eingewöhnung braucht die pädagogische Fachkraft Unterstützung durch Kolleg:innen (wenn sie mit der Bezugsperson reden muss, das Kind sich verletzt hat und Hilfe braucht usw.).
- Zu Beginn finden nur kurze Besuche in der Kita statt. Dabei wird das Eingewöhnungskind durch die pädagogische Fachkraft nicht gefüttert oder gewickelt (außer das Kind sendet entsprechende Signale). Das Kind soll sich auf seine eigenen Tätigkeiten konzentrieren können.
- Nach den ersten Besuchen finden Wickeln und Füttern durch die begleitende Bezugsperson statt.
- Nach einigen Tagen: Die pädagogische Fachkraft übernimmt Füttern und Wickeln im Beisein der Bezugsperson.
- Nach weiteren Tagen: Die Bezugsperson legt das Kind in der Kita schlafen. Die pädagogische Fachkraft beobachtet die Interaktion, um so später auf individuelle Bedürfnisse des Kindes eingehen zu können.
- Wenn die pädagogische Fachkraft das Kind einige Tage schlafen gelegt hat und das Kind dies akzeptiert, kann das Kind länger als einen halben Tag bleiben. Zu beachten ist nicht nur die Bereitschaft des Kindes, zu bleiben, sondern auch die Bereitschaft der Bezugsperson, das Kind der Kita zu überlassen, sowie die Bereitschaft der pädagogischen Fachkraft, das Kind in der Kita zu behalten.
- Wenn sich das Kind aktiv in der Kindergruppe beteiligt, kann die Bezugsperson es allein in der Kita lassen.
- Entscheidungskriterien auf Ebene des Kindes sind: Wie reagiert das Kind bisher auf Trennungen von der Bezugsperson? Sucht es die Nähe der pädagogischen Fachkraft? Lässt es sich in Stresssituationen von dieser trösten? Stellt es Kontakt zu anderen Kindern her? Fühlt es sich in Pflegesituationen wohl?

3. Partizipatorisches Eingewöhnungsmodell

Das partizipatorische Eingewöhnungsmodell (Alemzadeh, 2021) soll einen sanften, gut begleiteten Übergang für das Kind ermöglichen. Traumatische Erfahrungen sollen vermieden werden. Basierend auf Artikel 12 der UN-Kinderrechtskonvention (UNICEF, 2022) soll das Recht des Kindes auf Gehör ernst genommen werden. Die pädagogischen Fachkräfte sollen sich feinfühlig auf die Signale von Kind und Eltern bzw. Erziehungsberechtigten einlassen. Zentral sind die professionelle und empathische Haltung der pädagogischen Fachkraft und das Wissen, dass jede Eingewöhnung individuell und unterschiedlich verläuft, weshalb keinem vorgegebenen Programm gefolgt wird. Stattdessen wird auf Grundlage des wahrnehmenden Beobachtens (Alemzadeh, 2021) von Kind zu Kind entschieden, was im jeweiligen Fall ein feinfühliges Vorgehen und responsives Antwortverhalten impliziert. Wahrnehmendes Beobachten dient dazu, das Kind und die Bezugspersonen hinsichtlich ihrer Fähigkeiten und Potenziale kennenzulernen. Dazu sind folgende Fragen hilfreich: »Welche Interessen hat das Kind? Welche Weltzugänge nutzt es besonders gerne? Wie bringt es zum Ausdruck, was es beschäftigt? Was braucht das Kind, um sich wohlzufühlen und ins Spiel zu finden?« (ebd.). Vermieden werden soll unbedingt, dass eine Eingewöhnung als traumatisch erlebt wird. Stattdessen soll eine traumafreie Eingewöhnung erzielt werden, um Stress zu vermeiden, der sich potenziell negativ auf die kindliche Entwicklung auswirken könnte.

Alemzadeh (2021) schlägt dazu folgende sieben Phasen des Ankommens vor:

- 1. Phase: »Informieren – die Eingewöhnung vorbereiten«. In dieser Phase finden erste Gespräche zwischen der Einrichtungsleitung und den Eltern bzw. Erziehungsberechtigten statt. Diesen wird angeboten, in der Einrichtung zu hospitieren. Danach findet ein Anamnese-Gespräch statt.
- 2. Phase: »Ankommen in der Einrichtung«. Das Kind und seine Bezugsperson verbringen Zeit in der Einrichtung, um den Ort kennenzulernen und sich mit dem Raum, der pädagogischen Fachkraft und den Kindern vertraut zu machen.
- 3. Phase: »In Kontakt gehen«. Die pädagogische Fachkraft kann in der vorhergehenden zweiten Phase Kind und Bezugspersonen beobachten, um in dieser dritten Phase passgenaue Spielangebote zu machen und an den Bedürfnissen des Kindes anzusetzen.
- 4. Phase: »Beziehungen aufbauen«. Lässt sich das Kind auf die Spielangebote der pädagogischen Fachkraft ein und nimmt es den Kontakt gerne auf, ohne sich bei den Bezugspersonen rückzuversichern, beginnt der eigentliche Beziehungsaufbau zwischen Fachkraft und Kind.
- 5. Phase: »Sich in der Einrichtung wohlfühlen«. Kommt das Kind gerne in die Einrichtung, freut es sich, da zu sein, begrüßt es die pädagogische Fachkraft, beteiligt es sich an Spiel und Interaktion, erkundet es die Kita-Umwelt, dann ist die fünfte Phase erreicht.
- 6. Phase: »Bereit für den Abschied«. Es obliegt der aktiven Entscheidung von Kind, Bezugsperson und pädagogischer Fachkraft, den Zeitpunkt für den ersten Abschied bzw. die erste Trennung von der Bezugsperson gemeinsam zu bestimmen. Wichtig ist, dass sich alle Beteiligten mit dieser Entscheidung wohlfühlen sollten. Die Zeitdauer richtet sich nach den Bedürfnissen des Kindes.
- 7. Phase: »Die Einrichtung wird zum Alltag«. Wenn die Trennung vom Kind gut angenommen wird, es sich aktiv am Spiel mit anderen beteiligt und in Interaktion tritt, kann die Zeit ohne Bezugsperson nach und nach erweitert werden.

Die pädagogische Fachkraft sollte während der partizipatorischen Eingewöhnung zudem auch ihre eigenen Empfindungen (be-)achten und beständig daran arbeiten, ein Vertrauensverhältnis zu Bezugspersonen und Kind aufzubauen.

4. Zürcher Modell zur Begleitung von Übergangssituationen in der frühen Kindheit

Ditfurth (2018) formuliert ein weiteres Eingewöhnungsmodell. Das Zürcher Modell ermöglicht, Übergänge in einer Weise zu begleiten, dass Stress sowohl für Kinder als auch ihre Bezugspersonen so weit wie möglich minimiert und ein gelingender Übergang ermöglicht wird. Unter dem Begriff des Zürcher Modells wurden verschiedene Konzepte entwickelt: zu Adoptionen, aber auch zur Eingewöhnung. Auf Letzteres wird sich im Folgenden bezogen. Das Modell wurde direkt aus der Praxis entwickelt. Grundlegendes Wissen über die Entwicklungspsychologie der frühen Kindheit wird vorausgesetzt. Übergangssituationen als Schlüsselsituationen benötigen »fachliche Aufmerksamkeit« (ebd., S. 1). Gelingen diese Situationen, so erringt ein Kind »Zuversicht im Kontakt mit Neuem [...]. Gelingt der Prozess nicht, wird [sic] die Lernbiographie und die Beziehung zu seinen Bezugspersonen belastet« (ebd., S. 1). Da Kinder unter 18 Monaten Übergangssituationen kognitiv nicht erfassen können, sondern im ›Hier und Jetzt‹ sind und emotional über Gefühlsansteckung die Gegenwart erleben, sollten sie Schritt für Schritt und in emotional passgenau abgestimmten Reaktionen ihre Empfindungen erleben können und so nach und nach wiederholte Ablaufszenarien in bekannten Räumen kennenlernen. Ab 18 Monaten stehen die Kooperation und das Wollen des Kindes mehr im Mittelpunkt, so die Aussage. Die Begleitung emotional stabiler Erwachsener ist wesentlich, ebenso die Unterstützung durch vertraute Bezugspersonen, die das Kind bei der Selbstregulation unterstützen. Im Zürcher Modell ist die Begleitung von Eltern bzw. Erziehungsberechtigten und pädagogischen Fachkräften eingeschlossen. Nicht nur die emotionale Verfassung und Motivation des Kindes, sondern aller Beteiligten sollen anerkannt und benannt werden. Die Übergangssituation wird für das Kind als ein Schritt über eine Brücke beschrieben. Von Bedeutung ist dabei der »Perspektivwechsel in die Gegenwart des Kindes« (ebd.). Insbesondere sollen Faktoren berücksichtigt werden, die zu Orientierung und Beruhigung aller Beteiligten beitragen. Auch dieses Modell schlägt eine Vorgehensweise in sieben Schritten vor:

- 1. Schritt: An der Seite des Kindes befindet sich eine vertraute Bezugsperson.
- 2. Schritt: Eine Überstimulation des Kindes soll vermieden, der aktuelle Verhaltenszustand des Kindes einbezogen werden.
- 3. Schritt: Eine altersgerechte Ankündigung des Wechsels wird empfohlen. Rituale und Wiederholungen ermöglichen Orientierung. Das kindliche Erleben sollte wahrgenommen und ausgesprochen werden.
- 4. Schritt: Günstig ist das Ermöglichen von Selbstwirksamkeitserfahrungen während der Transition, wobei die Bezugsperson strukturierend einwirkt.
- 5. Schritt: Die Sichtweise auf den Übergang ist: Ein Wechsel ist schwierig, aber wir trauen dem Kind zu, diesen zu meistern.

- 6. Schritt: Das Kind bekommt Zeit und Raum, um die Transition selbst zu meistern. Die beteiligten Erwachsenen begleiten diesen Prozess emotional und mental präsent.
- 7. Schritt: Motivation und emotionale Verfassung aller beteiligten Erwachsenen werden berücksichtigt, anerkannt und benannt.

5. Stadtzürcher Transitionsmodell

Die Stadt Zürich entwickelte in Begleitung mit der Zürcher Hochschule für Angewandte Wissenschaften ZHAW ein Transitionsmodell, das wissenschaftlich begleitet und evaluiert wurde. Das Zürcher Transitionsmodell (Siegrist & Widmer, o.J.) soll dem teilweise noch sehr jungen Alter der einzugewöhnenden Kinder, häufigen Teilzeitmodellen und der Situation der Eltern entgegenkommen. Dazu wird Wert auf eine Vorbereitungs-/Kennenlernphase gelegt, die vor der eigentlichen Eingewöhnung stattfindet und Vertrauen zwischen allen Beteiligten aufbauen soll. Die Eltern können sich und die Kita vor der Eingewöhnung gegenseitig kennenlernen, was im Rahmen von Elternbesuchstagen stattfindet, worauf die eigentliche Eingewöhnung in der Gruppe folgt. Diese dauert nicht länger als vier Wochen (mit der Möglichkeit, dies flexibel zu handhaben, ebenso wie die Elternbesuchstage). Außerdem können mehrere Eingewöhnungen parallel stattfinden, weshalb zwei pädagogische Fachkräfte in die Eingewöhnung eines Kindes einbezogen werden. Somit läuft das Stadtzürcher Transitionsmodell in vier Phasen ab: (1) Vorbereitungsphase, (2) Kennenlern-/Einstimmungsphase, (3) individuelle Eingewöhnungsphase, (4) Abschlussphase. Betont wird die Bedeutung eines Teamprozesses, einer gemeinsamen Haltung, standortspezifischer passgenauer Konzepte und Kenntnisse aus der kultursensitiven Pädagogik.

6. Tübinger Modell

Fink (2022) bietet mit dem im Rahmen eines Forschungsprojekts entstandenen Tübinger Modell ›Eingewöhnung in der Peer‹ eine Vorgehensweise an, die die Bedeutung der Peer-Gruppe (Gleichaltrige) bei der Eingewöhnung beachtet. Es liegt die Annahme zugrunde, dass vorrangig Gleichaltrige zu beteiligen sind, um einen Übergang gelingend zu gestalten, und dass pädagogische Fachkräfte eine mehr initiierende und unterstützende Funktion einnehmen, wobei zugleich jedes Kind individuell wahrgenommen werden soll. Kinder, die in der Einrichtung angemeldet wurden, werden alters- und entwicklungsentsprechend zu Peer-Gruppen zusammengefasst und zeitgleich in die Einrichtung aufgenommen. Bei Unterzweijährigen wird eine Peer-Gruppengröße aus drei bis vier Kindern empfohlen, bei Überzweijährigen eine Gruppengröße aus bis zu fünf Kindern. Begleitet wird diese Peer-Gruppe während der Eingewöhnung aus einem »Eingewöhnungstandem« (Fink, 2022, S. 8), das sich aus einem Team von zwei Eingewöhnungsfachkräften bildet. Geplant wird die Eingewöhnung für zwei Wochen, während denen dieses Eingewöhnungstandem die Peer-Gruppe begleitet und eine Beziehung zu den Kindern aufbaut. Je nach individuellen Bedürfnissen der Kinder in der Peer-Gruppe wird dieser Zeitraum verlängert. Gemeinsam mit den Bezugspersonen aus der Familie, den anderen Kindern aus der Peer-Gruppe und den Eingewöhnungsfachkräften beginnt die Eingewöhnung nach dem Tübinger Modell in einem separaten Raum. Zu Beginn sind die Kinder nur wenige Stunden in der Einrichtung. Erst ab der zweiten Wochenhälfte finden Trennungen von den Bezugspersonen statt, aber nur dann, wenn ein Kind Signale sendet, dass die neuen Bezugspersonen als sichere Basis akzeptiert werden. Anhand der Bedürfnisse der Eingewöhnungskinder erweitert sich der Radius aus dem Eingewöhnungsraum schrittweise in die weiteren Räume der Kita, bis ab der dritten Woche die neuen Kinder in die Kita-Gruppe integriert werden. Betont wird, die Handlungsvorschläge des Tübinger Modells auf die jeweilige Einrichtung, deren Rahmenbedingungen und die Bedürfnisse der Familien bzw. Kinder anzupassen.

Zusammenführende Betrachtung

Kritisch ist im Hinblick auf Eingewöhnungsmodelle anzumerken, dass ein zu starres Modell unangebracht ist (Ahnert & Keller, 2020), weil es verhindert, den individuellen Bedürfnissen der jeweiligen Familien gerecht zu werden. Stattdessen sollten alle Beteiligten zusammenwirken, um eine adäquate Vorgehensweise auszuhandeln (ebd.). Deshalb geben die letztgenannten Modelle keine konkrete Vorgehensweise vor, sondern orientieren sich stringent an den beteiligten Personen und deren Bedürfnissen, Emotionen, Motivation. Des Weiteren ist kritisch zu betrachten, dass die genannten Eingewöhnungsmodelle empirisch unterschiedlich umfassend belegt sind – so basieren beispielsweise das Münchner und Berliner Modell auf empirischen Studien, wie auch das Stadtzürcher Transitionsmodell und das Tübinger Modell der Eingewöhnung in der Peer (Fink, 2022; Laewen, 2006; Siegrist & Widmer, o.J.).

Die Gesellschaft für seelische Gesundheit in der frühen Kindheit (2008) weist darauf hin, dass folgende Voraussetzungen gegeben sein sollten, um eine gelingende Eingewöhnung in die Wege zu leiten:

- Individuelle Beratung von Eltern bzw. Erziehungsberechtigten und Kind in der Vorbereitung,
- Hinweise auf die Bedeutung der Trennungserfahrungen,
- Eltern bzw. Erziehungsberechtigten eine Anleitung für die Eingewöhnung sowie die Gestaltung der Übergaben geben,
- Sich-Vertraut-Machen mit neuen Abläufen, Personen, Regeln ermöglichen,
- Vorhandensein einer Bezugsfachkraft in der Kindergruppe,
- Verständnis von Eingewöhnung durch Arbeitgeber:in, öffentliche Institutionen, Träger.

Die bisher vorgestellten Modelle beziehen sich vornehmlich auf Kinder unter drei Jahren und deren Übergang in eine Kindertageseinrichtung. Mit Bezug auf ältere Kinder und deren Eintritt in die Kita ist die Praxis eher heterogen und unterscheidet sich häufig von Einrichtung zu Einrichtung, wobei neue Kita-Kinder meist zu zweit oder nacheinander aufgenommen werden, um ihnen Orientierung zu ermöglichen (Niesel & Griebel, 2013).

Zur Diskussion

In einem Streitgespräch äußerten sich Ahnert und Keller über die Bindungstheorie. Im Folgenden finden sich einige Auszüge aus diesem Gespräch bezüglich der Eingewöhnungsmodelle. Es handelt sich dabei um Zitate von Keller.

> »Das Berliner Modell passt definitiv nicht für alle Kinder. Das zeigt sich schon daran, dass fast jede Kita ihre eigene Version praktiziert […]. Das Berliner Modell ist schon eine sehr merkwürdige Konstruktion […].
>
> Viele Familien weigern sich, eine Eingewöhnung nach dem Berliner Modell mitzumachen. In manchen Einrichtungen werden die Kinder dann nicht aufgenommen! In anderen Einrichtungen führt das zu sehr konstruktiven Diskussionen und Überlegungen, was wirklich im Sinne der betroffenen Kinder und Familien ist […].
>
> Das Münchner Modell ist erstaunlicherweise vielen Erzieherinnen und Erziehern gar nicht bekannt, obwohl es ihren Bedürfnissen als ein offeneres Konzept eher entspricht als das Berliner Modell. Allerdings gibt es einige Bewegung im Feld. […] Ich finde starre Konzepte unangebracht – jede Kita sollte eigentlich für jede Familie eine eigene Strategie erarbeiten, indem Familie, Kind, Kinder, Erzieherinnen und Erzieher, Institution, Ort und Kontext zusammenwirken. Das ist in der Praxis erstaunlicherweise viel einfacher als das Durchsetzen eines starren Konzepts« (Ahnert & Keller, 2020).

Überlegen Sie:
Was halten Sie von den Aussagen aus dem Streitgespräch?
Gibt es in Ihrer Einrichtung eine eigene Strategie, bei der »Familie, Kind, Kinder, pädagogische Fachkräfte, Institution, Ort und Kontext zusammenwirken«?

- Wenn ja, welche?
- Wenn nein: Was bräuchte es dazu?
- Wie könnten Sie vorgehen, um ein solches Zusammenwirken zu erreichen?

3.1.5 Kurz & kompakt – Implikationen für die Praxis

Positiv auf die Übergangsbewältigung wirken sich aus:

- Positive Bindungserfahrungen während der Eingewöhnung
  → vs. häufigere Erkrankung und Entwicklungsrückstände bei ungünstigen Trennungserfahrungen der Kinder (Laewen et al., 2003)
- Allmähliche Eingewöhnung (fördert Erlernen von Coping-Strategien)
  → Kinder zeigen weniger Stress, Angst, Aggression; dafür mehr positive soziale Interaktionen mit Peers und Fachkräften (Beller, 2002)
- Sichere Bindung: Sicher gebundene Kinder haben trotz häufig größerem Kummer ein geringeres Cortisolniveau
  → Bezugsperson nimmt eine vor Stress schützende Funktion ein und sollte die Eingewöhnung begleiten (Ahnert, Gunnar, Lamb & Barthel, 2004)
- Individuelles Eingehen auf Kinder im Fokus: Beziehungs-/Bindungsaufbau, auch bei vermeintlich »übergangserfahrenen« Kindern

Implikationen für die Praxis

- ✓ Individuell auf das Kind und seine Bezugspersonen abgestimmte Eingewöhnungsgestaltung
- ✓ Unter Umständen besondere Berücksichtigung und Unterstützung von Familien mit Migrationshintergrund bzw. mit besonderen Bedarfen (Kieferle & Griebel, 2020)
- ✓ Einplanen und ausreichend Zeit nehmen für die Eingewöhnung → strukturell verankern; sich gegenseitig unterstützen und ›den Rücken freihalten‹
- ✓ Bereitschaft zur Weiterentwicklung professioneller Kompetenzen bezüglich Eingewöhnung und Übergangsgestaltung des gesamten pädagogischen Teams
- ✓ Klärung von Rollen, Zielen und Aufgaben in der Kooperation ›Krippe – Kindergarten‹
- ✓ Abbau von Belastungen durch Schaffen von ausreichend Zeiten für den Austausch und die Kooperation zwischen Krippe und Kindergarten sowie für die Zusammenarbeit mit Eltern bzw. Erziehungsberechtigten
- ✓ Entwicklung von verbindlichen (schriftlichen) Übergangskonzepten

3.2 Von der Kita in die Grundschule

Zur Reflexion

Bitte überlegen Sie: Erinnern Sie sich noch an den Übergang von der Kita in die Grundschule? Wer war bei Ihrer Einschulung dabei? Wie hießen die Lehrkräfte vor Ort? Wie war der erste Schultag? Wie war die erste Zeit in der Schule? Wechselten Kita-Freund:innen mit Ihnen in die gleiche Schule bzw. Klasse? Von welchen Kita-Freund:innen mussten Sie sich verabschieden, weil diese auf eine andere Schule gingen? Wie änderte sich Ihr Schulweg im Unterschied zum Weg in die Kita? Gingen Sie selbstständig bzw. durften Sie mit dem Rad hinfahren? Gingen Sie mit Freund:innen zusammen den Schulweg? Fuhren Sie mit dem Schulbus? Oder wurden Sie von Ihren Eltern, Erziehungsberechtigten, Großeltern oder anderen Personen mit dem Auto gebracht? Wie gut haben Sie sich im Schulgebäude zurechtgefunden? Wie ging es Ihnen, von der Rolle der ältesten Kita-Kinder in die Rolle der jüngsten Grundschulkinder zu wechseln? Wurde zwischen Kita und Grundschule kooperiert? Falls ja, in welcher Form? Lernten Sie Ihre neuen Lehrkräfte vor dem Übergang kennen? Wie wurden Sie in der Grundschule in Empfang genommen? Was hat aus Ihrer Sicht gut geklappt?

Falls Sie sich selbst nicht mehr erinnern, gehen Sie, wenn möglich, in den Austausch mit Ihren damaligen Bezugspersonen: Woran erinnern sich diese? Fiel

Ihnen der Übergang eher leicht oder eher schwer? Was oder wer hat Sie beim Wechsel unterstützt?

Was lässt sich aus Ihren eigenen Erfahrungen mit diesem Übergang für die Begleitung von Kindern im ähnlichen Übergang ableiten? Worauf wäre aus Ihrer Sicht zu achten?

3.2.1 Entwicklungsaufgaben im Kita-Alter

Auch wenn Kinder im Übergang von der Kita in die Grundschule zumeist bereits einen oder sogar zwei Übergänge (in Krippe und/oder Kita) gemeistert haben, kommt dem Übergang in die Grundschule durch die sich häufig unterscheidenden Bildungsverständnisse der beiden Bildungsinstitutionen und die damit einhergehenden strukturellen Gegebenheiten (z. B. Tagesrhythmus) eine besondere Bedeutung zu. So gehen mit dem Statuswechsel vom Kita- zum Grundschulkind auch eine Reihe neuer Anforderungen und Anpassungsleistungen einher. Bereits während der Krippen- und Kita-Zeit haben Kinder Entwicklungsaufgaben auf sozialer, psychologischer und motorischer Ebene zu bewältigen, die ihnen wiederum bei der Bewältigung des Übergangs in die Grundschule zugutekommen können. Im *Kita-Alter* weisen Kinder in der Regel ein positives Bild ihrer selbst auf, sie verfügen über ein positives Selbstkonzept, schreiben sich positive Fähigkeiten und Fertigkeiten zu und verfügen über ein Verständnis von Basisemotionen (Freude, Trauer, Wut, Furcht, Ekel, Überraschung) (Ekman, 1988; Holodynski & Oerter, 2012). Sie erwerben die Fähigkeit, eigene Emotionen zunehmend ohne externe Hilfestellung zu regulieren, können ambivalente Gefühle wahrnehmen und äußern (z. B. die Vorfreude auf den Übertritt in die Schule und zugleich Unsicherheit, Angst), bauen erste Freundschaften zu Gleichaltrigen auf (diese sind häufig noch interessengeleitet – wer sich z. B. für Baustellenfahrzeuge begeistert, spielt bevorzugt mit anderen Kindern, die sich für das gleiche begeistern), zeigen prosoziales Verhalten (können sich mitteilen, mit anderen teilen, anderen helfen, mitfühlen) und können sich in sozial akzeptierter Weise behaupten (z. B. ihren Ärger angemessen zum Ausdruck bringen, ebenso wie ihre Freude und ihre Furcht) (► Tab. 2).

Tab. 2: Entwicklungsaufgaben im Kita-Alter (nach Holodynski & Oerter, 2012; Mietzel, 2019; Wicki, 2015, Zumbach-Basu, 2023, S. 143 ff)

Entwicklungsbereich	Entwicklungsaufgaben
Psychologisch	• Selbstbewusstheit (Bewusstheit eigener Fertigkeiten) • Weiterentwicklung des Selbstkonzepts (z. B. Selbstbeschreibungen) • Entwicklung von Selbstkontrolle • Entwicklung relevanter Emotionen der Selbstbewertung wie Stolz (Kind spricht positiv über sich selbst), aber auch Scham • Weiterentwicklung des Verständnisses von Basisemotionen sowie deklarativen Emotionswissens (Art und Weise adäquaten Emotionsausdrucks)

Tab. 2: Entwicklungsaufgaben im Kita-Alter (nach Holodynski & Oerter, 2012; Mietzel, 2019; Wicki, 2015, Zumbach-Basu, 2023, S. 143 ff) – Fortsetzung

Entwicklungs-bereich	Entwicklungsaufgaben
	• Zunehmend unabhängigere Emotionsregulation (zunehmend intrapersonale Emotionsregulation) • Zeigen gemischter Gefühle • Prä-operationales Denken • Weiterentwicklung des Kurz- und Arbeitsgedächtnisses, Verbesserung des autobiografischen Gedächtnisses • Weiterentwicklung der Fähigkeiten zu kognitiver Kontrolle, auch bezüglich Steuerung von Lernaktivitäten, Planung von Handlungen, Flexibilität
Sozial	• Aufbau erster Freundschaften • Kind kann sich in sozial akzeptierter Weise behaupten, dadurch Verringerung von Peer-Konflikten • Weiterentwicklung der Theory of Mind zwischen 3. und 5. Lebensjahr • Allmähliche Fähigkeit zum Belohnungsaufschub • Entwicklung der sozialen Perspektivenübernahme • Prosoziales/altruistisches Verhalten • Weiterentwicklung des Spiels: kooperative Spielformen wie Sozial-/Rollenspiel (ab ca. 3 bis 4 Jahren) • *Digitale Bildung:* Allmählicher Erwerb von Medienkompetenzen
Motorisch	• Kräftigung der Muskulatur, dadurch bessere Muskelsteuerung • Verfeinerung der Einzelbewegungen • Fähigkeit zu immer komplexeren Bewegungsabläufen • Vergrößertes Aktivitätsniveau • *Grobmotorik:* Rennen, Springen, Bälle werfen/fangen, Rad fahren, Balancieren, Schwimmen • Verfeinerung der *Feinmotorik* (z. B. von der Fähigkeit zu malen hin zum Schreiben)

Damit sind Kinder im Übergang von der Kita in die Grundschule zunehmend mit Kompetenzen ausgestattet, die ihnen im Übergang zugutekommen. Sie können verbalisieren, wie es ihnen geht, können ihre mit dem Übergang zusammenhängenden Emotionen besser und teilweise eigenständig regulieren, können auf andere Personen – auch unbekannte Kinder – zugehen, Freundschaften knüpfen und sich in Gruppenverbänden behaupten. Die nachfolgende Übersicht fasst weitere Anforderungen und Veränderungen zusammen, die von den Kindern bei der Übergangsbewältigung von der Kita in die Grundschule zu meistern sind, gegliedert nach den drei Ebenen des IFP-Transitionsmodells (BZgA, 2013; Griebel & Niesel, 2005; Hanke, 2011; Hein & Streffer, 2019).

Individuelle Ebene

- Identitätswandel zum Schulkind
- Emotionsbewältigung (vor allem Stolz, Neugier, Vorfreude, aber gegebenenfalls auch Ängste, Unsicherheit, Verlustgefühle)

- Erwerb neuer Kompetenzen (Kulturtechniken und zunehmend mehr Autonomie)
- Streben nach Zugehörigkeit
- Erster sozialer Vergleich
- Erster Aufbau von Leistungsmotivation in verschiedenen Entwicklungsbereichen

Interaktionale Ebene

- Beziehungsaufbau zu Peers/Lehrkräften
- Neustrukturierung bestehender Beziehungen (gegebenenfalls Verlust/Abbruch der Beziehungen zu pädagogischen Fachkräften und Peers aus der Kita)
- Veränderte Rollenerwartungen und Rollensanktionen

Kontextuelle Ebene

- Stärkere Strukturierung des Alltags
- Integration mindestens zweier Lebensbereiche (Familie und Schule)
- Größere Verbindlichkeiten
- Umgang mit Leistungsbewertungen

3.2.2 Rechtliche Rahmenbedingungen

Im Jahr 2009 verfassten die Jugend- und Familienministerkonferenz sowie die Kultusministerkonferenz der Bundesländer einen Beschluss: ›Den Übergang von der Tageseinrichtung für Kinder in die Grundschule sinnvoll und wirksam gestalten – Das Zusammenwirken von Elementarbereich und Primarstufe optimieren‹. Auch hier wird in einem positiv gestalteten Übergang ein zentraler Beitrag für das gelingende Aufwachsen von Kindern gesehen, ein Übergang wird aber auch als besondere Herausforderung bezeichnet (Kultusministerkonferenz der Länder, 2009). In diesem Beschluss wird hervorgehoben, dass das in Kitas erworbene Wissen von Kindern anschlussfähig sein solle, sich die Schule der Elementarpädagogik öffnen solle und Kinder, die vom Elementar- in den Primarbereich wechseln, eine verstärkte individuelle Förderung erfahren sollten. Dazu sei die Zusammenarbeit zwischen den beiden Bildungsinstitutionen zu stärken. Insbesondere gelte es, die Schulfähigkeit von Kindern als gemeinsame Entwicklungs- und Förderaufgabe von Kita und Schule zu verstehen und sowohl das Kind ›schulfähig‹ zu machen als auch die Schule ›kindfähig‹ (ebd.). Somit bedarf es der gemeinsamen Anstrengung von Kita und Schule, Kinder (und ihre Familien) beim Übergang vom Elementar- in den Primarbereich angemessen und individuell zu begleiten, wobei jedes Kind und jede Familie ihre eigenen Ressourcen in die Transition einbringen, ebenso wie eigene Ängste und Unsicherheiten.

Auf gesetzlicher Ebene sind die Regelungen zur Einschulung und Kooperation in verschiedenen Gesetzen und Verwaltungsvorschriften niedergeschrieben. Am

Beispiel von Baden-Württemberg[4] werden zwei Gesetze kurz genannt, die jedoch nicht vertieft werden: Das Kindertagesbetreuungsgesetz (KiTaG) und das Schulgesetz (SchG) regeln Näheres zur Einschulung. Die ›Verwaltungsvorschrift des Kultusministeriums über die Kooperation zwischen Tageseinrichtungen für Kinder und Grundschulen (VwV Kooperation Kindertageseinrichtungen – Grundschulen)‹ (Ministerium für Kultus, Jugend und Sport Baden-Württemberg, 2019) überträgt Kitas und Schulen gemeinsam mit den Eltern bzw. Erziehungsberechtigten die Verantwortung für einen erfolgreichen Übergang. Als gemeinsame pädagogische Grundlagen von Kita und Schule werden »die Förderung der Gesamtpersönlichkeit des Kindes, seiner Selbsttätigkeit und Selbstständigkeit sowie im Aufbau tragfähiger sozialer Beziehungen« (ebd.) gesehen. Außerdem wird die Erziehungs- und Bildungspartnerschaft mit Eltern bzw. Erziehungsberechtigten hervorgehoben. Jede Schule soll eine oder mehrere Kooperationslehrkräfte benennen, die für die Kooperation zwischen Kita und Grundschule zuständig sind. Außerdem gibt es Regionalstellen des Zentrums für Schulqualität und Lehrerbildung (ZSL), die regionale Ansprechpersonen zur Beratung von Grundschullehrkräften einsetzen (Kooperationsbeauftragte). Bezüglich der Zusammenarbeit mit Eltern sollen diese über »Ziele, Inhalte und Maßnahmen der Kooperation informiert« (ebd.) sowie das gemeinsame Kooperationskonzept erläutert werden. Außerdem soll eine gemeinsame Veranstaltung von Kita und Schule im Verlauf des Jahres vor der jeweiligen Einschulung stattfinden. Die Kooperation zwischen Kita und Schule soll verschiedene Ebenen umfassen, die folgendermaßen vorgegeben werden (ebd.):

- Regelmäßiger Austausch über Regelungen, pädagogische Grundlagen, Förderangebote, Methoden und Arbeitsweisen im Elementar- und Primarbereich,
- Verständigung auf ein mehrjähriges Konzept, welches Ziele und Schwerpunkte der Kooperation beinhalten soll, indem jeweils lokale Gegebenheiten berücksichtigt werden sowie die örtlich jeweils umgesetzten Fördermaßnahmen,
- Erstellung eines gemeinsamen Arbeitsplans mit Terminplanung,
- Erweiterung der fachlichen Kenntnisse und beruflichen Erfahrungen durch gegenseitige Hospitation in den jeweiligen Einrichtungen, fachlicher Austausch anhand von Fallbeispielen unter Einhaltung des Datenschutzes, Teilnahme an gemeinsamen Fortbildungsveranstaltungen,
- Zusammenarbeit bezüglich der jeweils einzuschulenden Kinder im Jahr vor der jeweiligen Einschulung, Einbezug der Eltern sowie die Gelegenheit der Eltern, Fragen zur Kooperation zu stellen; dokumentiertes Beratungsgespräch mit den Eltern bezüglich des Entwicklungsstandes des Kindes, gegebenenfalls Angebot von Fördermaßnahmen und weitere Hilfsangebote,
- Durchführung gemeinsamer pädagogischer Angebote zur Erfassung des jeweiligen Entwicklungsstandes der einzuschulenden Kinder (Einschätzbogen), Ermöglichung eines Besuchs in der Primarstufe.

4 Das Beispiel Baden-Württemberg wird hier und auch an weiteren Stellen vorrangig angeführt, weil das ursprüngliche Curriculum zu Transitionen in diesem Bundesland entwickelt wurde.

Das Kultusministerium Baden-Württemberg stellt Reflexionsbögen für die Beratungsgespräche in verschiedensten Sprachen zur Verfügung, ebenso die nötigen Begleitschreiben sowie Vorlagen für das Beratungsgespräch. Zusätzlich kann ein Kooperationsordner eingesehen werden, der Hilfestellung für die Zusammenarbeit zwischen Kita und Schule bietet. Darin werden u. a. Ideen für gemeinsame Projekte formuliert, aber auch rechtliche und pädagogische Grundlagen sowie Möglichkeiten der Stärkung von Kindern im Übergang. Hierbei wird auch die Förderung von Resilienz und Lebenskompetenzen als ein Aspekt der Kooperation genannt, wozu folgende Praxisbeispiele genannt werden:

- Übergang gestalten – Begegnungen ermöglichen,
- Patenschaften zwischen Kita- und Schulkindern,
- Schulhauserkundungen,
- Gemeinsamer Spielenachmittag,
- Spielanleitung zum Rollenwechseln ›Riesen und Zwerge‹,
- Wahrnehmungs- und Körperkontaktspiele,
- Gemeinsame Feste und Rituale (z. B. Laternenumzug),
- Kinderkonferenz und Klassenrat,
- Gemeinsame Erarbeitung von Gesprächsregeln,
- Übungen des täglichen Lebens,
- Gemeinsame Bilderbuchbetrachtung,
- Gefühlspantomime (Ministerium für Kultus, Jugend und Sport Baden-Württemberg, 2015, S. 22 ff).

Zur Reflexion

Kennen und nutzen Sie den o. g. Kooperationsordner oder vergleichbare Materialien beispielsweise Ihres Bundeslandes?

- Wenn ja: Wie nutzen Sie den Kooperationsordner bzw. die vergleichbaren Materialien in Ihren Einrichtungen?
- Wenn nein: Könnten Sie sich vorstellen, mit dem Kooperationsordner oder ähnlichen Materialien zu arbeiten? Wie könnte dies gelingen?

Der baden-württembergische Kooperationsordner beinhaltet u. a. einen Jahresplan mit Anregungen zur Gestaltung von Kooperationsaktivitäten auf den folgenden drei Ebenen (Ministerium für Kultus, Jugend und Sport, 2005):

1. Kooperation zwischen pädagogischen Fach- und Lehrkräften (z. B. Gegenseitiges Kennenlernen, Austausch über Beobachtungen bei den gemeinsamen Aktivitäten der Kinder, Planung der Schulanmeldung),
2. Aktivitäten auf Ebene der Kinder (z. B. Kennenlernen der Kooperationslehrkraft und Grundschule)
3. Zusammenarbeit mit den Eltern (z. B. Elternabende, gemeinsame Elterngespräche).

Reflektieren Sie die bei Ihnen stattfindenden Kooperationsaktivitäten auf den drei Ebenen *Kind, pädagogische Fach- und Lehrkräfte, Eltern bzw. Erziehungsberechtigte:*

- Was führen Sie bereits durch? Wann finden die Aktivitäten bei Ihnen statt?
- Was funktioniert in der Kooperation bislang gut? Was würden Sie gerne verändern?
- Welche Aktivitäten führen Sie bislang (noch) nicht durch? Welche würden Sie gerne auch für Ihre Einrichtung/Kooperation übernehmen?

→ Erstellen Sie einen tabellarischen Jahresplan und halten Sie wichtige Aktivitäten und Termine darin fest.

3.2.3 Praxisrelevante Forschungsbefunde

Wenngleich der Übergang von der Kita in die Grundschule sowohl in der Forschung als auch in Bezug auf das öffentliche Interesse insgesamt eine größere Aufmerksamkeit erfährt als beispielsweise der Übergang von der Familie in die erste Bildungsinstitution oder der Wechsel von der Krippe in den Kindergarten, zeigen sich insbesondere die nationalen Forschungsaktivitäten jedoch auch in diesem Bereich weiter ausbaufähig (Kluczniok et al., 2015).

Vor allem Ergebnisse hinsichtlich möglicher Übergangsproblematiken von Kindern bei der Transition von der Kita in die Grundschule sind laut Kluczniok et al. (2015) aufgrund mangelnder repräsentativer Studien nur mit großer Vorsicht und eher als Schätzungen zu interpretieren. Gleichwohl weisen die dahingehend bestehenden Ergebnisse verschiedener nationaler Studien mehrheitlich darauf hin, dass der Übergang von der Kita in die Primarstufe von einem Großteil der Kinder ohne Anpassungsprobleme bewältigt wird und ein erheblicher Anteil an Kindern sogar vom Eintritt in die Schule profitiert (Beelmann, 2000). Das bedeutet, die Mehrheit der Kinder bewältigt den Eintritt in die Schule positiv. Anpassungs- oder Übergangsprobleme, die u. a. von einem zeitweise gesteigerten Auftreten von Stresssymptomen nach dem Übergang begleitet werden können, kommen hingegen bei ca. einem Drittel bis der Hälfte der innerhalb der Studien untersuchten Kinder vor (Beelmann, 2000; Griebel & Niesel, 2011; Grotz, 2005). Dies erweist sich weitestgehend deckungsgleich mit Befunden internationaler Studien, bei denen zwischen 16 und 40 % der Kinder Anpassungsschwierigkeiten zeigten (z. B. Kienig, 2002; Rimm-Kaufmann, Pianta & Cox, 2000). Dennoch ziehen sowohl Faust, Kratzmann und Wehner (2012) als auch Kluczniok et al. (2015) den Schluss, dass die Transition von der Kita in die Grundschule auf Basis dieser Ergebnisse nicht per se als Problemfeld gesehen oder gar von einer »Schuleintrittskrise« gesprochen werden kann. Vielmehr gilt es, noch verstärkter zu untersuchen, »für welche Kinder der Übergang ein Risiko darstellt bzw. welche Merkmale zu einem positiven Übergangserleben beitragen, um gezielt Unterstützungsmaßnahmen während der Kindergartenzeit einleiten zu können« (Kluczniok et al., 2015, S. 132).

Perspektive der Eltern bzw. Erziehungsberechtigten

Erste Hinweise zu Einflussfaktoren auf das Übergangserleben aus Sicht der Eltern ($N = 108$) gibt eine Studie von Wildgruber, Griebel, Radan und Schuster (2017), welche Merkmale von »Positiv- und Negativbewältigern« untersucht. Bei vergleichender Betrachtung der »positiv- und negativbewältigenden« Elternteile zeigen sich bedeutsame Unterschiede in Bezug auf das eigene Wohl- und Sicherheitsempfinden, die Informiertheit durch die Schule, den Kontakt zur Lehrperson, die Bewertung der Beteiligungsmöglichkeiten sowie die Unterstützungsmöglichkeiten der eigenen Kinder (ebd.). Vor einem systemorientierten Ansatz, bei welchem elterliche und kindliche Übergangsbewältigung wechselseitig in Beziehung stehen, sprechen sich die Forschenden deshalb dafür aus, »die Eltern in einen fortgesetzte[n] Dialog mitzunehmen und ihnen insbesondere Wissen und Sicherheit in ihrem heimbasierten Engagement für den Bildungserfolg ihrer Kinder zu vermitteln« (ebd., S. 23).

Während Wildgruber et al. (2017) jedoch keine Unterschiede in Bezug auf personenbezogene Merkmale wie den Bildungshintergrund der befragten Eltern und deren Übergangsbewältigung feststellen konnten, zeigten sich bei der Untersuchung von Kluczniok et al. (2015) hingegen geringe Zusammenhänge zwischen der durch die Eltern eingeschätzten Übergangsbewältigung der Kinder und kindlichen sowie familialen Merkmalen (u. a. Wortschatz, Rechenfähigkeit und Alter des Kindes, Ausbildung der Mutter, häusliche Anregungsbedingungen). Insgesamt berichten 85 % der 191 befragten Eltern davon, dass ihrem Kind der Übergang in die Schule leichtgefallen sei (ebd.). Auch auf Grundlage dieser Ergebnisse sprechen sich die Forschenden für eine »Entdramatisierung« des Übergangs in die Grundschule aus und plädieren dafür, gezielt Persönlichkeits- bzw. individuelle Merkmale insbesondere jener Kinder mit eher ungünstigen Ausgangslagen (z. B. geringe Vorläuferfähigkeiten, wenig häusliche Anregung) in den Blick zu nehmen und frühzeitig unterstützende Angebote anzubieten.

Dem lassen sich auch die Ergebnisse von Doblinger (2020) zur Untersuchung kumulativer familiärer Belastungen beim Übergang in die Grundschule anschließen. So erweisen sich einerseits ebenfalls mathematische und sprachliche Fähigkeiten als relevante Faktoren für entsprechende Leistungen der untersuchten Kinder nach dem Schuleintritt. Andererseits zeigt sich: Je mehr Belastungsfaktoren in der Familie und externalisierende Probleme bereits vor Schuleintritt vorlagen, umso geringer wurden die Übergangsbewältigung durch die Lehrkräfte der psychosozial belasteten Kinder ($N = 71$) sowie deren Anstrengungsbereitschaft, soziale Integration und Ausdauer eingeschätzt (ebd.). Auch Doblinger (2020) spricht sich auf Grundlage der Ergebnisse folglich dafür aus, dass die frühzeitige Stärkung der kindlichen Ressourcen sowie

> »Präventions- und Interventionsbemühungen zum Schutz vor den weitreichenden Auswirkungen kumulativer familiärer Belastung bereits weit vor dem Schuleintritt betroffener Kinder ansetzen und eine Unterstützung der sozioemotionalen sowie der Kompetenzentwicklung der Kinder umfassen [sollten]« (S. 169).

In diesem Zuge wird von den Forschenden entsprechend auf die stärkere Berücksichtigung der »paradoxen Theorie« von Caspi und Moffitt (1993) verwiesen, die von einem persönlichkeitstheoretischen Ansatz ausgehend ein verstärktes Auftreten bereits bestehender statt neu auftretender Persönlichkeitsmerkmale und Eigenschaften der Kinder und Jugendlichen im Transitionsprozess annimmt (Carigiet et al., 2020).

Das Konzept der »flexiblen Einschulung« – ein Übergangskonzept für die Zukunft?

Ausgehend von der Frage »Wann ist der ›richtige‹ Zeitpunkt für die Einschulung des Kindes?« ermöglicht die Bremer Grundschule am Buntentorsteinweg seit 2010 Kindern, die etwas mehr Zeit für die Bewältigung des Übergangs von der Kita in die Grundschule benötigen, einen flexiblen, fließenden Übergang in die neue Institution. Diese sogenannten »Flex-Kinder« (betrifft meist zwischen 4 und 10 Kinder pro Schuljahr) starten mit einem individuell angepassten und damit geringeren Stundenumfang in den Schulalltag. In enger Abstimmung und Orientierung an den Interessen und Ressourcen der Kinder kann dies für manche beispielsweise die Teilnahme an bestimmten Unterrichtsfächern sein, während andere »Flex-Kinder« an einem festen Wochentag die Schule besuchen. Die weitere Zeit verbringen die Kinder wie gewohnt in ihrer Kita, wobei die Zeit in der Grundschule nach und nach gesteigert wird, bis für die »Flex-Kinder« im Februar die ›zweite‹ Einschulung erfolgt. Die flexible Einschulung bedarf einer engen Zusammenarbeit der Institutionen Kita und Grundschule. Neben wiederkehrenden Elementen in beiden Einrichtungen (z. B. Morgenkreise) finden zudem regelmäßige Besuche in der jeweils anderen Institution statt (Baasen, Schwalm & Sickinger, 2016).

Zur Diskussion

- Wie bewerten Sie das Konzept der »flexiblen Einschulung«?
- Welche Chancen sehen Sie für die Kinder?
  Wo bestehen gegebenenfalls Hindernisse/Stolpersteine/Risiken?
- Wäre das Konzept auch in Ihrer Einrichtung umsetzbar? Was müsste hierfür gegeben sein?

Perspektive der Kinder

Auch wenn der Einbezug der Perspektive der Kinder im Bereich der Kindheitsforschung zunehmend Aufmerksamkeit erfährt, liegen Studien zum Erleben und zur Bewertung der Transition von der Kita in die Primarstufe aus Sicht von Kindern bislang lediglich vereinzelt vor (Wildgruber & Griebel, 2016). In diesen sowohl nationalen als auch internationalen Studien kristallisiert sich zum einen heraus, dass die Kinder den Übergang in die Primarstufe als Statuswechsel wahrnehmen und sich aktiv mit ihrer neuen Rolle als Vorschulkind auseinandersetzen (Hein &

Streffer, 2019; Seddig, 2014). Zum anderen erhalten das Bestehen und die Veränderung von Freundschaften und Beziehungen zu Peers eine besondere Aufmerksamkeit durch die befragten Kinder im Kontext Übergang (Hein & Streffer, 2019; Margetts, 2013; Seddig, 2019).

Während in der Studie »WEGE in die Grundschule« von Hein und Streffer (2019) bei den 302 befragten Kindern ein halbes Jahr vor dem Schuleintritt der »Verlust« der pädagogischen Fachkräfte sowie der Aufbau von neuen Beziehungen zu Lehrkräften kaum thematisiert werden, sprechen 23,5 % vom Verlust bestehender Freundschaften, mehr als die Hälfte jedoch auch vom Finden neuer Freundschaften und insbesondere dem Wiedersehen mit bereits bekannten Kindern in der Grundschule (82,8 %). Dies deckt sich auch mit den Ergebnissen einer australischen Studie von Margetts (2013), bei welcher das Kennenlernen und Knüpfen neuer Freundschaften, aber auch Befürchtungen in Bezug auf Konflikte mit anderen Kindern die am häufigsten genannten Themen der Kinder waren.

Seddig (2019) leitet aus ihrer Untersuchung ab, dass Freund:innen einen wichtigen Sicherheitsfaktor für die Kinder im Übergang von der Kita in die Grundschule darstellen und das Finden von Freund:innen maßgeblich zum Wohlbefinden der Kinder beiträgt. Kommt es dahingehend zu Diskontinuitäten, so kann der Übergang in die Schule auch von Sorgen und negativen Emotionen begleitet werden. Aus diesem Grund spricht sich Seddig (2019) weiter dafür aus, auch von Seiten der Bildungsinstitutionen die schützende und unterstützende Rolle von Freundschaften im Übergang anzuerkennen und dahingehend Konzepte und förderliche Umwelten zu schaffen. Gestützt werden kann dies von ersten Ergebnissen eines Modellprojekts in Form eines Konzepts zum gemeinsamen Peer-Learning von Kita- und Grundschulkindern, bei welchem die Kinder die Peer-Beziehungen ebenfalls als wichtigsten Faktor bei der Übergangsbewältigung benannten und insbesondere die Kita-Kinder die gemeinsamen Lernwerkstätten nutzten, um Beziehungen zu knüpfen und zu pflegen, sich selbstwirksam zu erleben und ihren eigenen Status zu klären (Kordulla, 2021).

In einer halbstandardisierten Interviewstudie von Schimmer (2023) gaben 73 % der befragten Vorschulkinder an, sich sehr gut zu fühlen, wenn sie daran denken, dass sie bald in die Schule kommen ($N = 96$). Zugleich haben jedoch auch 43 % der Kinder mindestens ab und zu Angst vor der Schule. Die größte Vorfreude verspüren die Kinder in Bezug auf das Finden neuer Freund:innen sowie das Erlernen von Kulturtechniken wie Lesen und Schreiben. Zugleich besteht jedoch auch die größte Sorge darin, keine Freund:innen zu finden oder nicht mit Freund:innen aus der Kita in dieselbe Klasse zu kommen (ebd.). Weitere an die Grundschule gerichtete Vorstellungen verbinden die befragten Kinder einer weiteren Studie zumeist mit dem Erwerb der klassischen Kulturtechniken des Lesens, Schreibens und Rechnens sowie den erwarteten Einschränkungen in Bezug auf das Spielen und Lernen (Hein & Streffer, 2019). Während im Kontext ›Kita‹ die Beschreibung von Tätigkeiten von den Modalverben »können« und »dürfen« begleitet werden, werden Tätigkeiten in der Grundschule von den Kindern verstärkt durch ein »Müssen« benannt. Insgesamt sind die Ausführungen der Kinder jedoch überwiegend von positiven Emotionen gerahmt (88,4 %) (ebd.).

Neben den Beziehungen zu den Peers können sich jedoch auch Beziehungen zu den pädagogischen Fach- und Lehrkräften sowohl positiv auf die Lernleistungen als auch auf die Stressverarbeitung von Schulanfänger:innen auswirken (Ahnert, 2020). So wurde in einer Studie unter der Mitarbeit der Bindungsforscherin Ahnert (Bindungs-Schulbewährung-Studie, 2006) über Speichelproben ein Tagesprofil des Stresshormons Cortisol bei 165 Kindern nach dem Schuleintritt erstellt, das im Montag-Freitag-Vergleich insbesondere bei jenen Kindern mit schlechter Stressverarbeitung nochmals stärker beeinträchtigt war, die konfliktbehaftete Beziehungen zur Lehrkraft pflegten. Zugleich wirkten sich sichere Bindungsbeziehungen zu einem Elternteil, aber auch zu einer pädagogischen Fachkraft aus der Kita selbst nach Schuleintritt noch nachweislich positiv auf die Lernfreude und die Lernmotivation der Schüler:innen aus (Ahnert, 2020). Der Aufbau und das Bestehen sicherer Beziehungen zu pädagogischen Fachkräften einerseits sowie zu Lehrkräften andererseits stellt damit eine weitere wichtige Säule in Bezug auf die positive Bewältigung des Übergangs in die Grundschule dar.

Perspektive der Fach- und Lehrkräfte

Auf Ebene der pädagogischen Fach- und Lehrkräfte werden weiterhin die Kooperation und die Vernetzungsaktivitäten zwischen den Bildungsinstitutionen Kita und Grundschule als unterstützende Faktoren gesehen, wenngleich deren alleiniges Bestehen nicht als »Garanten für gelingende Übergänge« (Kordulla, 2021, S. 128) gelten können und in nahezu keinem Zusammenhang mit dem Übergangserleben stehen (Kluczniok et al., 2015).

So haben einmalige Schul- und Schnupperbesuche, gemeinsame Feste oder ein Tag der offenen Tür beispielsweise keinen nachweislich positiven Einfluss auf eine erfolgreiche Übergangsbewältigung oder einen einfachen Schuleintritt (Athola et al., 2011; Hanke, Backhaus & Bogatz, 2013; Pohlmann-Rother, Kratzmann & Wehner, 2010). Damit sich die Kooperation zwischen Kita und Grundschule positiv auf die kindliche (Lern-)Entwicklung auswirken kann, sind vielmehr intensive und gezielt auf die kindliche Unterstützung im Übergang ausgerichtete Kooperationsformen notwendig (Arndt & Kipp, 2016).

Besonders wirkungsvoll zeigt sich beispielsweise die gemeinsame Abstimmung von Beobachtungs- und Dokumentationsverfahren, die kooperative Entwicklung übergreifender Curricula, die gemeinsame Beschäftigung mit einem spezifischen Thema (z.B. Sprachförderung im Übergang) oder die gezielte Weitergabe an Informationen zur kindlichen Entwicklung (Buse & Sauerhering, 2018; Hanke et al., 2013).

Allerdings finden solch intensive Formen der Kooperation zwischen Kita und Grundschule in der Praxis kaum statt (Faust, Wehner & Kratzmann, 2011). Als Gründe bzw. die intensive Kooperation hemmende Faktoren werden u.a. mangelnde zeitliche und personelle Ressourcen sowie Unterschiede im organisationalen Aufbau der beiden Systeme benannt (Lichtblau, Hartmann & Schenk, 2020). Auch besteht bei manchen Lehrkräften zum Teil der Wunsch, die Kinder möglichst unvoreingenommen kennenzulernen, andere erachten wiederum die häufig stark ressourcenorientiert ausgerichteten Beobachtungsstrategien der pädagogischen

Fachkräfte aus den Kitas als weniger hilfreich für die eigene Lehrpraxis (Hanke, 2014).

Da sich der Einbezug individueller kindlicher Interessen jedoch durchaus positiv auf eine erfolgreiche Bewältigung der Transition von der Kita in die Grundschule auswirken kann (Leibham, Alexander & Johnson, 2013), gilt es als förderlich, zuvorderst an der Orientierungsqualität und damit an der Haltung und Einstellung der pädagogischen Fach- und Lehrkräfte in Bezug auf die Bedeutung einer intensiven Kooperation für eine gelingende Transition anzusetzen (Buse & Sauerhering, 2018). Um einen gewinnbringenden Austausch und einen Dialog zwischen den Akteur:innen der beiden Institutionen herstellen zu können, stellen weitere förderliche Faktoren Verlässlichkeit, Kontinuität, Regelmäßigkeit, feste Ansprechpersonen (»Kooperationsbeauftragte«), gemeinsame Ziele, gegenseitige Wertschätzung, Verständnis und insbesondere auch der enge Einbezug der Eltern bzw. Familien der Kinder dar (Arndt, Rothe, Urban & Werning, 2013; Buse & Sauerhering, 2018; Wildgruber et al., 2017).

Simulierte Praxis

Paul und Lena sind zweieiige Zwillinge (6 Jahre alt). Demnächst werden sie in die Schule kommen. Während Paul sich auf die Schule freut und in der Kita immer wieder über den bevorstehenden Wechsel spricht, verhält sich Lena nach außen hin desinteressiert, was den Schulbesuch anbelangt. Sie spricht weder über die Schule noch den Abschied von der Kita oder über ihre Gefühle anlässlich des bevorstehenden Wechsels. Die pädagogische Fachkraft überlegt, dass sie Lena bei Gelegenheit auf die bevorstehende Schulzeit ansprechen möchte. Am nächsten Tag ergibt sich die Gelegenheit, als die Fachkraft beim Mittagessen neben Lena sitzt. Sie fragt vorsichtig: »Und, Lena, bald gehst du ja in die Schule. Freust du dich denn darauf?«. Da sagt Lena: »Doofe Schule, ich will da nicht hin. Ich möchte im Kindergarten bleiben!«. Die pädagogische Fachkraft überlegt, ob sie ein Gespräch mit Lenas und Pauls Eltern anberaumen soll. Die Zwillinge haben beide an den schulvorbereitenden Aktionen gleichermaßen teilgenommen, trotzdem gehen sie mit unterschiedlichen Gefühlen auf die Schule zu.

Die Fachkraft möchte mit den Eltern im Gespräch die Möglichkeit erörtern, dass die Zwillinge eventuell zu unterschiedlichen Schuljahren eingeschult werden, auch weil Lena in ihrer Entwicklung aus Sicht der Fachkraft noch gut ein Kindergartenjahr brauchen könnte. Zwar geht ihr Bruder künftig in die erste Klasse, Lenas bester Freund Elias wird jedoch erst nächstes Schuljahr eingeschult. Aus Tür- und Angel-Gesprächen mit den Eltern weiß sie jedoch bereits vor dem Gespräch, dass diese unbedingt beide Kinder gleichzeitig einschulen möchten.

Zur Diskussion

Wie könnte die Fachkraft im Gespräch vorgehen und agieren? Was könnten Lenas Bedürfnisse sein? Was könnte für Lena und ihre weitere Entwicklung das Beste sein? Wie könnte Lena entsprechend ihren Bedürfnissen unterstützt werden?

3.2.4 Modellprojekte

Für den Übergang von der Kita in die Grundschule finden sich verschiedene Modellprojekte, die sich gezielt der Gestaltung des Übergangs in die Grundschule widmen und hierfür wichtige Anhaltspunkte liefern können. Beispielhaft werden hier einige genannt und kurz beschrieben (Pohlmann-Rother & Franz, 2014):

»*Starke Kinder haben einen starken Anfang*« (Nürnberger Übergangsprojekt für Kindertagesstätte und Grundschule; Martschinke & Frank, 2014). Dieses Projekt beruht auf dem Resilienz-Ansatz und geht davon aus, dass Ressourcen im Bereich der emotionalen, personalen und sozialen Kompetenzen Kinder widerstandsfähiger machen, auch für Übergangskontexte. Deshalb werden in diesem Projekt die genannten Kompetenzen gezielt aufgegriffen und gefördert, indem institutionenübergreifend vor und nach dem Übergang daran gearbeitet wird. Konzeptionell grundlegend verankert sind gleiche Ziele und ähnliche Interessen sowohl von pädagogischen Fachkräften als auch von Lehrkräften, Information und Beteiligung der Eltern, gemeinsame Fortbildungen sowie alternative und passgenaue Umsetzungsmöglichkeiten.

»*KiDz – Kindergarten der Zukunft in Bayern*« (Sechtig, Freund, Roßbach & Anders, 2014). In diesem Modellprojekt wurden sowohl bewährte Traditionen als auch innovative Konzepte der Kindergartenpädagogik erprobt. Wichtig war die inhaltliche Anschlussfähigkeit elementar- und primarpädagogischer Konzepte, Kooperationen zwischen Kindergarten und Grundschule, Team-Teaching sowie Beobachtung, Dokumentation und pädagogische Planung.

»*ponte. Kindergärten und Grundschulen auf neuen Wegen*« (Hoffsommer & Ramseger, 2014). In diesem Projekt schlossen sich Kitas und Grundschulen zu moderierten Tandem-Teams zusammen, um gemeinsame Bildungsansätze zu erarbeiten und umzusetzen. Grundgedanke ist die Überlegung, dass nicht Kinder »schulfähig« sein müssen, sondern die Institutionen »kindfähig« sein sollten (ebd., S. 113). Die Tandem-Teams hatten die Gelegenheit, sich in gemeinsamen Fortbildungen weiter zu qualifizieren. Positiv erwiesen sich dabei die Vorgehensweise in den genannten Tandem-Teams, die Begleitung durch Moderator:innen sowie die Erarbeitung eines gemeinsamen Bildungsverständnisses.

»*TransKiGs*« (Liebers & Scheib, 2014). Die Länder Berlin, Brandenburg, Bremen, Nordrhein-Westfalen und Thüringen führten von 2005 bis 2009 das Verbundprojekt »TransKiGs« durch. Es sollten gemeinsame Entwicklungsprozesse angeregt, aber auch jeweils eigene Strategien bezüglich der Übergangsgestaltung entwickelt werden. Ziele waren insbesondere, Möglichkeiten der Verzahnung von Elementar- mit Primarstufe zu erproben, ein gemeinsames Bildungsverständnis sowie Möglichkeiten der Kooperation und Vernetzung zu entwickeln. Dabei wurden »zwei erfolgreiche Wege zur Entwicklung einer gemeinsamen Bildungsphilosophie« (ebd., S. 127) herausgearbeitet: zum einen ein Weg mit Ausgangspunkt in der pädagogischen Praxis durch gemeinsame Planung, Gestaltung und Durchführung von pädagogischen Angeboten für Elementar- und Primarstufe, zum anderen ein zweiter Weg, der von institutionsübergreifenden Rahmenkonzepten ausgeht und gemeinsame Bildungsvorstellungen benennt. Um eine vertiefte Kooperation zu erreichen, wurden folgende Empfehlungen abgeleitet: (1) gegenseitiges Kennenlernen der jeweiligen pädagogischen Konzepte der beteiligten Einrichtungen, auch durch gegenseitige Hospitation samt externer Moderation, (2) Unterstützung durch Leitung, Team, Träger der Einrichtungen, (3) gemeinsame Fortbildungen inklusive der Formulierung gemeinsamer Handlungsziele (Ist-Stand und Entwicklungsbedarf), (4) Zusammenarbeit mit Eltern, Austausch über den kindlichen Entwicklungsstand, domänenspezifische Kooperationsprojekte, (5) Abschluss einer Kooperationsvereinbarung (ebd.). Des Weiteren wurden Materialien zur Transitionsgestaltung sowie Instrumente zur prozessbegleitenden Beobachtung und Evaluation von Bildungsprozessen erarbeitet (Lenkungsgruppe TransKiGs in Zusammenarbeit mit der Koordinierungsstelle TransKiGs & Hofmann, 2009).

»*Bildungshaus 3–10*« (Sturmhöfel, 2014). Hierbei handelt es sich um ein wissenschaftlich begleitetes Modellprojekt des Ministeriums für Kultus, Jugend und Sport Baden-Württemberg an 33 Modellstandorten, bei dem neue Kooperationsformen entwickelt und erprobt werden sollten. Wesentliche Elemente sind regelmäßige Treffen zwischen Kindern aus Elementar- und Primarstufe (Bildungshausangebote in Spiel- und Lerngruppen) sowie die gemeinsame Planung und Durchführung dieser Angebote durch pädagogische Fachkräfte und Lehrkräfte. Ziele sind die Erleichterung des Schuleintritts für Kinder und eine möglichst nahtlose Transition vom Elementarbereich in die Primarstufe.

»*ILEA T*« (Geiling, Liebers & Prengel, 2015). *ILEA T* steht für »Individuelle Lern-Entwicklungs-Analyse im Übergang von der Kita in die Schule«. In der Transition von der Kita in die Grundschule soll pädagogische Diagnostik ein verbindendes Instrument zwischen der jeweiligen Bildungsdokumentation in der Kita und den individuellen Lernstandanalysen zu Beginn der Primarstufe darstellen.

Gemeinsam ist diesen und weiteren Modellprojekten, dass darin unterschiedliche Formen intensivierter Kooperation zwischen Elementar- und Primarbereich ausprobiert und evaluiert, vertiefte Formen der Zusammenarbeit mit Eltern, spezifische Kompetenzen von Kindern in Transitionsprozessen gefördert, anschlussfähige Beobachtung und Dokumentationsformen entwickelt, gemeinsame Fortbildungen besucht sowie übergreifende Rahmenkonzeptionen erarbeitet werden bzw. wurden.

Zur Reflexion

- Haben Sie sich in Ihrer Einrichtung bereits mit der Teilnahme an Übergangsprojekten/Übernahme von Methoden, Einheiten aus Übergangs-/Modellprojekten auseinandergesetzt?

- Wo sehen Sie Chancen bei der Teilnahme/Orientierung an Übergangsprojekten? Wo sehen Sie Herausforderungen, Risiken oder Stolpersteine?
- Welche (gegebenenfalls auch institutionenübergreifenden) Angebote für Kinder, aber auch für Eltern bzw. Erziehungsberechtigte finden bei Ihnen statt?

3.2.5 Kurz & kompakt – Implikationen für die Praxis

Positiv auf die Übergangsbewältigung wirken sich aus:

- Freundschaften und Peer-Beziehung der Kinder
  → Stärken Gefühle von Sicherheit und Wohlbefinden (Hein & Streffer, 2019; Margett, 2013; Seddig, 2019)
- Positive Beziehungen zu pädagogischen Fach- und Lehrkräften
  → Unterstützen Stressverarbeitung und Lernerfolg (Ahnert, 2020)
- Enger Einbezug der Eltern bzw. Familien
  → Schätzen Übergangsbewältigung der Kinder positiver ein, wenn sie sich wohl, sicher, informiert, gehört und beteiligt fühlen (Wildgruber, Griebel, Radan & Schuster, 2017)
- Intensive, zielgerichtete und auf Wertschätzung basierende Kooperationsaktivitäten zwischen den Institutionen (z. B. abgestimmte Beobachtungs- und Dokumentationsverfahren, übergreifende Curricula, Sprachförderung) (Buse & Sauerhering, 2018; Hanke, Backhaus & Bogatz, 2013)
  → Keine bzw. geringe Wirksamkeit bei einmaligen Aktivitäten

Implikationen für die Praxis

✓ »Entdramatisierung« des Übergangs in die Grundschule
✓ Frühzeitige Stärkung kindlicher Ressourcen generell (universelle Prävention) und vor allem jener Kinder mit ungünstigen Ausgangslagen (selektive Prävention)
✓ Peer-Beziehungen als wichtigen Faktor der Übergangsbewältigung anerkennen und fördern
✓ Kooperationsaktivitäten zwischen den Institutionen intensivieren und an Orientierungsqualität (Haltung) ansetzen
✓ Maßnahmen zum Einbezug bzw. zur Beteiligung der Eltern anbieten

3.3 Von der Grund- in die weiterführende Schule

Zur Reflexion

Bitte überlegen Sie: Erinnern Sie sich noch an den Wechsel von der Grundschule in die weiterführende Schule? Wer hat entschieden, auf welche weiterführende Schule Sie wechseln? Wechselten Schulfreund:innen mit auf die gleiche Schule? Was veränderte sich durch den Wechsel? Hatten Sie einen längeren Schulweg? Wie erlebten Sie die neuen Lehrkräfte? Waren Sie aufgeregt vor dem Schulwechsel? Wie wurden Sie auf den Schulwechsel vorbereitet? Lernten Sie die neue Schule vorab kennen? Gab es Kooperationen zwischen den beiden Schulen? Wie war Ihr erster Schultag in der Sekundarstufe? Ist Ihnen der Wechsel leichtgefallen? Wenn ja, warum? Was war unterstützend? Fiel Ihnen der Wechsel eher schwer? Warum? Was hätte Sie unterstützt? Wie haben Ihre Eltern bzw. Erziehungsberechtigten Sie beim Wechsel begleitet? Was lässt sich aus Ihren eigenen Erfahrungen mit diesem Übergang für die Begleitung von Kindern im ähnlichen Übergang ableiten? Worauf wäre aus Ihrer Sicht zu achten?

3.3.1 Entwicklungsaufgaben im Primarstufen-Alter

Der Übergang von der Grundschule in die weiterführende Schule wird zumeist von einem Entscheidungsprozess für eine weiterführende Schulart und einem damit einhergehenden Schulwechsel geprägt. Ausgestattet mit einer Reihe an sozialen und psychologischen Kompetenzen können sich Kinder im *Primarstufen-Alter* regelkonform anpassen und ihre Emotionen entsprechend ausdrücken, sie verstehen auch komplexere Emotionen (Scham, Schuld usw.) besser und können zumeist mittels kognitiver Strategien ihre Emotionen regulieren (sich gut zureden, sich beruhigen usw.; ▶ Tab. 3). Kinder betrachten ihre eigenen Fertigkeiten zunehmend differenzierter und verändern ihr Selbstkonzept, auch durch soziale Vergleiche mit Gleichaltrigen, auch in ihren Zweier-Freundschaften. Sie weisen weniger Aggressionen auf, die auf körperlicher Ebene ausgetragen werden.

Tab. 3: Entwicklungsaufgaben im Primarstufen-Alter (Bös & Ulmer, 2003; Kramer & Gabler, 2021, S. 3; Mietzel, 2019; Zumbach-Basu, 2023, S. 148ff)

Entwicklungsbereich	Entwicklungsaufgaben
Psychologisch	• Einhalten von sozial adäquaten Regeln zum Zeigen von Emotionen • Anstieg von selbstbezogenen Emotionen • Weiterentwicklung des Emotionsverständnisses, auch der Wahrnehmung ambivalenter Emotionen und des Emotionsausdrucks • Bewältigen und Verstehen komplexer Emotionen • Nutzung kognitiver Strategien zur Emotionsregulation, Weiterentwicklung selbstständiger Emotionsregulationsstrategien • Weiterentwicklung der emotionalen Selbstwirksamkeit

Tab. 3: Entwicklungsaufgaben im Primarstufen-Alter (Bös & Ulmer, 2003; Kramer & Gabler, 2021, S. 3; Mietzel, 2019; Zumbach-Basu, 2023, S. 148 ff) – Fortsetzung

Entwicklungsbereich	Entwicklungsaufgaben
	• Eigene Fertigkeiten werden differenzierter betrachtet, schulische Kompetenzen werden aufgebaut • Kognitiv: Konkret-operationale Stufe, Fähigkeit zur Situationsbetrachtung aus verschiedenen Perspektiven und zur konkreten Problemlösung wird verfeinert • Weiterentwicklung des Selbstkonzepts • Erwerb eines Selbstbilds als kompetentes Schulkind • Zunehmend realistisches Selbstwertgefühl und differenziertere Selbstbeschreibung durch Vergleiche mit anderen • Steigerung des Selbstwertgefühls durch Freund:innen
Sozial	• Beginn dyadischer Freundschaften • Weiterentwicklung des Freundschaftsverständnisses als gegenseitiges Verhältnis mit Notwendigkeit von Kompromissen • Entwicklung von Freundschaften hin zu stabilen Vertrauensbeziehungen • Entwicklung von Peer-Status • Entwickeln eines Wir-Gefühls (Zugehörigkeit zur Klassengemeinschaft) • Verringerung physischer Aggressionen • Zunahme der Bedeutung sozialer Vergleiche • *Digitale Bildung:* Erwerb von Medienkompetenz/digitaler Kompetenz bezüglich der Nutzung digitaler/sozialer Medien: Mediensachkompetenz, Medienselbstkompetenz, Medienmethodenkompetenz, Mediensozialkompetenz • Allmählicher Erwerb eines kritischen Umgangs mit der Darstellung der eigenen Identität mittels digitaler/sozialer Medien • Erwerb von Fähigkeiten bezüglich Abgrenzung von Cybermobbing, Grooming usw.
Motorisch	• Zunahme von Körperbeherrschung, Koordination, Geschicklichkeit und Schnelligkeit • Zunahme der Bewegungsbeherrschung und zielgerichteter Bewegungssteuerung • Weitere Zunahme der Ausdauer/Kondition • Wachsende motorische und sportliche Leistungsbereitschaft • Fähigkeit zum schnellen Erlernen neuer Bewegungsabläufe nimmt zu • Steigerung der Bewegungsstärke und des Bewegungstempos • »Wildes« Spielen (Balgen, Jagen, Ringen)

Parallel zur Auseinandersetzung mit den genannten Entwicklungsaufgaben findet der Übergang von der Grundschule in die weiterführende Schule statt. Angesichts der Tatsache, dass Gleichaltrige zunehmend mehr Relevanz erlangen, kann ein Wechsel von einer Schule in eine andere ein großes Maß an Unsicherheit und Unbekanntem im Sozialen bedeuten, aber auch eine Chance, sich quasi eine neue Identität zu geben bzw. eine andere Identität auszuprobieren, indem einem neuen Umfeld gegenübergetreten werden muss. Hierin liegen somit Chance und Risiko zugleich. Lehrkräfte und pädagogische Fachkräfte sollten sich als professionelle

Übergangsbegleitungen vor Augen halten, welche verschiedenen Entwicklungsaufgaben Kinder und Jugendliche bewältigen müssen, und dies empathisch sowie mit Blick für das einzelne Individuum begleiten. Zugleich gilt es, sich jedoch auch die weiteren zu bewältigenden Anforderungen und Veränderungen im Übergang von der Grundschule in die weiterführende Schule für die Kinder bewusst zu machen. Die nachfolgende Übersicht fasst diese gegliedert nach den drei Ebenen des IFP-Transitionsmodells zusammen (BZgA, 2013; Griebel & Niesel, 2005; Hanke, 2011; Hein & Streffer, 2019; Hanke, 2011).

Individuelle Ebene

- Identitätswandel zum Schüler bzw. zur Schülerin einer weiterführenden Schule
- Emotionsbewältigung (vor allem Stolz, Neugier, Vorfreude, aber gegebenenfalls auch Ängste, Unsicherheit, Verlustgefühle)
- Integration und Streben nach Zugehörigkeit

Interaktionale Ebene

- Beziehungsaufbau zu Peers und gegebenenfalls zu noch mehr Lehrkräften als in der Grundschule
- Neustrukturierung bestehender Beziehungen (gegebenenfalls Verlust/Abbruch der Beziehungen zu Lehrkräften und Grundschulfreund:innen)
- Veränderte Rollenerwartungen und Rollensanktionen
- Gegebenenfalls noch größere Verbindlichkeiten
- Umgang mit Leistungsbewertungen und gesteigerten Leistungsanforderungen

Kontextuelle Ebene

- Anpassung an größere Schulgebäude, andere Räume
- Gegebenenfalls weitere und längere Fahrtzeiten, verbunden mit anderen Anfahrtswegen (z. B. Nutzung öffentlicher Verkehrsmittel)
- Gegebenenfalls noch stärkere und vor allem selbstständigere Strukturierung des Alltags
- Integration mindestens zweier Lebensbereiche (Familie und Schule)
- Gegebenenfalls noch größere Verbindlichkeiten
- Umgang mit Leistungsbewertungen und gesteigerten Leistungsanforderungen

3.3.2 Rechtliche Rahmenbedingungen

In Deutschland gibt es je nach Bundesland unterschiedliche Schularten. Neben dem traditionellen dreigliedrigen Schulsystem finden sich auch zweigliedrige Schulsysteme mit jeweils unterschiedlichen Schulabschlüssen (so gibt es neben

Haupt-/Werkrealschule, Realschule und Gymnasium z.B. auch Gesamtschulen bzw. Gemeinschaftsschulen). Der Wechsel von einer Grundschule in eine weiterführende Schule ist in den Bundesländern jeweils unterschiedlich geregelt.

So wird in Baden-Württemberg beispielsweise die Grundschulempfehlung seit dem Schuljahr 2024/2025 mit dem Ziel der »objektivierten Entscheidungsgrundlage« (Ministerium für Kultus, Jugend und Sport, 2024) reformiert, indem folgende drei Elemente im Entscheidungsprozess berücksichtigt werden: (1) die »pädagogische Gesamtwürdigung durch die Klassenkonferenz auf Grundlage der in Klasse 4 erreichten Noten sowie der Bewertung der überfachlichen Kompetenzen« (ebd.), (2) die Ergebnisse der Kompetenzmessung ›Kompass 4‹ des Instituts für Bildungsanalysen Baden-Württemberg und (3) der Elternwille. Dabei gilt das Prinzip »Zwei aus Drei«, was bedeutet, dass ein Gymnasium nur dann besucht werden kann, wenn mindestens zwei der drei Voraussetzungen erfüllt sind. Trifft dies nicht zu, kann über die Teilnahme an einem weiteren Potenzialtest ein erneuter Versuch unternommen werden.

Nur in wenigen weiteren Bundesländern (Bayern, Brandenburg und Thüringen) ist die Grundschulempfehlung durch Lehrkräfte verbindlich. In den übrigen Bundesländern ist vornehmlich der Elternwille ausschlaggebend (Deutscher Bundestag, 2021). Dennoch sprechen sich manche Wissenschaftler:innen und Verbände sowie politische Parteien für eine verbindliche Grundschulempfehlung durch Lehrkräfte aus, um mehr Leistungsgerechtigkeit zu erreichen und insbesondere Kindern aus sozial weniger gut gestellten Gesellschaftsschichten in eine leistungsentsprechende Schulart zu verhelfen (ebd.).

Durch den Übergang von der Grundschule in die weiterführende Schule erleben Kinder sowohl Veränderungen in den Anforderungen bezüglich schulischer Leistungen, aber auch im sozialen sowie im kontextuellen Bereich (Ball, Lohaus & Miebach, 2006). Forschungsbefunde zeigen, dass ein solcher Schulwechsel ein negatives und belastendes Ereignis sein kann (ebd.). Leistungsdruck kann Angst und Stresserleben begünstigen, insbesondere wenn Schüler:innen in ihrem subjektiven Erleben nicht über die nötigen Bewältigungskompetenzen verfügen (Becker & Börner-Ringleb, 2024). Folglich können auch die Grundschulempfehlung und der damit einhergehende Wechsel von der Grundschule in die weiterführende Schule diesen Stress auslösen bzw. verstärken. So zeigte sich beispielsweise in einer Studie von Vierhaus und Lohaus (2007) mit Blick auf den Schulwechsel nach der Grundschule: »Die Bewertung des Schulwechsels ist demnach zu einem nicht unmaßgeblichen Teil von einem länger andauernden oder ansteigenden Stresserleben während der Grundschulzeit beeinflusst« (S. 296), weshalb zu einer frühzeitigen Förderung von Emotionsregulationsstrategien geraten wird.

Bezogen auf die Transitionsbegleitung lässt sich aus dieser Debatte die Notwendigkeit ableiten, Kinder in jedem Übergang und rechtzeitig davor – auch im Übergang von der Grundschule in die weiterführende Schule – anzuhören und ihre Einschätzung sowie ihren Willen ernst zu nehmen und ihre Emotionsregulationsfähigkeiten zu fördern. Denn wenn der Elternwille aktuell zumeist das entscheidende Kriterium ist, so sollten Eltern ihre Kinder unbedingt anhören und in die Entscheidung einbeziehen. Lehrkräfte können die Eltern bzw. Erziehungsberechtigten zu entsprechenden Gesprächen anregen und dabei begleiten sowie selbst das Gespräch sowohl mit Eltern bzw. Erziehungsberechtigten als auch mit dem Kind suchen.

3.3.3 Praxisrelevante Forschungsbefunde

Die Diskussionen des öffentlichen Interesses bezüglich der Transition von der Grundschule in die weiterführende Schule werden u. a. von Debatten zu geeigneten Übergangszeitpunkten, der Notwendigkeit (verbindlicher) Schulempfehlungen durch Lehrkräfte und deren Vorhersagbarkeit für den späteren schulischen Erfolg, geeigneten Beratungsmöglichkeiten im Austausch mit den Familien sowie von der positiven Übergangsgestaltung bestimmt (van Ophuysen & Harazd, 2011). Mit Blick auf Chancengerechtigkeit und den weiteren (beruflichen) Werdegang erfährt insbesondere der Entscheidungsprozess für eine Schulart besondere Aufmerksamkeit (van Ophuysen, Schürer & Bloh, 2021). So werden Übergänge – und insbesondere jener von der Primarstufe in die Sekundarstufe – als »Gelenkstellen der Bildungskarrieren« (Baumert et al., 2010, S. 5) gesehen und mit Blick auf die Wahl einer weiterführenden Schulart zugleich als »entscheidende Stationen für die Entstehung von Bildungsungerechtigkeiten identifiziert« (ebd.).

Bundesweit betrachtet ist nach wie vor das allgemeinbildende Gymnasium mit einem Anteil von 36 % im Schuljahr 2022/2023 die am häufigsten besuchte Schulart (Statistisches Bundesamt, 2024f). Etwa ein Fünftel (18 %) entschied sich wiederum für die Realschule, der Wechsel auf eine Hauptschule stand für 8 % der Kinder an. Der Anteil der Kinder mit Eintritt in eine Integrierte Gesamtschule lag bei 21 %, weitere 13 % besuchten eine Schulart mit mehreren Bildungsgängen. Während die Schüler:innenzahlen auf den Gymnasien im Verlauf der Zeit relativ konstant bleibt, ist ein Rückgang bei den Haupt- und Realschulen insbesondere zugunsten der Integrierten Gesamtschulen zu beobachten (ebd.).

Wie eine Befragung von Fünftklässler:innen verschiedener Schulformen aus Nordrhein-Westfalen zeigt, sind sich diese der Diskontinuität und der erforderlichen Integrationsleistung, die durch den Wechsel in und die Entscheidung für eine weiterführende Schule entstehen, wohl bewusst (Herding & Büker, 2022). Gleichwohl wird in einer weiteren Befragung von Viert- und Fünftklässler:innen die Diskontinuität sogar als »soziale und leistungsbezogene Chance« (Ogrodowski, 2021, S. 136) sowie als Vorteil für die eigene Persönlichkeitsentwicklung von den Kindern geschätzt. Kontinuierliche Schulformen, wie sie beispielsweise in anderen Ländern wie Schweden üblich sind, werden von den befragten Kindern dagegen nahezu einheitlich abgelehnt (ebd.).

Aufmerksam gemacht werden muss jedoch auf den »unerwartet starke[n] Zusammenhang zwischen der sozialen Herkunft des Kindes und der Übergangsempfehlung sowie der Übergangsentscheidung« (van Ophuysen et al., 2021, S. 153), was sich bereits im Rahmen der ersten Schulleistungsstudien eindrücklich zeigte (Baumert, Stanat & Watermann, 2006). So kommen Baumert et al. (2010) im Rahmen ihrer groß angelegten Studie, an der sich knapp 5.000 Schüler:innen aus 13 Bundesländern beteiligten, zu dem Schluss, dass sich die soziale Herkunft der Schüler:innen auf die Benotung, die Schulempfehlung und die tatsächlich getroffene Übergangsentscheidung auswirkte. Insbesondere die Übergangsentscheidung wurde am stärksten von der sozialen Stellung und hier vor allem von sekundären Herkunftseffekten (d.h. leistungsunabhängigen Faktoren, wie z.B. Bildungserwartungen und Entscheidungsverhalten der Familie) beeinflusst.

Zugleich sind jedoch auch primäre und damit kompetenzbezogene Faktoren (z.B. Noten, Übergangsempfehlung) hinsichtlich ihres Einflusses auf den Übergang nicht zu vernachlässigen, denn »hier ist zu bedenken, dass primäre Effekte bereits vor dem Schuleintritt in der häuslichen Sozialisation und den familiären Lern- und Fördergelegenheiten ihren Anfang nehmen« (ebd., S. 9). Die Problematik des Einflusses der sozialen Herkunft gilt es laut van Ophuysen et al. (2021) durch einen »qualitativ hochwertigen diagnostischen Prozess« (S. 153) abzumildern, indem relevante Informationen über die Kinder unter Berücksichtigung von Mehrperspektivität (z.B. Einzug der Eltern bzw. Erziehungsberechtigten und weiterer Lehrkräfte) sorgfältig dokumentiert und die Eltern – auch unter Einbezug der Kinder – eng begleitet und im Übergangsprozess beraten werden sollten. Laut Baumert et al. (2010) sollten sozialschichtabhängige Leistungsdisparitäten zudem frühzeitig erkannt und die Schüler:innen durch entsprechende Maßnahmen gezielt gefördert werden.

Werden wiederum migrationsspezifische Effekte im Übergangsprozess betrachtet, so zeigt sich, dass die Chancen für eine Schullaufbahn auf dem Gymnasium für Kinder mit Migrationshintergrund insgesamt geringer waren (Baumert et al., 2010), was jedoch primär auf den sozioökonomischen Status der Familien dieser Kinder zurückgeführt werden konnte. Zugleich war eine Umkehrung des negativen Herkunftseffektes bei Kindern mit und ohne Migrationshintergrund mit vergleichbaren Schulleistungen zu beobachten. So waren bei vergleichbaren Schulleistungen die Chancen für einen Gymnasialbesuch bei Kindern mit Migrationshintergrund höher, was laut der Forschenden auf sekundären Effekten in Form des häufig bestehenden Wunsches der Eltern nach einem höheren Bildungsgang des eigenen Kindes fußt. Daran anknüpfend zeigt eine Studie von Asleithner, Vogl und Parzer (2021), dass sich realistische Bildungsbestrebungen von Schüler:innen kurz vor dem Wechsel in die Sekundarstufe nicht aufgrund des Migrationshintergrundes der Kinder, sondern bedingt durch den Bildungshintergrund (= Indikator für die soziale Position und Herkunft der Eltern) unterscheiden. Baumert et al. (2010) sprechen sich deshalb dafür aus, Maßnahmen wie eine adäquate Sprachförderung bereits frühzeitig in Kitas und der Primarstufe zu etablieren, um gegebenenfalls migrationsbedingt bestehenden Barrieren gezielt entgegenwirken zu können.

Gegliedert nach den verschiedenen Schulformen zeigt eine an 87 Berliner Schulen stattfindende Studie, dass sowohl das allgemeine als auch das schulische Wohlbefinden sowie das akademische Selbstkonzept bei angehenden Gymnasiast:innen stärker ausgeprägt ist als bei den Schüler:innen weiterer Schularten (Knoppick, Becker, Neumann, Maaz & Baumert, 2015). Im Zeitverlauf kam es nach Eintritt ins Gymnasium bei dieser Schüler:innengruppe jedoch zu einer Steigerung der Leistungsangst bei gleichzeitiger Verringerung des Selbstwertgefühls, des akademischen Selbstkonzepts sowie der Lebenszufriedenheit, während die Schüler:innen der weiteren Schularten positive Veränderungen angaben.

Hinsichtlich der allgemeinen Schulzufriedenheit war über alle Schulformen hinweg ein genereller Anstieg zu verzeichnen, was laut den Forschenden an positiven und hoffnungsvollen Erwartungen an den Neustart sowie am Erholungseffekt durch die Sommerferien liegen könnte (ebd.).

Knoppick et al. (2015) leiten aus den Ergebnissen entsprechend bestehende Schulformeffekte in Bezug auf die Übergangsbewältigung ab und begründen diese mit den je gegebenen Rahmenbedingungen der jeweiligen Schularten (z. B. Lerngruppengröße und Gruppenzusammensetzung). Die Befunde decken sich zum Teil mit den Ergebnissen einer Untersuchung von van Ophuysen, Harazd und Schürer aus dem Jahr 2006, bei welcher die angehenden Gymnasiast:innen ebenfalls bereits vor dem Schulwechsel eine sehr hohe Schulfreude aufwiesen, hinsichtlich ihres Leistungsniveaus jedoch die größte negative Veränderung erlebten. Unmittelbar nach dem Übergang zeigten die Schüler:innen der Hauptschule die stärkste Zunahme in Bezug auf die Schulfreude; auch hier führten van Ophuysen et al. (2006) die Zunahme auf die Erholungseffekte der Sommerferien und den noch nicht wieder eingekehrten Alltag der Schüler:innen zurück. So liegt die Schulfreude am Ende des Schuljahres beispielsweise deutlich unter den Angaben am Ende der Primarstufenzeit, eine Ausnahme bilden auch hier die Schüler:innen der Hauptschule, bei welchen die Schulfreude am Ende der 5. Klasse über dem angegebenen Niveau am Ende der 4. Klasse lag.

Auch in einer Studie von Treutlein und Schöler (2013) zeigten sich 80 % der befragten Schüler:innen aus Heidelberger Schulen (sehr) zufrieden mit ihrer neuen Schule und fühlten sich dort wohler als in ihrer alten Schule. Zugleich nahm auch bei diesen Schüler:innen die Schulzufriedenheit bis zum Ende der 5. Klasse zu, das Wohlbefinden bis zum Ende der 7. Klasse insgesamt jedoch ab. Besonders positiv bzw. besser als in der Grundschule bewerteten die befragten Schüler:innen an ihrer neuen Schule das Schulgebäude und Gelände; negativ bewertet wurden wiederum die Leistungsanforderungen und die damit einhergehenden Klassenarbeiten und Hausaufgaben. Auch die im Rahmen dieser Studie befragten Eltern der Schüler:innen zeigten sich mehrheitlich zufrieden mit der neuen Schule; 89 % würden sich wieder für die ausgewählte Schule entscheiden. Besonders positiv wurden von den Eltern das hohe Engagement und die Kommunikation mit den Lehrkräften bewertet. Hinsichtlich der Bewältigung des Übergangs gaben 78 % der Eltern an, dass dieser bei ihren Kindern ohne Schwierigkeiten verlief. Kam es zu Problemen, so bezogen sich diese vornehmlich auf die Leistungsanforderungen (u. a. Menge an Hausaufgaben und Klassenarbeiten), teilweise auf das selbstständige Lernen und teils berichteten Eltern von Herausforderungen ihrer Kinder hinsichtlich der sozialen Integration in die Klasse (ebd.).

Laut den Untersuchungsergebnissen von Kurtz, Watermann, Klingebiel und Szczesny (2010) wird der Übergang vor allem von positiven Gefühlen der Schüler:innen begleitet. Wird der Übergang nicht als positiv konnotierte Herausforderung, sondern als Bedrohung wahrgenommen, so ist dies zumeist auf das elterliche Verhalten zurückzuführen. Während eine starke Kontrolle und Sanktionierungen hinsichtlich der Leistungsergebnisse durch die Eltern die Kinder den Übergang als Bedrohung empfinden lässt, nehmen Kinder mit elterlicher Unterstützung in ihrer Autonomie sowie mit einer sozialen Wertschätzung den Übergang eher als Herausforderung wahr. Eine Untersuchung von Knoppick et al. (2015) belegt außerdem, dass eine positive Antizipation (= Wahrnehmung des Übergangs als Herausforderung) der Schüler:innen nicht nur ein höheres Selbstwertgefühl, eine höhere Schulzufriedenheit und eine geringere Leistungsangst bedingte, sondern auch zum Gelingen der Übergangsbewältigung beitrug. Negative Antizipationen (= Wahrnehmung des Übergangs als Bedrohung) trugen wiederum zu einer negativen Bewertung im sozialen und Leistungsbereich der Schüler:innen bei. Knoppick et al. (2015) fordern deshalb, »Lehrkräfte dafür zu sensibilisieren, welche subjektive Bedeutsamkeit der Übergang für die Kinder hat und dass dieser in der Folge mit antizipativen Erwartungen verknüpft ist« (S. 141). Die Schüler:innen sollten entsprechend in ihren Kompetenzüberzeugungen sowie im Aufbau positiver Einstellungen bestärkt und unterstützt werden. Dahingehend wird diskutiert, ob und inwiefern Kooperationsmaßnahmen zwischen dem Primar- und Sekundarbereich (z. B. Besuche in der neuen Schule, Aufrechterhaltung von Freundschaften, kooperative Lernformen) hierzu beitragen und die Bewältigung des Übergangs unterstützen können.

Zur Reflexion

- Wie können Sie bei Ihren Schüler:innen die Sicht und das Erleben auf den bevorstehenden Übergang »erforschen«?
- Welche Schlussfolgerungen leiten Sie daraus für die Vorbereitung und Begleitung der Schüler:innen bei der Übergangsbewältigung ab?
- Wie könnten Sie Eltern und Schüler:innen dabei unterstützen, den Übergang als positive Herausforderung wahrzunehmen?

Aus dem von van Ophuysen und Harazd (2014) entwickelten Rahmenmodell zur Übergangsqualität lässt sich ableiten, dass »ein qualitätsvoller Übergang nur in gemeinsamer Verantwortung beider Schulen gelingen kann und daher der stufenübergreifenden Vernetzung und Kooperation bedarf« (S. 151). Infolgedessen haben van Ophuysen et al. (2021) mithilfe einer Befragung per Fragebogen untersucht, welche Kooperationsmaßnahmen an 600 zufällig ausgewählten Schulen in Nordrhein-Westfalen tatsächlich eingesetzt, wie diese von den Lehrkräften jeweils bewertet werden und ob bzw. wie sich deren Einsatz im Vergleich der Jahre 2018 und 2002 verändert hat. Es zeigte sich, dass die 177 befragten Lehrkräfte kooperative Maßnahmen (z. B. gemeinsame Fortbildungen; gemeinsame Absprachen über Methoden und Inhalte) seltener einsetzten als Maßnahmen, für die es keine Kooperation benötigt (z. B. Weitergabe offizieller Infomaterialien an die Eltern bzw. Erziehungsberechtigten; Feiern eines Abschiedsfestes). Insbesondere Maßnahmen zur Beratung der Eltern sind am weitesten verbreitet (83,6 %), Maßnahmen zur Vorbereitung der Schüler:innen auf die Sekundarstufe finden sich im mittleren Bereich wieder (fachliche Vorbereitung 70 %; sozial-emotionale Vorbereitung 71,4 %; diagnostisches Handeln 72,9 %). In Bezug auf den Verbreitungsgrad und die eingeschätzte Relevanz der Maßnahmen zeigt sich ein sehr hoher Zusammenhang, was bedeutet, dass die als relevant eingeschätzten Maßnahmen auch häufiger umgesetzt werden. Auffallend dahingehend ist jedoch, dass die stufenübergreifenden und damit kooperativen Maßnahmen der Absprache über Methoden und Inhalte, der Hospitation, der Bildung von Schulnetzwerken sowie der Weitergabe von Informationen trotz ihrer geringen Verbreitung als wichtig für eine unterstützende Gestaltung des Übergangs in die Sekundärstufe bewertet werden.

Zur Reflexion

- Welche Kooperationsaktivitäten finden an Ihrer Schule zur Vorbereitung und Begleitung des Übergangs in die weiterführende Schule statt? In welcher Weise unterstützen diese die Schüler:innen in der Bewältigung des Übergangs?
- Welche weiteren Kooperationsaktivitäten würden Sie sich wünschen? Was wird für deren Umsetzung benötigt? Welche Schritte müssen gegangen werden?

Beim Vergleich der eingesetzten Maßnahmen zwischen den Jahren 2002 und 2018 verdeutlichte sich, dass im Jahr 2018 insgesamt etwas mehr Maßnahmen eingesetzt wurden, »wobei gerade bei den Aktivitäten, die die Kooperation mit weiterführenden Schulen erfordern, […] zumeist eine Zunahme zu verzeichnen ist« (ebd., S. 161). Van Ophuysen et al. (2021) sprechen sich dafür aus, die Ergebnisse ihrer Untersuchung bei Schulentwicklungsprozessen zu nutzen, um eigene Übergangskonzepte und Zielsetzungen zu reflektieren und daraus Konzepte für weitere Maßnahmen abzuleiten. Hinzuweisen ist jedoch darauf, dass sich aus den Ergebnissen keine Aussagen über die Wirksamkeit der Maßnahmen im Sinne einer tatsächlich unterstützenden Funktion in der Übergangsbewältigung der Schüler:innen ableiten lassen.

Zur Reflexion

Eine Möglichkeit, damit sich neue Schüler:innen in der weiterführenden Schule orientieren können, stellen beispielsweise »Meet & Greet-Days« dar, d. h. Einführungs-/Orientierungstage in der weiterführenden Schule. Dabei können u. a. Schulrallyes organisiert, ein Quiz über die Stadt oder die Schule konzipiert sowie Schulpat:innen ernannt werden.

- Gibt es bei Ihnen etwas Vergleichbares?
- Welche Möglichkeiten könnten Sie anbieten?

In der bereits aufgegriffenen Untersuchung von Herding und Büker (2022) wurden wiederum 20 Fünftklässler:innen als »Übergangsexpert:innen« nach ihrem subjektiven Erleben und nach Handlungsstrategien zur Übergangsbewältigung für andere Kinder befragt. Ähnlich wie die oben dargelegten Ergebnisse zur Transition von der Kita in die Grundschule spielen auch für die befragten Fünftklässler:innen Peers und zusätzlich Geschwister eine entscheidende Rolle. Diese werden »in diesem Zusammenhang als sehr bedeutsam für die Erfüllung des Bedürfnisses nach sozialer Eingebundenheit und Zugehörigkeit« (ebd., S. 206) in beiden Bildungsinstitutionen gesehen. Dem Lernen sollte aus Sicht der Kinder motiviert und mit genügend Aufmerksamkeit nachgegangen werden. Zudem raten die befragten Schüler:innen zu Konformität, sowohl was die neuen Leistungsanforderungen als auch die neuen Rollenerwartungen angeht. Mit Blick auf die in der aktuellen Grundschulpädagogik verfolgte Stärkung autonomieorientierter Bewältigungsstrategien inklusive partizipativer Frei- und Wahlräume legen Herding und Büker (2022) nahe, dahingehend weitere Ursachenforschung zu betreiben, um ein Verständnis für die von den Kindern »empfundene bzw. empfohlene Notwendigkeit zur Konformität« (S. 207) zu erhalten.

Simulierte Praxis

Amaya (10 Jahre alt) soll demnächst in die Sekundarstufe wechseln. Ihr steht außer dem Schulwechsel noch ein Umzug bevor, denn ihre Eltern haben sich kürzlich getrennt. Sie zieht von dem Dorf, in dem sie bisher lebte, mit ihrer Mutter und ihrem 5-jährigen Bruder in die nächstgelegene Stadt. Sie hat eine Grundschulempfehlung für das Gymnasium. Ihre Eltern sprechen aufgrund der Trennung aktuell kaum bis gar nicht persönlich miteinander. Die Mutter hätte gerne, dass Amaya auf das Gymnasium geht, der Vater findet, dass die Realschule besser passt. Amaya fühlt sich sehr unsicher bezüglich des bevorstehenden Schulwechsels und des Umzugs, es ist ihr eigentlich zu viel. Außerdem fühlt sie sich aufgrund der Trennung der Eltern entwurzelt. Leider werden alle ihre Freund:innen auf die Schulen in der näheren Umgebung ihres bisherigen Wohnortes gehen. Ihr Bruder freut sich auf den neuen Kindergarten und den Umzug, weil die Mutter den Kindern einen Hund versprochen hat. Eines Tages findet die Lehrkraft Amaya weinend im Schulflur auf einer Bank sitzend. In der letzten Zeit war Amaya auffallend still und zurückgezogen. Als die Lehrkraft auf Amaya zugeht und sie fragt, was los sei, antwortet Amaya zögerlich: »Ich möchte nicht umziehen! Und ich möchte, dass mein Vater wieder bei uns einzieht! Alle hassen mich! Ich haue ab!«. Die Lehrkraft setzt sich zu Amaya und versucht, ihr empathisch zuzuhören und Mut zuzusprechen. Amaya wendet der Lehrkraft den Rücken zu. Der Gong ertönt, und die Flure füllen sich mit den anderen Schüler:innen. Amaya nutzt diese Gelegenheit, steht auf, reiht sich in die Gruppen von Schüler:innen ein und läuft weg.

Zur Diskussion

Wie könnte die Lehrkraft nun weiter vorgehen?

3.3.4 Modellprojekte

Auch für den Übergang von der Grund- in die weiterführende Schule liegen vereinzelt Modellprojekte mit wichtigen Anhaltspunkten und Materialien zur Unterstützung der Gestaltung des Übergangs vor, wovon einige exemplarisch kurz vorgestellt werden:

»Vivo« (Stiftung der Deutschen Wirtschaft [swd], 2014 bis 2022). Das Programm »Vivo« hat sich das Ziel gesetzt, die Bildungsgerechtigkeit beim Übergang von der Grundschule in die weiterführende Schule zu stärken. Dazu wurden seit 2014 Unterrichtsbausteine sowohl für Grundschulen als auch für weiterführende Schulen entwickelt, in der Praxis erprobt und evaluiert. Während der Projektlaufzeit nahmen über 20 Schulen aus den Bundesländern Hamburg, Schleswig-Holstein und Nordrhein-Westfalen am Programm teil. Die Erfahrungen und Rückmeldungen der Beteiligten aus diesen Schulen flossen in den Vivo-Baukasten ein, der inzwischen für alle Schulen kostenfrei verfügbar ist (ebd.). Der Vivo-Baukasten bietet Materialien für den Primarbereich zur Begleitung und Vorbereitung des Übergangs (u.a. Schulwahl gemeinsam vorbereiten, eigene Stärken entdecken, Übergang vorbereiten), für den Sekundarbereich zum Ankommen in der neuen Schulen (u.a. neue Lernumwelt entdecken, Klassengemeinschaft stärken, Lernstrategien und -techniken entwickeln, Pat:innenprogramme) sowie Workshops für Lehrkräfte zur Gestaltung des Übergangs an (ebd.). Die Materialien können sowohl in den Unterricht integriert als auch in Form von Projekttagen gebündelt eingesetzt werden. Die kleinschrittigen und detaillierten Ablaufpläne ermöglichen dabei eine ressourcenschonende und selbstständige Vorbereitung (Wittmer-Gerber, 2022).

»Stufenwechsel« (EDUCATION Y, 2018). Das Modellprojekt »Stufenwechsel« wurde von 2015 bis 2018 in vier Netzwerken (bestehend aus Grundschulen und weiterführenden Schulen) in Nordrhein-Westfalen erprobt und durchgeführt. Das Programm verfolgt das Ziel, durch eine konsequente und partizipativ ausgerichtete Schüler:innenorientierung die sozialen, emotionalen und kognitiven Kompetenzen der Kinder zu stärken. Grundlage ist dabei das buddY-Programm, das bereits 1999 entwickelt, seitdem an über 1600 Schulen bundesweit durchgeführt wurde und auf die Peergroup-Education in Form von Pat:innenschaften abzielt (ebd.). Neben einer zweijährigen Qualifizierung von Lehrkräften zu ›Stufenbegleiter:innen‹ wurden im Programm »Stufenwechsel« auch gemeinsam mit den Schüler:innen Projekte wie Willkommensbriefe schreiben, einen persönlichen Stärkenkoffer für die Sekundarstufe packen, einen Kompetenzpass durch Selbst- und Fremdeinschätzung anlegen und institutionenübergreifende Schüler:innen-AGs durchgeführt. Auch die Etablierung eines Elterncafés ab der dritten Klasse wurde in einem Netzwerk realisiert.

»SINUS an Grundschulen« (Leibnitz-Institut für die Pädagogik der Naturwissenschaften und Mathematik, 2011). Als Reaktion auf die Ergebnisse aus den Schulleistungsstudien PISA und IGLU nehmen die SINUS-Modellprojekte insbesondere die Qualitätsentwicklung des Mathematik- sowie des naturwissenschaftlichen Sachunterrichts an Grundschulen in den Blick (Fischer & Prenzel, 2009). Neben zahlreichen Informationen und Handreichungen zu den beiden Unterrichtsfächern wurde von van Ophuysen und Harazd (2011) zudem eine Handreichung zur Gestaltung des Übergangs von der Primar- in die Sekundarstufe entwickelt. In dieser werden neben konkreten Gestaltungsmöglichkeiten auch die pädagogische Diagnostik (u.a. in Bezug auf die Urteilsbildung im Schulempfehlungsprozess) sowie die Beratung und Elterngespräche thematisiert.

Zur Reflexion

- Haben Sie sich in Ihrer Einrichtung bereits mit der Teilnahme an Übergangsprojekten/Übernahme von Methoden, Einheiten aus Übergangs-/Modellprojekten auseinandergesetzt?
- Wo sehen Sie Chancen bei der Teilnahme/Orientierung an Übergangsprojekten? Wo sehen Sie Herausforderungen, Risiken oder Stolpersteine?
- Welche (gegebenenfalls auch institutionenübergreifenden) Angebote für Eltern bzw. Erziehungsberechtigte finden bei Ihnen statt?

3.3.5 Kurz & kompakt – Implikationen für die Praxis

Positiv auf die Übergangsbewältigung wirken sich aus:

- Positive Antizipation (= Wahrnehmung des Übergangs als Herausforderung) führt zu:
  → höherer Schulzufriedenheit
  → geringerer Leistungsangst
  → besserem Gelingen der Übergangsbewältigung
- Beziehung zu Peers und Geschwistern, da diese als »sehr bedeutsam für die Erfüllung des Bedürfnisses nach sozialer Eingebundenheit und Zugehörigkeit« gesehen wird (Herding & Büker, 2022, S. 206)

Implikationen für die Praxis

✓ Etablierung von einem »qualitativ hochwertigen diagnostischen Prozess« (van Ophuysen et al., 2021, S. 153) durch die systematische und mehrperspektivische Sammlung relevanter Informationen
→ dadurch ist eine enge Begleitung und Beratung der Kinder und Eltern im Übergangsprozess möglich

✓ Frühzeitiger Abbau sozialschichtabhängiger/migrationsbedingter Barrieren, z. B. durch gezielte Sprachförderung

✓ Sensibilisierung für die subjektive Bewertung des Übergangs und dessen Folgen

✓ Kinder im Aufbau positiver Einstellungen unterstützen
→ Übergang als Herausforderung statt Bedrohung

✓ Übergangskonzepte, Zielsetzungen und Kooperationsmaßnahmen gezielt reflektieren
→ Unterstützen diese tatsächlich bei der Übergangsbewältigung?

3.4 Von der weiterführenden Schule in Berufsausbildung, Studium und Freiwilligendienste

Zur Reflexion

Bitte überlegen Sie: Wie war die Zeit nach dem Schulabschluss bei Ihnen? War für Sie klar, was Sie danach machen möchten? Hatten Sie eine Vision für Ihre berufliche Zukunft? Oder benötigten Sie einige Zeit der Überlegung? Erlebten Sie diese Zeit als ungewiss oder freuten Sie sich, Ihr berufliches Ziel verfolgen zu können? Haben Sie nach dem Schulabschluss ein FSJ o. Ä. gemacht? Oder haben Sie eine Ausbildung oder ein Studium begonnen? Vielleicht haben Sie auch etwas ganz anderes gemacht? Mit welchen Personen haben Sie über die Zeit nach dem Schulabschluss gesprochen? Wer war besonders hilfreich für Sie? Wer hat Sie unterstützt, vielleicht einen Praktikumsplatz/einen Ausbildungsplatz/einen Studienplatz zu erhalten? Wer hat Ihnen geholfen, sich zu bewerben? Was hätten Sie sich (noch) an Unterstützung gewünscht? Was oder wer hat Ihnen dabei geholfen, eine gute Entscheidung für Ihre berufliche Zukunft zu treffen? Was oder wer hat Ihnen dabei geholfen, Ihre Stärken wahrzunehmen und Klarheit über Ihren beruflichen Weg zu gewinnen?

Was können Sie für die Begleitung Jugendlicher in dieser Transition ableiten? Worauf möchten Sie besonders achten?

3.4.1 Entwicklungsaufgaben im Sekundarstufen-Alter

Neben dem häufig intensiven und zukunftsweisenden Entscheidungsprozess für einen Weg nach Schulabschluss sehen sich die jungen Erwachsenen im *Sekundarstufen-Alter* mit zahlreichen Entwicklungsaufgaben konfrontiert (▶ Tab. 4). So erwerben Jugendliche allmählich ein differenzierteres Bild ihrer eigenen Identität, auch indem sie sich ausprobieren (teilweise mittels risikoreichem Verhalten). Zudem entwickeln sie eine zunehmende Unabhängigkeit von den Eltern und engen Bezugspersonen, während die Peer-Gruppe zumeist (noch) mehr Bedeutung erhält. Sie bauen vertiefte Beziehungen zu Gleichaltrigen aus bis hin zu ersten Liebesbeziehungen und intimen Erfahrungen. Außerdem bilden Jugendliche ein eigenes Werte- und Normensystem aus und müssen sich der Entwicklungsaufgabe stellen, zu einer Entscheidung hinsichtlich ihres Berufswunsches zu kommen und schließlich in eine Ausbildung, ein Studium oder Sonstiges einmünden. Von Relevanz im Jugendalter sind des Weiteren die körperlichen Veränderungen während der Pubertät wie hormonelle Veränderungen, sexuelle Reifung, Hirnreifung und Längenwachstum des Körpers (Lohaus, 2018). Außerdem zeigt sich in dieser Altersgruppe in der Sekundarstufe eine starke Orientierung an Emotionen, Motivation und Belohnung sowie Risikofreude, während sich Urteilsvermögen, Impulskontrolle und langfristiges Planen langsamer entwickeln (Myers, 2014), was sich auch in der Übergangsbewältigung zeigen kann. Hinzu kommt die Notwendigkeit der Weiterentwicklung digitaler Kompetenzen, um sich im Dickicht sozialer Medien und digitaler Angebote mündig zurechtfinden zu können.

Tab. 4: Entwicklungsaufgaben im Sekundarstufen-Alter (Griebel & Niesel, 2018, S. 208f; Kramer & Gabler, 2021; Mietzel, 2019, S. 322; Wicki, 2015, S. 108ff, Zumbach-Basu, 2023, S. 153ff)

Entwicklungs-bereich	Entwicklungsaufgaben
Psychologisch	• Identitätsentwicklung (Ausprobieren neuer Verhaltensweisen, gegebenenfalls Suche nach grenzüberschreitenden Erfahrungen): Identitätssuche; Entwicklung einer kohärenten Identität • Suche nach dem Sinn des eigenen Lebens • Entwicklung ›wissenschaftlichen‹, hypothetischen Denkens • Verbesserung des Metagedächtnisses • Weiterentwicklung der Fähigkeiten des Problemlösens • Ausbau des akademischen und sozialen Selbstkonzepts • Einnehmen angemessener Einstellungen hinsichtlich Leistungsanforderungen • Pubertät: hormonelle Umstellungen • Auseinandersetzung mit pubertätsbedingten körperlichen Veränderungen • Auseinandersetzung mit eigener Sexualität und Geschlecht/Gender • Entwicklung eines ›sexuellen Skripts‹ • Entwicklung eigener, überdauernder Interessen • Entwicklung von Zukunftsperspektiven und Lebenszielen • Auseinandersetzungen mit den Angeboten der digitalen Medien, Medienmündigkeit, Zeitbudget für die Nutzung digitaler Medien • Finden einer Balance zwischen virtueller und nicht virtueller Realität
Sozial	• Beginn Entwicklung zunehmender Unabhängigkeit und allmähliche bzw. schrittweise Loslösung von den Eltern • Mehr Autonomie z. B. bei Entscheidungsfindung • Aufbau vertiefter Beziehungen zu Gleichaltrigen und eines eigenen stabilen Freundeskreises • Fähigkeit zur Perspektivenkoordination (Perspektiven anderer mit der eigenen zu koordinieren) • Weiterentwicklung moralischer Normen, Emotionen und Handlungen, Ausprobieren von Werten • Hineinwachsen in Jugendkultur (Peer-Gruppierungen, Kleidung/Musik/Werte, die in Vereinen, Internet usw. vermittelt werden) • Entwicklung eines Wir-Gefühls in der neuen Sekundarstufe • Aufbau erster Liebesbeziehungen/intimer Beziehungen • Entwicklung eines eigenen Werte- und Normensystems als lebenslange Aufgabe • Berufliche Orientierung; Wahl eines und Vorbereitung auf den Beruf(s) • Rolle als Sekundarstufenschüler:in (stärkere Leistungsanforderungen, selbstständigeres Arbeitsverhalten) • *Digitale Bildung:* Zunehmende Attraktivität digitaler/sozialer Medien, auch zur Befriedigung psychischer Grundbedürfnisse und im Zuge der Identitätsentwicklung – deshalb nötig: Reflexion und (Selbst-)Regulation diesbezüglich

Tab. 4: Entwicklungsaufgaben im Sekundarstufen-Alter (Griebel & Niesel, 2018, S. 208f; Kramer & Gabler, 2021; Mietzel, 2019, S. 322; Wicki, 2015, S. 108ff, Zumbach-Basu, 2023, S. 153ff) – Fortsetzung

Entwicklungs-bereich	Entwicklungsaufgaben
	• Darstellung der eigenen Identität mittels digitaler/sozialer Medien – Erwerb eines kritischen Umgangs • Zurechtfinden im digitalen Raum/in der Welt digitaler Medien – weiterer Aufbau digitaler Kompetenzen: Mediensachkompetenz, Medienselbstkompetenz, Medienmethodenkompetenz, Mediensozialkompetenz • Erwerb von Fähigkeiten bezüglich Abgrenzung von Cybermobbing, Sexting usw.
Motorisch	• Hormonelle Umstellungen und Entwicklung primärer/sekundärer Geschlechtsmerkmale • Wachstumsschub; dadurch Auswirkungen auf Beweglichkeit, Körpergefühl

Neben den zu bewältigenden Entwicklungsaufgaben im jungen Erwachsenenalter bringt der Übergang nach Schulabschluss weitere Veränderungen und Anforderungen für die jungen Menschen mit sich. Diese sind insbesondere von eigenständigen (Neu-)Strukturierungen sowohl auf kontextueller als auch auf interaktionaler Ebene geprägt und werden gegliedert nach den drei Ebenen des IFP-Transitionsmodells in der nachfolgenden Übersicht ausführlich dargelegt (BZgA, 2013; Griebel & Niesel, 2005; Hanke, 2011; Hein & Streffer, 2019).

Individuelle Ebene

- Identitätswandel zum/zur Auszubildenden, Studierenden, FSJler:in etc.
- Emotionsbewältigung (vor allem Stolz, Neugier, Vorfreude, aber gegebenenfalls auch Ängste, Unsicherheit)
- Integration und Streben nach Zugehörigkeit
- Balance zwischen virtueller und nicht-virtueller Welt

Interaktionale Ebene

- Beziehungsaufbau insbesondere zu Peers, auch geschlechtliche Beziehungen, Einüben der/Einfinden in die jeweilige(n) Geschlechterrolle
- Neustrukturierung bestehender Beziehungen (z.B. zu Eltern durch Auszug aus dem Elternhaus)
- Einordnung in Ausbildungs-/Studienbetrieb o.Ä. samt personaler Hierarchien
- Veränderte Rollenerwartungen und Rollensanktionen

Kontextuelle Ebene

- Weitestgehend selbstständige Strukturierung des Alltags und eigenverantwortliches Haushalten
- Gegebenenfalls Zurechtfinden und Einleben an neuem Wohnort
- Integration mindestens zweier Lebensbereiche (Freizeit und Ausbildung/ Studium etc.)
- Gegebenenfalls noch größere Verbindlichkeiten und Verantwortlichkeiten
- Gegebenenfalls Umgang mit Leistungsbewertungen und gesteigerten Leistungsanforderungen

3.4.2 Rechtliche Rahmenbedingungen

Nicht nur bezüglich des Übergangs von der Grundschule in die weiterführende Schule liegen Richtlinien der Kultusministerkonferenz vor. Auch für den Übergang nach Abschluss der weiterführenden Schule gibt die Kultusministerkonferenz Empfehlungen. Es gehört demnach zum Auftrag der Sekundarstufe, Schüler:innen auf Arbeit und Beruf vorzubereiten. In der »Empfehlung zur Beruflichen Orientierung an Schulen« (Kultusministerkonferenz, 2017) formulieren die Bundesländer eine im Stundenplan verankerte und an den individuellen Bedarfen der Schüler:innen ausgerichtete ›Berufliche Orientierung‹ aus, damit die Schüler:innen eine fundierte Entscheidung bezüglich ihrer Berufswahl treffen können. Teilweise sollen in einem eigenen Fach, teilweise fächerübergreifend Einblicke und Informationen in verschiedene Berufe gegeben werden. Unter Beruflicher Orientierung wird dabei ein Prozess verstanden, der in der Schule beginnt und bis zur Einmündung in die Ausbildung andauert.

Dabei ist die Berufliche Orientierung nicht nur auf kurze Dauer angelegt, sondern sie

> »findet im Rahmen einer individuellen Förderung über mehrere Jahre hinweg als Auseinandersetzung der Schülerinnen und Schüler mit ihren Neigungen und Wünschen, Perspektiven und Möglichkeiten statt. Ausgehend von Interessen, Kompetenzen und Potenzialen sollen die Schülerinnen und Schüler in einem langfristig angelegten Prozess befähigt werden, sich reflektiert, selbstverantwortlich, frei von Klischees und aktiv für ihren weiteren Bildungs- und Berufsweg, vor allem für einen Beruf [...] zu entscheiden.« (ebd., S. 2)

Dazu wird die Einbindung sowohl schulischer als auch außerschulischer Akteur:innen vor Ort benötigt, aber auch die kontinuierliche Beratung und Begleitung der Schüler:innen, damit diese den Transitionsprozess »eigenverantwortlich und erfolgreich« gestalten können. Hierzu sollen folgende Ziele verfolgt werden (ebd., S. 3):

- Erarbeitung, Umsetzung, Weiterentwicklung individueller, zielgerichteter Berufsorientierung,
- Umsetzung geeigneter Maßnahmen zur Potenzialerkennung und -förderung,
- Erwerb umfassender Berufswahlkompetenz Jugendlicher,

- Bedarfsgerechte Begleitung Jugendlicher beim Übergang in Ausbildung und Beruf,
- Unterstützung Jugendlicher bei der begründeten Entscheidung bezüglich ihres weiteren Berufs- und Bildungswegs,
- Information und Einbezug von Eltern und Erziehungsberechtigten, aktive Mitarbeit derselben,
- Einbindung der Bundesagentur für Arbeit,
- Ausbau bzw. Vertiefung der Kooperationen zwischen Unternehmen und Hochschulen,
- Intensivierung der Zusammenarbeit mit Trägern beruflicher Bildung/Sozialleistungsträgern,
- Förderung von Netzwerkarbeit.

Zur Umsetzung dieser Ziele werden Maßnahmen angeregt, wie beispielsweise die Zusammenarbeit zwischen allgemeinbildenden mit beruflichen Schulen, Praxisphasen wie Betriebspraktika bzw. -erkundungen, individuelle Beratungsangebote, Mitarbeit von Eltern bzw. Erziehungsberechtigten oder Kompetenzfeststellung der Jugendlichen durch diagnostische Instrumente.

An erforderlichen Begleitstrukturen nennt die Kultusministerkonferenz (2017) die Agenturen für Arbeit, Verbände, Arbeitsgemeinschaften zwischen Wirtschaft – Gewerkschaften – Unternehmen – Institutionen – Hochschulen – Kammern, Träger der Jugendhilfe bzw. Jugendsozialarbeit, Jugendberufsagenturen, Bildungsträger, regionales Übergangsmanagement und Stiftungen.

Das Land Baden-Württemberg[5] hat 2018 ein Landeskonzept zur Beruflichen Orientierung beschlossen mit dem Ziel, mehr Jugendliche in eine Berufsausbildung zu vermitteln. Dabei wird eine verbindliche Berufsorientierung im Unterricht gefordert. Dazu sollen in allgemeinbildenden Schulen Tandem-Teams aus Berufsberatung und Lehrkräften gebildet werden, die jeweils passgenaue Konzepte erarbeiten und umsetzen sollen. Schulen sind aufgefordert, Berufliche Orientierung als ihre Aufgabe anzunehmen und vor Ort umzusetzen. Dabei sollen sie sowohl beratend zur Seite stehen als auch die Eigenständigkeit und Selbstständigkeit der Jugendlichen anerkennen. In allgemeinbildenden Schulen sollen bereits ab der fünften Klasse individuelle Wege der Berufsorientierung eröffnet und Einblicke in die Arbeitswelt ermöglicht werden. In der Verwaltungsvorschrift »Berufliche Orientierung an weiterführenden allgemein bildenden und beruflichen Schulen« (VwV Berufliche Orientierung; Ministerium für Kultus, Jugend und Sport Baden-Württemberg, 2017) werden Rahmenbedingungen zur Beruflichen Orientierung formuliert. In dieser Verwaltungsvorschrift sind u. a. folgende Aspekte festgehalten, die in jeweils spezifischen Berufsorientierungskonzepten an den Schulen verankert werden sollten (S. 13 ff):

5 Auch an dieser Stelle wird Baden-Württemberg als Beispiel herangezogen, weil das ursprüngliche Transitions-Curriculum für dieses Bundesland entwickelt wurde.

- Beginn der Beruflichen Orientierung ab Klasse 5,
- Berufliche Orientierung als stärkende Maßnahmen der Berufsorientierung, die bei einer qualifizierten Berufsentscheidung unterstützen,
- Ermöglichung von Praxiserfahrungen als wesentlicher Bestandteil der Orientierung in der Arbeitswelt; ab Klasse 10 mindestens zehn verpflichtende Unterrichtstage inklusive mindestens fünf Tage Praxiserfahrung in einem mehrtägigen Praktikum,
- Verpflichtende Informationsveranstaltung für Eltern bzw. Erziehungsberechtigte,
- Durchführung eines Tages der Beruflichen Orientierung einmal jährlich inklusive spezifischer Maßnahmen mit Kooperationspartnern (Unternehmen, Bildungspartner, Gewerkschaften, Kammern usw.),
- Unterstützung der Beratungsfachkräfte der Berufsberatung durch die Agentur für Arbeit bei der Erstellung eines Schulkonzepts zur Beruflichen Orientierung,
- Unterstützung durch das Ministerium für Wissenschaft, Forschung und Kunst durch die Bereitstellung von Online-Angeboten,
- Aktive Einbindung von Eltern bzw. Erziehungsberechtigten,
- Informationsangebote, z. B. unter BERUFENET; BERUFEEntdecker; www.planet-beruf.de, Selbsterkundungstools auf den Seiten der Berufsagentur für Arbeit zur Entdeckung eigener Stärken bzw. Interessen sowie verschiedenster Ausbildungsberufe,
- Landesweite Angebote wie »Kooperative Berufsorientierung (KooBO)« oder COACHING4FUTURE,
- Regionale Angebote der Beruflichen Orientierung,
- Zweitägiges Entscheidungstraining BEST (BErufs- und STudienorientierung).

3.4.3 Praxisrelevante Forschungsbefunde

Die Zahl der Schulabgänger:innen bzw. Schulabsolvierenden belief sich im Schuljahr 2022/2023 auf 782.423, wobei die meisten die Schule mit einem mittleren Schulabschluss (336.361) verließen, gefolgt von der allgemeinen Hochschulreife (259.230) (Statistisches Bundesamt, 2024c). Die Möglichkeiten nach dem Verlassen der Schule zeigen sich dabei vielfältig, wie eine im Jahr 2016 veröffentlichte Online-Befragung zu den Plänen von Jugendlichen ab zwölf Jahren nach ihrer Schulzeit zeigt. Dabei gaben 33 % der befragten jungen Menschen an, studieren zu wollen, 27 % möchten eine Ausbildung absolvieren (Statista, 2016). Weitere Pläne nach Verlassen der Schule umfassten das Absolvieren eines Freiwilligen Sozialen Jahrs, reisen, direkt zu arbeiten oder zur Bundeswehr gehen zu wollen sowie die Möglichkeit, ein »Gap Year« einzulegen. 7 % der befragten Jugendlichen gaben zudem an, noch nicht zu wissen, welche Pläne sie nach ihrer Schulzeit hätten.

Eine aktuelle Studie der Bertelsmann Stiftung zeigt wiederum, dass 45 % der befragten 14- bis 25-jährigen Schüler:innen eine Ausbildung oder eine Lehre machen möchten, weitere 33 % ziehen dies als eventuelle Option in Betracht ($n = 675$) (Barlovic, Ullrich & Wieland, 2024). Interesse an einem Studium zeigten 43 % der

Befragten, für 24% kommt dies vielleicht in Frage. Dabei sind Unterschiede im Entscheidungsverhalten gegliedert nach dem Schulbildungsniveau erkennbar. Demnach hat sich die Mehrheit der Schüler:innen mit einem mittleren oder niedrigen Bildungsniveau bereits für den Weg der Ausbildung entschieden (71% bzw. 80%), wohingegen die Mehrheit der Schüler:innen mit einer hohen Schulbildung ein Studium anstrebt (63%). Unter den befragten Schüler:innen mit einem niedrigen Bildungsniveau geben lediglich 19% an, (eventuell) studieren zu wollen.

Die tatsächliche Zahl der Studienanfägner:innen belief sich im Jahr 2023 auf 485.700, was einem Anstieg von 1,6% im Vergleich zum Vorjahr entspricht (Statistisches Bundesamt, 2024g). Auch im Bereich der Berufsausbildung ist im Jahr 2023 ein Zuwachs um 1,5% auf insgesamt 694.500 Neuaufnahmen zu verzeichnen. Dabei stiegen insbesondere die Anfänger:innenzahlen von Personen mit ausländischer Staatsangehörigkeit weiter an. Dennoch liegen die Zahlen der Anfänger:innen sowohl eines Studiums als auch einer Ausbildung noch immer unter dem Niveau vor Beginn der Corona-Pandemie im Jahr 2020 (Statistisches Bundesamt, 2025a; Statistisches Bundesamt 2024h).

Zudem sinkt die Zahl der Studienberechtigen seit dem Jahr 2022 und beläuft sich im Jahr 2024 auf 373.000 Personen mit Hochschul- oder Fachhochschulreife (Statistisches Bundesamt, 2025b). Gründe können u.a. in der Wiedereinführung des neunjährigen Gymnasiums liegen (Statistisches Bundesamt, 2024g).

Im wissenschaftlichen und (fach-)politischen Diskurs wird zudem dem sogenannten Übergangsbereich oder Übergangssystem und damit der häufig bestehenden Lücke zwischen dem Schulabschluss und der Aufnahme einer Ausbildung oder eines Studiums Aufmerksamkeit geschenkt, da diese zumeist als »kostspielige ›Warteschleifen‹ und ›Sackgassen‹« (Solga & Weiß, 2015, S. 5) gesehen werden. Um die Zeit bis zur Aufnahme einer Ausbildung zu überbrücken, werden verschiedene Bildungsmaßnahmen und Bildungsgänge (z.B. Bildungsgänge an Berufsfachschulen, Berufsvorbereitungsjahre, Pflichtpraktika, berufsvorbereitende Maßnahmen) für junge Menschen angeboten. Im Jahr 2023 nahmen in Deutschland rund 249.800 junge Menschen an einem Bildungsprogramm im Übergang von der Schule zur Ausbildung und damit 4% mehr als im Vorjahr teil (Statistisches Bundesamt, 2024g). Während von 2017 bis 2021 ein Rückgang der Anfänger:innenzahl im Übergangsbereich zu verzeichnen war, ist seit dem Jahr 2022 ein Anstieg zu beobachten, was vor allem auf die Programmteilnahme ausländischer und insbesondere ukrainischer Jugendlicher zurückzuführen sei.

Die wissenschaftliche Evaluation der entwickelten Konzepte und Initiativen im Übergangsbereich steht häufig jedoch (noch) aus. Weiß (2015) fasst in Bezug auf die Wirkung der bestehenden Fördermaßnahmen zusammen: »Viel hilft nicht immer viel« (S. 7), und begrüßt die dahingehenden Entwicklungen einer frühzeitigen und damit während der Schulzeit stattfindenden Vorbereitung der Jugendlichen auf die Berufswahl, auf die spätere Ausbildung anrechenbare Übergangsmaßnahmen sowie die Ausrichtung auf präventive statt kurative Maßnahmen.

Die Maßnahmen zur *Berufsorientierung* an Schulen wurden in den vergangenen Jahren – auch aufgrund vielfältiger Reformen auf Bundes- und Landesebene – stark ausgebaut (Schröder et al., 2015). Neben Potenzialanalysen zählen insbesondere Betriebspraktika und Berufsfelderkundungen zu den Maßnahmen, die die jungen

Menschen auf ihre Berufswahl vorbereiten sollen, wobei sich die konkrete Umsetzung je nach Bundesland, Schulform und Schule stark unterscheiden kann.

Hinsichtlich der Vorbereitung auf den Übergang nach Schulabschluss gibt die Mehrheit der jungen Menschen zwar an, es gebe ausreichend Informationen zur richtigen Berufswahl, lediglich ein Fünftel (20%) der Befragten findet sich in diesen Informationen jedoch gut zurecht und etwas mehr als die Hälfte (56%) der jungen Menschen berichtet dahingehend von Schwierigkeiten (Barlovic et al., 2024). Durch die Schule fühlen sich 8% sehr gut und 23% der Befragten eher gut über Ausbildungsberufe informiert, 29% stimmen dem teilweise zu, 34% fühlen sich eher weniger bis gar nicht gut informiert.

Hinsichtlich des Informationsangebots zur Aufnahme eines Studiums zeigen sich die befragten Schüler:innen noch weniger zufrieden. Lediglich 4% der Befragten fühlen sich sehr gut und 17% eher gut informiert, 19% gaben an, dass das Studienangebot kein Thema an ihrer Schule war, wobei dies insbesondere von Schüler:innen mit niedriger Schulbildung berichtet wurde (ebd.). Als weitere wichtige Informationsquellen zur beruflichen Orientierung werden Praktika, Betriebsbesichtigungen und Gesprächsmöglichkeiten u.a. mit Lehrkräften, Berufsberatenden oder Übergangscoachs genannt. Die größte Unterstützung bei der Berufsorientierung erfahren die jungen Menschen von ihren Eltern (75%), durch das Internet (39%), der Berufsberatung bzw. der Arbeitsagentur (35%) sowie von Lehrkräften bzw. der Schule (33%). Zudem spricht sich knapp die Hälfte der befragten Schüler:innen für ein höheres Engagement der Politik bei der Unterstützung in der Ausbildungsplatzsuche aus.

Die Bertelsmann Stiftung begrüßt entsprechend die im Jahr 2024 verabschiedete »Ausbildungsgarantie« der Bundesregierung mit vielfältigen Beratungs- und Unterstützungsangeboten. Zugleich sollte jedoch auch die Beratung der Beruflichen Orientierung nicht über »mehr Information«, sondern durch eine stärkere »persönliche, individuelle Begleitung« weiter ausgebaut werden (ebd., S. 5).

Zur Reflexion

- Welche Unterstützungsmöglichkeiten hinsichtlich der Berufsorientierung bieten Sie bzw. Ihre Schule den Schüler:innen an?
- Wie werden diese Maßnahmen hinsichtlich Ihrer Nützlichkeit von Ihren Schüler:innen wahrgenommen bzw. bewertet? Wie könnten Sie dies in Erfahrung bringen?
- Welche Unterstützungsmöglichkeiten wären noch möglich? Was würden sich Ihre Schüler:innen (noch) bzw. von Ihnen wünschen?
- Welche praktischen Erfahrungsräume werden für die Schüler:innen an Ihrer Schule geboten?
- Wie werden diese Angebote von Ihren Schüler:innen hinsichtlich Ihrer Nützlichkeit bewertet und angenommen?
- Welche (Kooperations-)Maßnahmen würden sich Ihre Schüler:innen noch wünschen? Wie könnten diese umgesetzt werden? (z.B. Meet-and-Greet-Days/ Marktplätze/»Berufsorientierungsmessen« an Ihrer Schule in Kooperation mit

Ausbildungsstätten, Betrieben, Hochschulvertreter:innen, FSJ-Trägern, Work-and-Travel-Organisationen etc.)

Nicht zu vernachlässigen sind jedoch auch jene jungen Menschen, die die Schule ohne den Erwerb des Ersten Abschlusses, d. h. ohne Hauptschulabschluss, verlassen. Dies betraf im Jahr 2021 rund 47.500 Schüler:innen, was einem Anteil von 6,2 % entspricht (Klemm, 2023). Diese besuchten im Jahr 2020 dabei nicht nur Hauptschulen (13 %), sondern insbesondere auch Förderschulen (49 %) sowie Gesamtschulen (20 %). Zudem zeigen sich regionale und geschlechtsbezogene Unterschiede wie auch hinsichtlich des ethischen Hintergrunds. So verfehlen deutlich mehr Jungen sowie Jugendliche ohne deutsche Staatsangehörigkeit den Schulabschluss. Klemm (2023) plädiert auf Grundlage der Analysen dafür, Maßnahmen (noch) stärker auf diese vom Verfehlen des Schulabschlusses besonders bedrohten Gruppen zu legen und in den Mittelpunkt der Anstrengungen zu stellen. Zudem sollte der Ausbau eines inklusiven Schulsystems weiter gefördert und ausgebaut werden, um Kinder und Jugendliche mit einem sonderpädagogischen Förderbedarf besser unterstützen zu können.

Ähnliche Effekte zeigen auch eine Analyse mit dem Fokus auf soziale Ungerechtigkeit beim Übergang nicht-studienberechtigter Schüler:innen in die Berufsausbildung (Beicht & Walden, 2019) sowie der Berufsbildungsbericht 2024 (Bundesministerium für Bildung und Forschung, 2024), wonach insbesondere junge Menschen mit Migrationshintergrund beim Übergang in die berufliche Ausbildung schlechtere Chancen haben (u. a. aufgrund einer geringeren schulischen Qualifikation, mangelnder Deutschkenntnisse, Selektionsprozesse durch die Betriebe). Beicht und Walden (2019) fordern deshalb Maßnahmen auf Ebene der Politik (Förderaktivitäten), der Ausbildungsbetriebe (Verständnis), der Schulen (Abbau sozialer Selektivität) sowie der betroffenen Jugendlichen und ihren Familien (Attraktivitätssteigerung der Ausbildung), auch um in Zeiten des Fachkräftemangels »das Potenzial aller Jugendlichen, unabhängig von ihrer Herkunft, auszuschöpfen« (S. 54).

Brahm, Jenert und Wagner (2014) beschäftigten sich wiederum mit den subjektiven Wahrnehmungen des Übergangs von der Schule in die *Hochschule* (N = 820). In den Fokus der Studie wurde das Konstrukt der Selbstwirksamkeit gelegt, da sich dieses als »zentraler Faktor für eine erfolgreiche Bewältigung der Herausforderungen des Studiums herausgestellt [hat]« (ebd., S. 66). Die Analysen zeigen, dass Studierende mit einer sehr hohen Selbstwirksamkeit zu Studienbeginn sowohl beim Eintritt als auch über das gesamte erste Studienjahr weniger studienbezogene Ängste aufwiesen. Zudem wurde deutlich, dass diese Studierenden Herausforderungen signifikant geringer einschätzten als Studierende mit einer mittleren oder einer relativ geringen Selbstwirksamkeit.

Brahm et al. (2014) leiten aus den Ergebnissen ab, dass es im Übergang von der Schule ins Studium die Heterogenität der Studierenden stärker zu berücksichtigen gilt. Möglich wären differenzierte Unterstützungsangebote, bei denen die eigenen Fähigkeiten (und gegebenenfalls Defizite) realistisch eingeschätzt und studienbezogene Ängste bearbeitet werden sollten. Insbesondere für Studierende mit einer geringen Selbstwirksamkeit könnten zudem individuelle Maßnahmen (z. B. Coachingangebote) hilfreich sein. Diese Maßnahmen sollten jedoch eher allmählich in den Studienverlauf integriert statt als zusätzliches Angebot zu Beginn und damit als mögliche weitere Herausforderung oder Belastung realisiert werden.

Zur Reflexion

Welche Möglichkeiten sehen Sie im Schulalltag, um die Selbstwirksamkeit der Schüler:innen zu stärken:

1. im Übergangsprozess?
2. bereits während der Schulzeit/in den niedrigeren Klassenstufen?

Was setzen Sie bereits um?
Was möchten Sie zukünftig umsetzen?

Nach dem Abschluss bzw. Verlassen der Schule münden auch viele junge Menschen zunächst in *Freiwilligendienste* (z. B. Jugendfreiwilligendienst, Bundesfreiwilligendienst, Freiwilliges Soziales Jahr, Freiwilliges Ökologisches Jahr) ein. So haben sich im Jahr 2020/2021 insgesamt 97.459 Personen für einen Freiwilligendienst entschieden, wovon 53.331 Personen ein Freiwilliges Soziales Jahr (FSJ) absolvierten (Huth, 2022). Der Anteil der Schulabsolvent:innen allgemeinbildender Schulen liegt dabei bundesweit bei 7 %, in Baden-Württemberg beläuft sich der Anteil im Jahr 2020 auf 13 % (ebd.), was auf Unterschiede in der Förderung durch die jeweiligen Landesministerien sowie die Heterogenität in der Trägerlandschaft zurückzuführen ist. Die Gründe für die Aufnahme eines FSJ nach Verlassen bzw. Abschluss der Schule lassen sich in einer Interview-Studie von Hinrichsen (2020) den drei Kategorien (1) Orientierung, (2) Überbrückung und (3) Qualifikation zuordnen. Zugleich wird die Entscheidung für ein FSJ von den befragten jungen Menschen häufig als »Kompromiss« gesehen, »der einen institutionellen Anschluss und damit ein ›Unterkommen in der Normalbiographie‹ sichert« (ebd., S. 490). Auch macht die Studie deutlich, dass der Übergang ins FSJ mit »vielfältigen biografischen Veränderungen in unterschiedlichen Lebensbereichen verknüpft ist« (ebd., S. 490). Die dadurch bedingten Veränderungen beeinflussen nicht nur die »Gestaltung der alltäglichen Lebensführung«, sondern auch die »soziale Positionierung« (ebd., S. 490) und bestehende (Peer-)Beziehungen. Zur Begegnung der Veränderungen durch das FSJ wird zumeist auf strukturelle und biografische Ressourcen zurückgegriffen, indem möglichst Anschlüsse an bisherige Erfahrungsmuster hergestellt werden. Strategien, um sich in der FSJ-Einsatzstelle zurecht zu finden, lassen sich bei einigen Befragten als »quasi-automatischer Gewöhnungsprozess« umschreiben, während andere von der »Notwendigkeit eigener Anpassungsleistungen und Lernprozesse« (ebd., S. 490) sprechen. Neue Erfahrungen werden dabei als Lernpotenzial, teilweise jedoch auch als Belastung wahrgenommen. Bei der Verarbeitung dieser neuen Erfahrungen kommt insbesondere sozialen Bezugspersonen eine entscheidende Rolle zu. Neben den Eltern werden dahingehend auch neue Kolleg:innen, weitere FSJ-Teilnehmende sowie weitere Betreuende als wichtige Ressourcen gesehen, die die jungen Menschen ebenfalls bei der Herstellung von sozialer Integration unterstützen. Besonders positiv wird von den befragten jungen Menschen im FSJ die »Übernahme gesellschaftlich als sinnvoll konstruierter Tätigkeiten« (ebd., S. 501) angesehen.

Simulierte Praxis

Der 16-jährige Mert macht in Kürze seinen Schulabschluss. Er ist eigentlich ein guter Schüler, aber mit Rechnen tut er sich sehr schwer. Außerdem fällt es ihm nicht leicht, pünktlich zu sein. Lieber raucht er mit seinen Freunden erst noch eine Zigarette, bevor er in den Unterricht geht, da er gerne Zeit mit ihnen verbringt und sie sich gut unterhalten können. Mit einigen der Lehrkräfte kommt er gut zurecht, mit manchen gerät er häufiger in Diskussionen. Arbeitsanweisungen empfindet er als Eingriff in seine Privatsphäre. In der Schule ist ein Tag zur Beruflichen Orientierung geplant. Als dieser Tag stattfindet, sollen die Schüler:innen einen Fragebogen zu ihren eigenen Stärken ausfüllen. Mert liest sich die Fragen durch und beginnt, diese zu beantworten. Nach einigen Minuten legt er seien Stift zur Seite, zerknüllt sein Blatt und sagt: »So ein Mist ey! Ich kann doch eh nix!«. Die anwesende Lehrkraft geht zu ihm und fragt ihn, ob er Unterstützung braucht. Mert lässt sich auf kein Gespräch ein, schüttelt den Kopf, steht auf und verlässt den Raum. Die Lehrkraft hatte bereits mehrfach ähnliche Situationen mit Mert und überlegt, ob sie demnächst ein Einzelgespräch mit Mert führen oder sich mit ihm und seinen Eltern treffen soll. Sie ist sich unsicher, wie sie Mert erreichen und ihm zu einem positiven Selbstbild verhelfen kann. Außerdem müsste Mert lernen, pünktlich zu sein, und einige andere Fähigkeiten aufbauen, die für eine erfolgreiche Ausbildung nötig sind.

Zur Diskussion

Was kann die Lehrkraft tun?

3.4.4 Unterstützungsmöglichkeiten: Berufswahlordner, Potenzialanalysen, Berufswahlpass und mehr

Die Transition von der Schule in Ausbildung, FSJ, Studium o.Ä. stellt eine Herausforderung dar: Sie ist zum einen ein Rollenwechsel, zum anderen müssen neue Anforderungen bewältigt werden, welche die Aktivierung spezifischer Ressourcen erfordern (Neuenschwander, 2019) – zusätzlich zu den bereits erwähnten Bewältigungskompetenzen. Als gelungen kann der Übergang in Ausbildung, FSJ, Studium o.Ä. dann angesehen werden, wenn Jugendliche nach der Sekundarstufe einen Weg einschlagen, der ihren Fähigkeiten und Interessen entspricht (ebd.). Wenn auch die Transition von der Schule in Ausbildung, FSJ, Studium o.Ä. vielfältige Herausforderungen, eventuell sogar Schwierigkeiten mit sich bringen kann, so bewältigen doch die meisten Jugendlichen diesen Schritt positiv (Neuenschwander, Gerber, Frank & Rottermann, 2012).

Elster (2013) fordert:

> »Eine Pädagogik des Übergangs impliziert zunächst eine bestimmte pädagogische Haltung der am Übergang Schule – Beruf handelnden Akteure. Es ginge darum, die kreative Freiheit des Jugendlichen anerkennend zu stützen. [...] Zweitens impliziert eine Pädagogik des Übergangs eine bestimmte Struktur am Übergang Schule-Beruf. Es ginge darum, Jugendlichen nach Beendigung ihrer Schulzeit eine Vielzahl an Handlungsfeldern zu eröffnen, in denen sie sich selbst und ihre Zukunftsentwürfe ausprobieren können, Erfahrungen sammeln, Selbstwirksamkeit und Wertschätzung erfahren, und auf diesem Wege eine personale Identität ausbilden, die als tragfähige Basis für ihren zukünftigen Lebensweg [...] fungiert.« (S. 305 f)

Jugendliche werden bei der Wahl ihrer nachschulischen Tätigkeit durch verschiedene Menschen aus dem Umfeld begleitet und vorbereitet. Hier sind vor allem Eltern bzw. Erziehungsberechtigte, Schule und Gleichaltrige zu nennen.

So werden aus Sicht der Jugendlichen deren *Eltern* als die wichtigsten Bezugs- und Beratungspersonen im Prozess der Berufswahl wahrgenommen (Neuenschwander, 2019). Dabei spielen Eltern eine wichtige Rolle als Initiierende, Beratende und Begleitende. Aber auch die Erwartungen von Eltern bzw. Erziehungsberechtigten werden auf ihre Kinder übertragen (ebd.). Wenn Eltern über Kontakte und Netzwerke verfügen, können sie ihrem Kind gegebenenfalls einen Ausbildungsplatz vermitteln. Wichtig ist es, dass Eltern bzw. Erziehungsberechtigte ihre Kinder beim Berufswahlprozess begleiten, mit ihnen ins Gespräch gehen, sie ermutigen und unterstützen. Jugendliche, die über eine gute Beziehung zu ihren Eltern verfügen, haben eine bessere Chance, einen Ausbildungsplatz zu erhalten und die Ausbildung mit Erfolg zu absolvieren, als Jugendliche mit einer weniger guten Beziehung zu ihren Eltern (Neuenschwander & Schaffner, 2011; Singer, Gerber & Neuenschwander, 2014). Deshalb ist es wichtig, Eltern in ihrer Rolle als Übergangsbegleitung zu stärken, ihnen die Bedeutung dieser Begleitung und Unterstützung zu vermitteln und sie eventuell dementsprechend zu schulen bzw. zu beraten.

Neben den Eltern ist die *Schule* bei der Berufsvorbereitung, der Berufswahl und der Begleitung in Ausbildung bzw. Studium beteiligt. Dabei finden sich große Unterschiede in dem Engagement, das Schulen oder Lehrpersonen in der Berufsvorbereitung zeigen (ebd.). Als wirksam haben sich zum einen die Vermittlung berufsspezifischen Wissens erwiesen, zum anderen aber insbesondere auch individuelle Coachingprozesse. Lehrkräfte sollten sich für die Berufswahl von Jugendlichen interessieren, sie emotional unterstützen, aber auch Fertigkeiten vermitteln (z. B. bei der Formulierung von Bewerbungsschreiben oder beim Training von Bewerbungsgesprächen), wodurch Jugendliche besser in der Lage sind, ihre Optionen zu erkunden und eher eine passende Berufswahl zu treffen. Dazu gehört auch, Betriebspraktika mit den Schüler:innen zu besprechen und zu reflektieren (ebd.).

Schließlich spielen auch *Gleichaltrige* eine Rolle bei der Berufswahl, indem sie sich bei der Wahl einer Ausbildung gegenseitig motivieren, austauschen und unterstützen. Insbesondere beim Umgang mit eigenen Emotionen oder Frustrationen sowie bei der Bewältigung von Belastungen und Herausforderungen teilen Jugendliche ihre Sorgen mit ihrer Peer-Gruppe. Dennoch können unter Gleichaltrigen auch Schwierigkeiten auftreten, wenn sich Jugendliche gegenseitig ›ausbremsen‹, wenn jemand sich ein höheres Bildungsziel setzt als vom Gruppenstatus her zu erwarten wäre, wenn Fehlinformationen über Ausbildungsgänge kursieren oder wenn nur wenige Ausbildungsgänge in Betracht gezogen werden (ebd.). Pädagogische Fachkräfte und Lehrkräfte sollten somit aktiv daran mitwirken, dass die Jugendlichen breite und tiefe Informationen über Ausbildungsgänge und Berufe und somit über ihre jeweiligen Möglichkeiten erhalten. Zudem sollten sie dafür Sorge tragen, dass Jugendliche sich bei der Berufswahl nach ihren Fähigkeiten und Interessen richten.

Eine weitere Form von Unterstützung, die Jugendliche im Übergang von Schule in Ausbildung bzw. Studium positiv erleben, sind *Mentor:innen.* Damit sind Lai:innen gemeint, die ein funktionierendes und breites Netzwerk haben und den Schüler:innen bei der Transition in Ausbildung bzw. Studium beratend und wertschätzend zur Seite stehen sowie Tipps und Anregungen geben – dies erfolgt bei regelmäßigen Treffen in der Freizeit, nicht während der Schulzeit. Besonders günstig scheint das Einschalten solcher Mentor:innen, wenn Eltern bzw. Erziehungsberechtigte aus verschiedenen Gründen nicht die entsprechende Unterstützung geben können (Neuenschwander et al., 2012).

Mit Blick auf die Transition von Schule in Ausbildung bzw. Studium finden sich des Weiteren zunehmend Strukturen regionalen Übergangsmanagements. Dieses soll dabei helfen, mit allen beteiligten Akteur:innen gemeinsam Angebote, Strategien und Konzepte zu entwickeln und so übergreifende Unterstützungsstrukturen zu schaffen (Institut für Bildungsanalysen Baden-Württemberg, o.J.). Eine Möglichkeit, Jugendliche bei der Berufswahl zu unterstützen, sind Berufswahlordner, die ein Kooperationsprojekt verschiedener Bildungsregionen darstellen, und u.a. als individuelles Portfolio dienen, das dabei unterstützen soll, durch individuelle Förderung die Berufsorientierung zielführend zu gestalten (z.B. Bildungsregion Ortenau, o.J.). Der Ordner bietet dabei durch Arbeitsblätter und verschiedene Arbeitsmaterialien vielfältige und handhabbare Möglichkeiten, die Berufliche Orientierung über mehrere Schuljahre in den Unterricht einzubauen. Zentral ist es demnach, nicht erst im Abschlussjahr an Fragen der Berufswahl zu arbeiten, sondern bereits in den Schuljahren zuvor. Dabei ist der Berufswahlordner in sieben unterschiedliche Bereiche unterteilt (ebd.):

1. *Stärken und Kompetenzen* (Was kann ich? Was mag ich? Was ist mir wichtig?). In diesem Kapitel befassen sich die Jugendlichen mit ihrer Motivation, ihren geistigen, körperlichen, sozialen und persönlichen Fähigkeiten, ihren interkulturellen Kompetenzen, ihren Medienkenntnissen, Freizeitaktivitäten und Hobbys, Stärken und Schwächen, Werten und Zielen.
2. *Berufe kennenlernen* (Berufe in verschiedenen Berufsfeldern sowie einzelne Berufsbilder). Hier erhalten die Jugendlichen Einblicke in Betriebe und Berufe und können sich mit ihren Interessen im Zusammenhang mit potenziellen beruflichen Tätigkeitsfeldern befassen.

3. *Berufe erleben* (Praktika, Exkursionen, Ferienjobs). In diesem Kapitel erfolgen Einblicke rund um Praktika, die bezüglich der Berufsvorbereitung durchgeführt werden (können).
4. *Berufsberatung* (Welche Ausbildung passt zu mir?). Hier wird die Berufsberatung vorgestellt und vorbereitet.
5. *Für Berufe bewerben* (Bewerbungsunterlagen, Vorbereitung auf Vorstellungsgespräche). Dieses Kapitel erläutert Muster-Anschreiben für Bewerbungen einschließlich Lebenslauf und telefonischer Anfrage bei potenziellen Ausbildungsplätzen und bereitet auf Vorstellungsgespräche vor, indem mögliche Fragen, aber auch Auftreten und Verhalten im Gespräch erläutert werden.
6. *Den Alltag managen* (Unterlagen aufbewahren und ordnen; Ämter und ihre Aufgaben; Geld und Versicherungen; Allein wohnen). In diesem Kapitel werden Gehaltsabrechnungen, Haushalten mit dem eigenen Einkommen, Versicherungen und Ämter thematisiert.
7. *Informationen und Qualifikationsnachweise* (Bildungswege in Baden-Württemberg; Anerkennungen, Preise, Stipendien; Tätigkeitsnachweise; Praktikumsbeurteilungen; Qualipass). In diesem Kapitel können verschiedene Unterlagen abgeheftet werden, außerdem enthält das Kapitel Links zu Hintergrundinformationen.

Lehrkräfte können anhand solcher Berufswahlordner strukturiert vorgehen und die Jugendlichen in der Berufsorientierung möglichst passgenau begleiten.

Andere Bundesländer bieten ähnliche (ressourcenorientierte) Instrumente an, mit denen Jugendliche bei der Berufswahl begleitet werden können. So steht beispielsweise mit dem Kompetenzfeststellungsverfahren *KomPo* (Kompetenzen entdecken, Potenziale nutzen – Berufswahl gestalten) hessenweit eine Möglichkeit zur Verfügung, mit Schüler:innen an Haupt-/Real-/Förderschulen (KomPo7) sowie an Gymnasien (KomPoG) deren Kompetenzen zu eruieren, um so einen systematischen Einstieg in die Berufs- und Studienorientierung in der Schule zu ermöglichen (Bildungswerk der hessischen Wirtschaft, o.J.). Auch das Bundesministerium für Bildung und Forschung hat 2008 ein »*Programm zur Förderung der Berufsorientierung in überbetrieblichen und vergleichbaren Berufsbildungsstätten (Berufsorientierungsprogramm BOP)*« ins Leben gerufen, betreut durch die Programmstelle Berufliche Orientierung im Bundesinstitut für Berufsbildung (BIBB). Dieses Programm setzt sich aus einer Potenzialanalyse und aus praxisorientierten Tagen Beruflicher Orientierung zusammen (Bundesinstitut für Berufsbildung, 2024). Die Potenzialanalyse dient der Erkundung eigener Stärken. Anhand von Fragen wie »Was kann ich richtig gut? Was macht mir wirklich Spaß?« wird mit den Jugendlichen nach den je eigenen Interessen, Stärken und Talenten gesucht (Bundesministerium für Bildung und Forschung, o.J.). Danach können in den praxisorientierten Tagen unterschiedliche Berufsfelder ausprobiert werden. Dazu gehen die Jugendlichen allerdings nicht in Betriebe, sondern in überbetriebliche Berufsbildungsstätten oder ähnliche Einrichtungen, um sich in einem geschützten Raum ausprobieren zu können (ebd.).

Außerdem stehen über Kompetenzagenturen vielfältige Möglichkeiten zur Kompetenzfeststellung bereit, die dazu dienen, Fach-, Methoden-, Sozial- und

Personalkompetenzen junger Menschen zu erfassen. Dabei wird grundsätzlich zwischen drei anerkannten Arten von Verfahren unterschieden (Druckrey, 2008):

- Simulations- und handlungsorientierte Verfahren (wie Assessment Center, Potenzialanalysen),
- Handlungsorientierte, berufsbezogene Tests und Arbeitsproben (wie Berufsinteressenstests, berufsbezogene Sprach- und Schulleistungstests),
- Biografieorientierte Verfahren (wie biografieorientiertes Interview, Kompetenzbilanzen, Portfolioverfahren).

Dazu kommen Fördermöglichkeiten der jeweiligen Bundesländer für unterschiedliche Modellregionen, in denen im Zuge des regionalen Übergangsmanagements verschiedene Programme angeboten werden, wie es beispielsweise in Baden-Württemberg das neue Ausbildungsbündnis »Bündnis zur Stärkung der beruflichen Ausbildung und des Fachkräftenachwuchses 2023 bis 2027« vorsieht (Ministerium für Wirtschaft, Arbeit und Tourismus Baden-Württemberg, 2024). Die jeweiligen Bundesländer, Städte, Kommunen und Landkreise bieten spezifische Unterstützung für Übergänge von der Schule in den Beruf an, wie beispielsweise:

- Kompetenzagenturen (die mit Schulen zusammenarbeiten und kooperieren),
- Tag der Berufsorientierung und Berufsfelderkundungen,
- Betriebspraktika,
- Berufswahlpass,
- Studienorientierungstage und Studienberatung,
- Bewerbungstrainings,
- Psychologische Beratungsstellen bei Beratungssituationen,
- Angebote der Agentur für Arbeit,
- Ausbildungsvorbereitung an Schulen,
- Mentor:innenprogramme,
- Mit Jugendlichen ins Gespräch kommen,
- Stationäre Jugendhilfe und Jugendberufshilfe,
- Freiwilliges Soziales Jahr (FSJ),
- Austauschprogramme,
- BoGy,
- WorkandTravel/Woofing,
- Beratung Betriebsgründung Minderjähriger,
- Schulpsychologische Beratungsstelle.

Bundesweite Verbreitung hat in den letzten Jahren der *Berufswahlpass* erfahren. Dieser ist ein »bundesweit etabliertes Instrument für die schulische Berufs- und Studienorientierung« (Bundesarbeitsgemeinschaft Berufswahlpass, o. J.) und sollte in schulische Curricula eingebunden sowie durch Lehrkräfte begleitet werden. Der

Berufswahlpass ist kostenfrei im Internet verfügbar[6] und umfasst folgende Kapitel: (1) Angebote zur Berufsorientierung (z. B. Angebote der eigenen Schule, von Unternehmen, der Agentur für Arbeit), (2) Mein Weg zur Berufswahl (z. B. persönliches Profil, Berufsfelder, Praxiserfahrungen, Übergangsschritte), (3) Dokumentation (z. B. Übersicht über eigene Aktivitäten, Sprachkenntnisse, Praxistag, besonderes Engagement, interkulturelle Kenntnisse und Fähigkeiten), (4) Hilfen zur Lebensplanung (z. B. Unterlagen, Einkommen, Wohnung, Versicherungen). Zusammenfassend lässt sich resümieren, dass es vielfältige Wege und Möglichkeiten für Schulen gibt, Schüler:innen im Prozess der Berufswahl zu unterstützen. Wichtig sind auch hier die individuelle Begleitung durch Lehrkräfte und pädagogische Fachkräfte, der Einbezug von Eltern und der rechtzeitige Beginn der Begleitung.

Zur Reflexion

Arbeiten Sie bereits mit dem Berufswahlpass, Berufswahlordner oder vergleichbaren Instrumenten?
Wenn ja:

- Welche Erfahrungen haben Sie damit gemacht?
- Was läuft gut?
- Was ist verbesserungsbedürftig? Welche Stolpersteine sehen Sie bzw. sind Ihnen bereits begegnet?

Wenn nein: Wählen Sie eine der vorgestellten Unterstützungsmöglichkeiten aus, verschaffen Sie sich einen Überblick und überlegen Sie:

- Was erachten Sie für sinnvoll und praktikabel mit Bezug auf Ihre Zielgruppe/Schüler:innen?
- Was würden Sie gerne übernehmen? Welche Schritte müssten Sie zur Umsetzung gehen?

3.4.5 Kurz & kompakt – Implikationen für die Praxis

Positiv auf die Übergangsbewältigung wirken sich aus:

- Hohe Selbstwirksamkeit und Eigeninitiative
  → Selbstwirksame Studienanfänger:innen haben weniger studienbezogene Ängste und schätzen Herausforderungen weniger hoch ein (Brahm, Jenert & Wagner, 2014)
- Wahrnehmung neuer Erfahrungen als Lernpotenziale statt als Belastung (Huth, 2022)

6 Der Berufswahlpass ist verfügbar unter: https://www.berufswahlpass.de

- Vorhandensein und Nutzen von sozialen Ressourcen/Unterstützung durch Bezugspersonen (Eltern, aber auch institutionell) und soziale Netzwerke

Implikationen für die Praxis

✓ Gelingende Berufsorientierung setzt sich aus einer Mischung aus Selbstlernen, Sammeln praktischer Erfahrungen (z. B. Betriebspraktika) und der Begleitung durch Erwachsene (persönliche Gespräche) zusammen
✓ Niedrigschwellige und transparente (Beratungs-)Angebote und individuelle Begleitung vor allem für jungen Menschen mit Migrationshintergrund
✓ Frühzeitige Stärkung der Selbstwirksamkeit der Kinder und Jugendlichen
✓ Intensivierung der Kooperation und Netzwerkarbeit am Übergang Schule – Beruf
✓ Frühzeitige Reflexion mit den Schüler:innen über ihre Stärken, Fähigkeiten, Interessen, Hobbys und Berufswünsche

Das Wichtigste in Kürze

Beim *Übergang von der Familie in die Krippe* steht insbesondere die Beziehung zwischen dem Kind, der pädagogischen Fachkraft und den Eltern im Vordergrund. Um Kindern einen möglichst sanften Übergang zu ermöglichen, wurden u. a. aus Erkenntnissen empirischer Studien verschiedene Eingewöhnungsmodelle entwickelt (z. B. Berliner Modell, Münchner Modell sowie später: Partizipatorisches Eingewöhnungsmodell, Zürcher Modell, Tübinger Modell, Stadtzürcher Modell). Förderlich auf die Übergangsbewältigung wirken sich positive Bindungserfahrungen während der Eingewöhnung sowie eine allmähliche Eingewöhnung unter Begleitung des Kindes von einem Elternteil aus. Dies erfordert eine enge Zusammenarbeit mit den Eltern, auch um die Eingewöhnung möglichst individuell und passgenau auf das Kind und seine Bedürfnisse im Übergang abstimmen zu können.

Trotz des Ausbaus und der steigenden Inanspruchnahme von Krippenplätzen ist der *Übergang von der Krippe in den Kindergarten* weitgehend unerforscht und wenig behandelt (»Leerstelle«). Gründe können im Zusammendenken beider Institutionen (»Kita«) liegen. Mit Blick auf die Veränderungen und zu bewältigenden Anforderungen für das Kind und seine Eltern sollte dieser Übergang jedoch nicht vernachlässigt werden. Hierbei bedarf es häufig – darauf weisen die Ergebnisse der zwei vorgestellten Studien hin – eines weiteren Ausbaus der Kooperation zwischen Krippe und Kindergarten. Neben der Festlegung gemeinsamer Ziele gilt es, insbesondere die jeweiligen Verantwortungsbereiche zu definieren, konzeptionell zu verankern und vor allem den kollegialen Austausch als wertvolle Ressource in der Übergangsgestaltung anzuerkennen.

Der *Übergang von der Kita in die Grundschule* wird von einem Großteil der Kinder positiv und damit ohne Anpassungsprobleme bewältigt. Freundschaften und Peer-Beziehungen sorgen für die Kinder im Übergang für Gefühle von

Sicherheit und Wohlbefinden und stellen sich als wichtigste Themen der Kinder heraus. Auch positive Beziehungen zu pädagogischen Fach- und Lehrkräften können die Stressverarbeitung unterstützten und den Lernerfolg in der Primarstufe erhöhen. Eltern und ihre Kinder wünschen sich, informiert, gehört und beteiligt zu werden. Ist dies gegeben, so schätzen die Eltern die Übergangsbewältigung ihrer Kinder positiver ein. Weiterhin ausbaufähig erweisen sich Kooperationsmaßnahmen zwischen den Institutionen Kita und Schule. Diese sollten zielgerichtet sein, auf Wertschätzung basieren und intensive Kooperationsaktivitäten umfassen (z. B. gemeinsam abgestimmte Beobachtungsverfahren). Auch gilt es zu reflektieren, inwiefern auf die individuellen Bedürfnisse der Kinder im Übergangsprozess (Stichwort: ›Flexible Einschulung‹) noch stärker eingegangen werden kann.

Der *Übergang von der Grundschule in die weiterführende Schule* ist insbesondere auch von der Entscheidung für eine weiterführende Schulart geprägt (Stichwort: Bildungsgerechtigkeit). Kinder sind sich der durch den Schulwechsel entstehenden Diskontinuität häufig bewusst und schätzen diese zugleich als Chance. Von den Kindern werden Peers und Geschwister als wichtige Faktoren in der Übergangsbewältigung benannt. Die Schulfreude und die Schulzufriedenheit steigen unmittelbar nach Eintritt in die neue Schule; häufig verpufft dieser Effekt jedoch bis zum Ende der fünften Klasse wieder. Hervorzuheben ist der deutliche Zusammenhang zwischen Übergangsempfehlung, -entscheidung und der sozialen Herkunft des Kindes. Auch für Kinder mit Migrationshintergrund ist die Chance auf einen Gymnasialbesuch geringer, wobei auch dies eher auf die soziale Herkunft als auf den Migrationshintergrund per se zurückzuführen ist. Kooperative Maßnahmen zwischen der Primar- und Sekundarstufe haben über die Jahre zwar zugenommen, zeigen sich jedoch weiter ausbaufähig. Anregungen für die Zusammenarbeit und die Begleitung der Kinder im Übergang können u. a. Modellprojekte bieten.

Die Möglichkeiten nach Abschluss bzw. Verlassen der Schule und damit im *Übergang zum ›Berufsleben‹* zeigen sich vielfältig (z. B. Ausbildung, Studium, FSJ, Reisen). Informationen zur passenden Berufswahl sind laut der Mehrheit der jungen Menschen zwar vorhanden, allerdings häufig von Schwierigkeiten begleitet, sich darin zurechtzufinden. Die größte Unterstützung im Prozess der Berufsorientierung erfahren die jungen Menschen von ihren Eltern. Von ihren Lernkräften und der Politik wünschen sie sich oftmals eine (noch) größere Unterstützung. Als wichtiger Faktor für die Wahrnehmung und Bewältigung des Übergangs erweist sich die eigene Selbstwirksamkeit. Die Förderung dieser sowie die individuelle Begleitung und die Bereitstellung von passgenauen Angeboten insbesondere für Personen vulnerabler Gruppen (z. B. mit Migrationshintergrund) sind wichtige Aufgaben im Übergangsmanagement.

4 Zusammenarbeit mit Eltern

Aktive Bewältigende der Übergänge im Bildungsverlauf sind neben den Kindern bzw. Jugendlichen auch ihre Eltern bzw. Erziehungsberechtigten (Griebel & Niesel, 2018). Folglich ergeben sich für Eltern bzw. Erziehungsberechtigte ebenfalls Veränderungen auf der individuellen, interaktionalen und kontextuellen Ebene. Diese Bewältigungsleistung der Eltern und Bezugspersonen gilt es auch von Seiten der pädagogischen Fachkräfte und Lehrkräfte zu begleiten und zu unterstützen. Bestenfalls reflektieren Eltern ihre Gefühle und ihre Rolle, holen sich selbst Unterstützung, wenn nötig, und verfügen über die erforderliche Zeit und Energie, ihr Kind beim jeweiligen Übergang zu begleiten.
Für Eltern bzw. Erziehungsberechtigte ändert sich auf den drei Ebenen Folgendes:

- *Individuelle Ebene:* Es erfolgt ein Identitätswandel (z. B. von Kita- zu Schulkind-Eltern), eigene Emotionen sind vielfältig und reichen von Freude, Stolz, Angst, Zuversicht, Sorge bis hin zu Verunsicherung oder Hilflosigkeit. Es muss Abschied von der bisherigen Institution genommen und ein Zugehörigkeitsgefühl zur neuen Institution aufgebaut und Vertrauen gefasst werden. Auch muss Verantwortung abgegeben und das Kind mehr losgelassen werden als bisher. Erwartungen, die mit der neuen Elternrolle verbunden sind, müssen erkannt und erfüllt werden.
- *Interaktionale Ebene:* Neue Beziehungen zu anderen Eltern müssen geknüpft werden, ebenso zu pädagogischen Fachkräften und neuen Lehrkräften. Bei einem Wechsel nach Schulabschluss ergibt sich eine Art »Beziehungsvakuum«, weil die Eltern in der Regel. wenige bis keine Kontakte zu den neuen Ansprechpersonen ihres Kindes in FSJ, Ausbildung oder Studium haben.
- *Kontextuelle Ebene:* Eltern müssen sich auf andere Ansprechpersonen einstellen, andere Strukturen kennenlernen und sich darin zurechtfinden sowie verschiedene Lebensbereiche im Alltag koordinieren und miteinander vereinbaren. Gegebenenfalls sie müssen sich damit arrangieren, dass ihr Kind sich in FSJ, Schule, Ausbildung o. Ä. selbstständig zurechtfinden muss.

Bei all diesen Veränderungen sind Eltern bzw. Erziehungsberechtigte in den allermeisten Fällen die Konstante in den Bildungsübergängen ihres Kindes. Deshalb haben Eltern als wichtiger Teil des Mikrosystems ihrer Kinder einen wichtigen Einfluss auf deren Wohlbefinden und deren psychisches Erleben, beispielsweise im Übergang von der Grund- in die weiterführende Schule (Knoppick, Dumont, Becker, Neumann & Maaz, 2018). Eltern sollten dementsprechend von pädagogischen Fach- und Lehrkräften einbezogen und unterstützt werden, um ihrerseits ihr

Kind wiederum gut unterstützen zu können. Wenn es gelingt, dass Kinder und Jugendliche den Übergang mehr als Herausforderung statt als Bedrohung wahrnehmen, dann wird der Übergang eher gut bewältigt. Eltern spielen hierbei somit eine wichtige Rolle: Wenn sie Zeit mit ihrem Kind verbringen, sich altersentsprechend Zeit für gemeinsame Aktivitäten nehmen und auf einen guten Austausch über die Gedanken und Gefühle ihres Kindes achten, dann kann dies zu einer erfolgreichen Bewältigung des Übergangs beitragen (ebd.). Somit sollten pädagogische Fach- und Lehrkräfte auf gute Zusammenarbeit mit Eltern achten, damit der Übergang gelingt (Gelitz, 2018).

Eltern sollen über Ziele, Inhalte und Kooperationsmaßnahmen informiert werden, sie haben z. B. das Recht, das gemeinsame Kooperationskonzept zwischen Kita und Grundschule zu kennen. Zudem haben sie ein Recht auf ein Beratungsgespräch mit Kita oder Schule bezüglich des Entwicklungsstandes ihres Kindes und gegebenenfalls bezüglich Fördermaßnahmen sowie Hilfsangeboten.

4.1 Zusammenführung praxisrelevanter Forschungsbefunde

Aus den Ergebnissen der Transitionsforschung mit Fokus auf die im Kindes- und Jugendalter zu bewältigenden Bildungsübergänge lassen sich auch hinsichtlich der Rolle von Eltern bzw. Erziehungsberechtigten Hinweise ableiten, die insbesondere pädagogischen Fach- und Lehrkräften wichtige Anhaltspunkte für die Zusammenarbeit und Unterstützung der Eltern im Übergangsprozess geben können. Es folgt an dieser Stelle ein kompakter Überblick von teilweise bereits im Kapitel 3 aufgegriffenen sowie nochmals erweiterten Forschungsbefunden mit Fokus auf mögliche Schlussfolgerungen für die Zusammenarbeit mit Eltern.

Übergang von der Familie in Krippe und/oder Kita

Sichere Bindungsbeziehungen zu mindestens einem Elternteil bzw. einer (primären) Bezugsperson wirken sich als wesentlicher Schutzfaktor positiv auf den Eintritt eines Kindes in die erste Bildungsinstitution Krippe oder Kita aus (Ahnert et al., 2004). Dabei nimmt die primäre Bezugsperson des Kindes eine vor Stress schützende Funktion ein, weshalb eine allmähliche Eingewöhnung unter Anwesenheit und in enger Abstimmung mit der Bezugsperson des Kindes als unerlässlich anzusehen ist. Im Vordergrund sollten insbesondere Gespräche über die individuellen Bedürfnisse des Kindes stehen, bei welchen die Eltern in ihrer Rolle als Expert:innen für das eigene Kind wahrgenommen und wertgeschätzt (Swartz et al., 2016) sowie die elterliche Bestärkung des Kindes im Aufbau einer vertrauensvollen Beziehung zur pädagogischen Fachkraft aufgegriffen werden sollten. Ziel und damit Aufgabe der pädagogischen Fachkräfte ist es, Eltern am Übergangsprozess aktiv mitwirken zu lassen, ihnen Einblicke in die Strukturen und Abläufe im neuen Lebensbereich ihrer Kinder zu gewähren sowie den Eltern während und nach der Eingewöhnung ein positives Gefühl zu vermitteln.

Übergang von der Krippe in die Kita (Kindergarten)

In einer Studie von Gelitz (2018) bezeichneten pädagogische Fachkräfte als einen Gelingensfaktor für einen erfolgreichen Übergang von Krippe in Kita u.a. die Kommunikation mit den Eltern. Folglich gilt es, zum einen die nötige Zeit – auch in Form von fest verankerter Zeit für mittelbare pädagogische Arbeit im Dienstplan beispielsweise durch die Leitung – einzuplanen und den Austausch mit den Eltern als unabdingbare Komponente für einen gelingenden Übergang im pädagogischen Team anzuerkennen. Zum anderen sind geeignete Gesprächsanlässe (z.B. Eltern-/Entwicklungsgespräche, Eltern-Cafés, Elternabende, Elternzimmer, Hausbesuche, Tür- und Angelgespräche) zu initiieren.

Übergang von der Kita in die Grundschule

Die Stadt Nürnberg führte von 2006 bis 2011 im Rahmen des Modellprojekts »Übergang Kindergarten – Grundschule« eine Erhebung in kommunalen Kitas und an Grundschulen durch, in deren Rahmen pädagogische Fachkräfte, Lehrkräfte und Schulsozialarbeiter:innen dazu befragt wurden, wie sie Kinder, Eltern und mögliche Schwierigkeiten beim Übergang in die Grundschule erleben (Stadt Nürnberg, 2011). Die Eltern wurden von den befragten pädagogischen Fachkräften und Lehrkräften als grundsätzlich kooperativ und Anregungen aufgreifend eingeschätzt. Zugleich wurden Unsicherheiten seitens mancher Eltern mit der Grundschule festgestellt, insbesondere, wenn keine Kenntnis des hiesigen Schulsystems vorhanden ist. Dies sollte mitbedacht und Eltern das deutsche Schulsystem in einfacher Sprache erläutert werden. Eine andere Gruppe von Eltern zeigte ein geringes Interesse an der Schule bei gleichzeitiger Erwartung, dass die Schule für bestimmte Probleme zuständig sei und die Eltern diesbezüglich entlasten solle. Diese Gruppe von Eltern benötigt Anregungen für die Förderung ihrer Kinder im häuslichen Umfeld und für ein Verständnis von Möglichkeiten der Bildungs- und Lernförderung ihrer Kinder zuhause, ergänzend zur Schule. Den Übergang betrachteten die Eltern sowohl mit Freude als auch mit Sorge. In einer Telefonbefragung im Rahmen des Modellprojekts wurden Eltern zum Erleben des Übergangs befragt (ebd.): Sie wünschten sich einen intensiveren Austausch mit Lehrkräften und pädagogischen Fachkräften, Entwicklungsgespräche, die regelmäßig stattfinden, sowie konkrete Anregungen, wie sie ihr Kind zu Hause fördern können. Außerdem erachteten die befragten Eltern eine gute Kooperation zwischen Kita und Grundschule als wichtig für einen gelingenden Übergang, ebenso wurden Gespräche mit anderen Eltern als entlastend erlebt. An konkreten schulischen Veranstaltungen zur Vorbereitung des Übergangs in die Schule zeigten die befragten Eltern großes Interesse.

Bezüglich der Kooperation zwischen Eltern, pädagogischen Fachkräften und Lehrkräften im Übergang von der Kita in die Grundschule zeigt eine weitere Studie

(Geiling et al., 2015), dass nahezu alle befragten pädagogischen Fachkräfte aus der Kita den Eltern bzw. Erziehungsberechtigten Einzelgespräche anbieten und häufig in Elternabenden über den Übergang informieren. Lehrkräfte scheinen auf Elternabenden dagegen nur wenige Informationen bezüglich des Übergangs der Kinder bereit zu halten. Zudem gab es selten gemeinsame Gespräche zwischen pädagogischen Fachkräften der bisherigen Einrichtung, Lehrkräften der künftigen Schule und Eltern. Besonders selten wurden Kinder mit einbezogen, am ehesten bei Einzelgesprächen mit Eltern. Nur etwas mehr als die Hälfte der befragten Eltern fühlte sich ausreichend über die Gestaltung des Übergangs von der Kita in die Grundschule informiert, etwas weniger als die Hälfte der Eltern fühlte sich nicht ausreichend einbezogen oder über die Kooperation zwischen Kita und Grundschule informiert (ebd.). Aus diesen Ergebnissen lässt sich ein möglicher Handlungsbedarf für pädagogische Fach- und Lehrkräfte ableiten: Die Kinder sind in gemeinsame Gespräche mit einzubeziehen, Eltern regelmäßig und ausreichend zu informieren und darüber hinaus in die Kooperation zwischen Kita und Grundschule einzubeziehen.

Wenn es Eltern gelingt, während des Übergangs von der Kita in die Schule eine gute Beziehung zu Lehrkräften aufzubauen, dann wirkt sich dies positiv auf die Entwicklung der Kinder aus (Rimm-Kaufman & Pianta, 2000, nach Kluczniok et al., 2015). Das heißt, Lehrkräfte sollten sich darum bemühen, allen Eltern ein wertschätzendes Beziehungsangebot zu unterbreiten.

Übergang von der Grundschule in die weiterführende Schule

Kinder erleben den Übergang von der Grundschule in die weiterführende Schule insbesondere dann als positive Herausforderung, wenn ihre Eltern sie in ihrer Autonomie unterstützen. Als Bedrohung empfinden Kinder den Übergang wiederum, wenn Eltern sich bezüglich der Leistungsergebnisse ihrer Kinder stark kontrollierend und sanktionierend verhalten (Kurtz et al., 2010). Günstig wäre folglich, wenn pädagogische Fachkräfte und Lehrkräfte im Rahmen der Zusammenarbeit mit Eltern darauf achten und diese dabei unterstützen, die Autonomie der Kinder zu wahren und sich nicht zu stark kontrollierend und sanktionierend zu verhalten.

Benachteiligung im Übergang von der Kita in die Grundschule und von dort in die weiterführende Schule erleben insbesondere Familien mit Migrationshintergrund, mit unzureichenden Sprachkenntnissen und Kinder von Eltern, die sie wenig fördern (Gold, Störtländer, Dierker & Textor, 2022). Deshalb sollten pädagogische Fach- und Lehrkräfte Familien mit Migrationshintergrund und unzureichenden Sprachkenntnissen im Blick behalten und sich bemühen, sie angemessen in den Übergangsprozess mit einzubeziehen, was auch Dolmetscher:innen und Informationen in leichter Sprache beinhaltet. Kinder, deren Eltern sie nicht ausreichend unterstützen (können), benötigen insbesondere das Augenmerk und die Unterstützung von (kompensatorischen) Personen aus dem sozialen Umfeld. Hier können Mentoring-Systeme durch ältere Schüler:innen oder durch sonstige engagierte Vereine angedacht werden. Als Beispiel lässt sich hier die ursprüngliche

Studierendeninitiative »Rock your Life!«[7] anführen. Das Programm vermittelt Mentor:innen für Jugendliche, um herkunftsbedingte Nachteile auszugleichen, und wurde in einem ifo-Forschungsprojekt evaluiert. Es zeigt sich, dass sich durch das Mentoring die Chancen benachteiligter Jugendlicher, eine Berufsausbildung zu beginnen, verdoppelten. Außerdem verbesserten sich die Noten sowie die Orientierung bezüglich ihrer eigenen Zukunft und ihr Blick auf den Arbeitsmarkt (Resnjanskij, Ruhose, Wedel, Wiederhold & Wößmann, 2023).

Übergang nach Schulabschluss

Die größte Unterstützung erfahren junge Menschen im Übergang von der Sekundarstufe ins Berufsleben bei der Berufsorientierung durch ihre Eltern (Barlovic et al., 2024), weshalb sie Eltern als wichtigste Bezugs- und Beratungspersonen im Berufswahlprozess wahrnehmen (Neuenschwander, 2019). Auch junge Menschen mit Migrationshintergrund benennen für den Übergang nach der Schule die Eltern als wichtige und unterstützende Ressource (Alicke, Heisig, Moisl, Prause & Rexroth, 2009), weshalb es notwendig ist, Eltern das nötige Wissen und die entsprechenden Informationen an die Hand zu geben, um ihre Kinder angemessen zu unterstützen. Die Bedeutung von Eltern im Berufswahlprozess zeigt sich auch darin, dass Jugendliche mit einer guten Beziehung zu ihren Eltern eine bessere Chance auf einen Ausbildungsplatz haben und eine höhere Wahrscheinlichkeit, die Ausbildung erfolgreich zu absolvieren (Neuenschwander, 2019).

Damit Eltern ihre Erwartungen nicht unreflektiert auf ihre Kinder übertragen (ebd.), ist es notwendig, Eltern in der reflektierten Begleitung ihrer Kinder zu unterstützen und die Kompetenzen bzw. Interessen der jungen Menschen in den Vordergrund zu rücken. Eltern nehmen im Übergangsprozess damit auch eine wichtige Rolle mit Blick auf die Resilienzförderung und Bewältigungskompetenz ihrer Kinder ein (Alicke et al., 2009). Sind Eltern nicht verfügbar, so ist es umso wichtiger, dass andere vertraute Personen aus dem sozialen Umfeld dies kompensieren und aktiv in den Übergangsprozess einbezogen werden. Damit ein Übergang in die Ausbildung gelingt, ist es günstig, wenn junge Menschen diese und weitere Ressourcen klar wahrnehmen können (ebd.).

Generell gilt …

Eltern bzw. Erziehungsberechtigte oder weitere am Übergang beteiligte Bezugspersonen brauchen Zeit und Verständnis für den jeweiligen Übergang und die damit verbundenen Umbrüche für das Kind. Sie müssen Energie investieren, sich als Gesprächspartner:innen anbieten, Zeit mit ihrem Kind verbringen, die Gefühle und Gedanken wahr- und ernst nehmen, eigene Ideen und Anregungen beisteuern, lenken ohne einzuengen, je nach Alter zunehmend mehr Freiräume lassen, aber auch ermöglichen und unterstützen. Auch Jugendliche benötigen während und

7 https://rockyourlife.de

nach dem Schulabschluss diese Unterstützung und sollten bei der Berufswahl nicht allein gelassen werden.

Beteiligte pädagogische Fach- und Lehrkräfte sollten sich vergegenwärtigen: Eltern müssen mit dem (potenziellen) Stress umgehen, den ein Übergang jeweils mit sich bringt, z. B. beim Übergang in die Grundschule: Schulranzen, Schultüte, gegebenenfalls neue Kleidung, neue Busfahrkarten müssen organisiert werden, dies bringt auch Kosten mit sich. Viele Abläufe müssen neu organisiert werden: Geht das Kind im Anschluss in den Ganztag bzw. Hort, muss es als ›Schlüsselkind‹ nach Hause oder kann es zu Nachbarn oder zu Großeltern? Wer empfängt das Kind zuhause, wer begleitet die Hausaufgaben? Diese Aspekte müssen geklärt und neue Rituale als Familie etabliert werden, wobei ihnen pädagogische Fach- und Lehrkräfte beratend und unterstützend zur Seite stehen sollten.

In all diesen Übergängen bringen Eltern verschiedene Faktoren und Lebensumstände mit, die sich entweder förderlich und damit schützend oder hemmend und damit risikobehaftet auswirken können. Als Schutzfaktoren werden insbesondere folgende Merkmale angesehen: Sichere, warmherzige, verfügbare und verlässliche Beziehung zum Kind (z. B. Ahnert, 2020), harmonische Paarbeziehung, autoritativer Erziehungsstil, familiärer Zusammenhalt, unterstützendes Netzwerk, hohes Bildungsniveau und ein hoher sozioökonomischer Status. Demgegenüber können folgende Aspekte als Risikofaktoren angesehen werden: Substanzmissbrauch, psychische/chronische Erkrankung, Arbeitslosigkeit, Gewalt gegenüber dem Kind, unsichere Bindungsmuster, ungünstiger Erziehungsstil, Kriminalität, niedriges Bildungsniveau, Ein-Eltern-Familien, Abwesenheit eines Elternteils, Migrationshintergrund, sprachliche Barrieren (▶ Kap. 2.2). Vor allem in den Fällen, in denen (multiple) Risikofaktoren vorliegen, bedürfen Kinder und Jugendliche der besonderen Unterstützung durch pädagogische Fach- und Lehrkräfte, um Risikofaktoren zu minimieren, soziale Unterstützung zu aktivieren und Schutzfaktoren aufzubauen.

Des Weiteren ist es günstig, wenn Eltern bzw. Erziehungsberechtigte der Zusammenarbeit mit der jeweiligen Bildungsinstitution positiv gegenüberstehen. Dazu ist es förderlich, wenn Eltern in ihrer eigenen Kindheit bzw. Jugend positive Erfahrungen mit der Schule gemacht haben. Haben Eltern aufgrund ihrer eigenen Schulbiografie eventuell Vorbehalte oder Misstrauen der Schule oder Lehrkräften gegenüber, so kann dies einer gelingenden Zusammenarbeit erschwerend im Wege stehen. Grundlegend ist deshalb der von den pädagogischen Fach- und Lehrkräften ausgehende Vertrauensaufbau zu den Eltern.

Aber auch Eltern sollten sich ihrerseits an verbindliche Absprachen halten (z. B. bei der Eingewöhnung), die Beratung und Begleitung von pädagogischen Fachkräften oder Lehrkräften annehmen und erkennen, dass nur gemeinsam eine positive Übergangsgestaltung zum Wohle des Kindes ermöglicht werden kann.

Zusammenfassend lässt sich festhalten: Eltern möchten und müssen rechtzeitig über den bevorstehenden Übergang informiert werden. Sie müssen wissen, was mit dem Übergang auf sie zukommt, sie brauchen Mitspracherecht, möchten partizipieren und die jeweilige Einrichtung rechtzeitig, d. h. am besten im Vorfeld kennenlernen (Räume, Menschen, Abläufe). Sie sollten wissen, wie sie ihre Kinder bestmöglich begleiten und unterstützen können, brauchen Ansprechpersonen für ihre Fragen und möchten wertschätzend behandelt werden. Eltern sind Expert:innen für ihre Kinder und können demgemäß in aller Regel beurteilen, was gut für ihr Kind ist. Die Verantwortung, dass Eltern aktiv in den Übergangsprozess einbezogen werden, liegt bei den beteiligten Institutionen und bei den jeweiligen pädagogischen Fach- und Lehrkräften, die vor Ort die tatsächliche Zusammenarbeit umsetzen.

Zu zentralen Kompetenzen von pädagogischen Fachkräften und Lehrkräften hinsichtlich der Moderation und Begleitung von Übergängen sind Kompetenzen in der Gesprächsführung mit Eltern (Elterngespräche) essenziell. Diesbezüglich findet sich gute Fachliteratur, auf die hier nur verwiesen werden soll, z. B. Aich und Behr (2016) oder Hennig und Ehinger (2016). Außerdem bietet beispielsweise der Leitfaden »Elterngespräche kultursensibel führen« der Initiative Vielfalt entfalten – gemeinsam für starke Schulen (Deutsche Kinder- und Jugendstiftung, 2021) einen ersten Überblick über eine gute Vorgehensweise für Gespräche mit Eltern. Ähnlich wie andere Leitfäden für Elterngespräche umfasst dieser den Aufbau in Analyse- und Interviewphase, Lösungsphase und Abschlussphase (Deutsche Kinder- und Jugendstiftung, 2023). Auch das Land Rheinland-Pfalz bietet einen Leitfaden für ein Gespräch zwischen Lehrkraft, Schüler:in und Eltern inklusive Vorbereitungsbögen an (Ministerium für Bildung, Wissenschaft, Weiterbildung und Kultur Rheinland-Pfalz, o. J.), das für Übergangsgespräche angepasst werden kann. Zudem stellt der Lehrstuhl für Schulpädagogik der Ludwig-Maximilian-Universität München (LMU, o. J.) Ratschläge für erfolgreiche Elterngespräche zur Verfügung. Zentrale Grundlagen für das Führen von Elterngesprächen sind die entsprechende Haltung der pädagogischen Fach- und Lehrkräfte, Eltern und ihre Kinder als Expert:innen für ihre Situation anzusehen und ihnen mit Wertschätzung und Respekt zu begegnen. Es geht darum, den Raum entsprechend vorzubereiten, im Gespräch Türöffner-Sätze zu verwenden (»Schön, dass Sie heute hier sind« anstatt »Ihr Kind macht schon wieder Probleme«), das Gespräch vorab klar zu strukturieren, Ziel und Absicht des Gesprächs im Vorfeld klar zu kommunizieren und auf eine offene und wertschätzende Gesprächsatmosphäre zu achten. Weiterhin ist es bedeutsam, im Gespräch aufmerksam, offen, empathisch und zugewandt zu sein, auf Augenhöhe und Ressourcenorientierung zu achten, eine Perspektive der Gewaltfreien Kommunikation und Lösungsfokussierung einzunehmen und auf eine Zielvereinbarung hinzuarbeiten, mit der alle Beteiligten einverstanden sind.

4.2 Anregungen für Elternabende und weitere Zusammenkünfte mit Eltern

Gesprächsanlässe und Möglichkeiten zum Austausch zwischen pädagogischen Fach- bzw. Lehrkräften und den Eltern bzw. Erziehungsberechtigen bieten regelmäßige Zusammenkünfte, wie beispielsweise Elternabende. Zudem können diese

Zusammenkünfte dazu genutzt werden, Eltern bzw. Erziehungsberechtigte anzuregen, mit Blick auf den für ihr Kind bevorstehenden Übergang darüber nachzudenken, wie der Übergang damals bei ihnen selbst war. Ziel dieser Übung ist es, Verständnis für ihre Kinder aufzubringen, sich in deren aktuelle Situation einfühlen, eigene Reaktionen reflektieren und ihre Kinder dadurch besser verstehen und begleiten zu können: Wissen Sie noch, welche Gedanken sie sich damals gemacht haben? Waren Sie aufgeregt, neugierig, ängstlich? Wer hat Ihnen geholfen, den Übergang zu bewältigen? (z. B. eine pädagogische Fachkraft aus der Kita, eine Lehrkraft, ein Elternteil, Großeltern, Geschwister, Tante, Onkel, jemand anderes?) Welche Freund:innen haben den Übergang gemeinsam mit Ihnen gemeistert? Was würden Sie Ihrem Kind wünschen, damit es den Übergang gut bewältigt? Was können Sie für Ihr Kind tun, damit es den Übergang gut bewältigt? Was brauchen Sie selbst und was wünschen Sie sich von der bisherigen und neuen Einrichtung, damit Sie Ihr Kind gut begleiten können? Diese Fragen können in Kleingruppen von den Eltern besprochen werden. Werden die Ergebnisse auf einer Flipchart notiert und danach als ›sprechende Wände‹ präsentiert, erhalten alle Einblicke in die jeweiligen Kleingruppengespräche. Außerdem gewinnen die pädagogischen Fach- bzw. Lehrkräfte hilfreiche Anregungen, was Eltern sich wünschen und welche Unterstützungsbedarfe bei den Eltern bzw. Erziehungsberechtigten bestehen.

Hilfreiche Anregungen für die Planung und Durchführung von Elternabenden mit Blick auf den Übergang von der Schule in den Beruf hat beispielsweise die Stadt Fürth zusammengestellt (»Der grüne Faden«; Stadt Fürth, 2011).

Im Folgenden werden einige konkrete Impulse gegeben, wie auf Zusammenkünften mit Eltern in Austausch gekommen werden kann und wie Eltern angeregt werden können, ihre Kinder bestmöglich zu unterstützen.

Kleingruppenarbeit für Elternzusammenkünfte

- Denken Sie bitte an die Bildungsübergänge zurück, die Sie in Ihrem Leben bisher bewältigt haben. Welche Übergänge waren das?
- Nehmen Sie ein Blatt Papier. Legen Sie es im Querformat vor sich hin.
- Zeichnen Sie eine gerade Linie von links nach rechts ein. Diese stellt einen Zeitstrahl dar. Tragen Sie die bisherigen Bildungsübergänge in Ihrem Leben auf dem Zeitstrahl ein.

- Denken Sie nun bitte darüber nach: Was (welche eigenen Fähigkeiten) oder wer (welche Personen) hat Ihnen bei Ihren bisherigen Übergängen geholfen? Tauschen Sie sich in Ihrer Kleingruppe hierzu aus.

Zur Stärkung der Resilienz der Kinder und Jugendlichen vor, während und nach der Transition können pädagogische Fach- und Lehrkräfte zudem folgende Impulse für ein Gespräch mit ihrem Kind an die Eltern bzw. Erziehungsberechtigten weitergeben:

1. Helfen Sie Ihrem Kind, sich *selbst gut wahrnehmen* zu können:
   - Wie geht es mir mit dem Übergang?
   - Was sind meine Gedanken zum Übergang?
   - Was kann ich gut, das im Übergang hilft?
2. Helfen Sie Ihrem Kind, dass es seine *Gefühle gut regulieren* kann:
   - Was kann ich tun, wenn ich traurig/wütend/frustriert/verärgert/unsicher/antriebslos bin?
     (z. B. mit jemandem reden, in mein Kissen schreien, auf den Boxsack hauen, rausgehen und rennen, Rad fahren, springen, mit meinem Haustier kuscheln etc.)
3. Helfen Sie Ihrem Kind, sich als *selbstwirksam* zu erleben:
   - »Ich kann etwas!«
   - »Mir wird etwas zugetraut und ich traue mir etwas zu!«
   - »Ich kann Ziele erreichen, auch wenn es schwierig wird oder sich Hindernisse auftun!«
   - »Ich kann den Übergang schaffen, auch wenn ich unsicher bin!«
   - »Der Übergang fordert mich heraus, aber er überfordert mich nicht!«
   - »Ich habe Lust und Mut, den Übergang anzugehen!«
4. Helfen Sie Ihrem Kind, sich in *sozialer Gemeinschaft angemessen* zu bewegen:
   - Höflich und freundlich sein
   - Auf andere Rücksicht nehmen und anderen helfen
   - Seine Meinung sagen und begründen
   - Sich auch mal durchsetzen können
   - Nein sagen und sich selbst behaupten können
   - Sich Unterstützung durch andere holen
5. Helfen Sie Ihrem Kind, *Probleme lösen* zu lernen – aus eigener Kraft und mithilfe von anderen. Leiten Sie Ihr Kind an, sich zu überlegen:
   - Was genau ist gerade das Problem?
   - Was kann ich tun/welche Möglichkeiten habe ich?
   - Welche der Möglichkeiten wähle ich aus?
   - Brauche ich bei der Lösung Hilfe? Wer kann mir helfen?
   - Wenn es mir gelungen ist, das Problem zu lösen: Was hat gut geklappt? Kann ich das bei einem anderen Problem wieder anwenden?
6. Helfen Sie Ihrem Kind, mit *Stress umgehen* zu lernen. Leiten Sie es dazu an, bei sich wahrzunehmen, wenn es in Stress kommt. Zeigen Sie ihm, wie es sich entspannen kann, z. B.:
   - Schöne Musik hören oder ein Lied singen
   - Den Vögeln zuhören
   - Tief durchatmen
   - Die Hand fest zur Faust ballen und wieder loslassen
   - Atemübungen und Entspannungsübungen, Yoga usw.
   - Wenn es sinnvoll ist: Die Stress-Situation verlassen.
     → Sprechen Sie mit Ihrem Kind darüber, was Ihnen hilft, wenn Sie Stress empfinden, um zu entspannen.
     → Gehen Sie mit gutem Beispiel voran – atmen Sie selbst tief durch und tun Sie sich selbst etwas Gutes.

Diskussionsanlass für Elternzusammenkünfte

Das können Sie als Eltern bzw. Erziehungsberechtigte mit Blick auf den bevorstehenden Übergang tun:

- Ihrem Kind Gespräche über den bevorstehenden Übergang anbieten
- Ihr Kind fragen, wie es ihm geht mit Bezug auf den Übergang: »Wie geht es dir?«
- Ihr Kind fragen: »Was brauchst du?«
- Sich Zeit nehmen für Gespräche
- Ihrem Kind von eigenen Übergängen erzählen
- Unterstützung anbieten, Resilienz stärken
- Ängste, Sorgen, Fragen des Kindes ernst nehmen
- Stärken des Kindes betonen und hervorheben: »Was kannst du gut?«
- Vertrauen und Sicherheit vermitteln

Fallen Ihnen weitere Unterstützungsmöglichkeiten ein?

Die nachfolgende Grafik beschreibt die Begleitung und insbesondere anstehende Gesprächsanlässe bei Transitionen im Jahreslauf (▶ Abb. 6). Unabhängig davon, ob es sich um einen Übergang in der frühen Kindheit oder um den Abschluss der Schule handelt: All diesen Transitionen ist gemein, dass sie frühzeitig (und altersangemessen) vorbereitet und begleitet werden (müssen).

Circa sechs bis neun Monate vor dem eigentlichen Übergang sollten mit den Kindern bzw. Jugendlichen vorbereitende Gespräche geführt werden. Jüngere Kinder können mit Bildkarten oder Bilderbüchern entsprechend einbezogen werden. Wichtig ist es, beim Verbalisieren von Emotionen zu unterstützen und die Gefühle der Kinder bzw. Jugendlichen wahrzunehmen. Auch Eltern sollten parallel zu den Kindern über die Transition informiert und mit entsprechendem Infomaterial versorgt werden. Dazu gehört auch, Anregungen für eine angemessene Unterstützung zu geben, denn Eltern sind manchmal unsicher, wie eine entsprechende Begleitung ihres Kindes gestaltet werden könnte. Die pädagogischen Fach- und Lehrkräfte selbst müssen die Übergänge vorbereiten, Gespräche mit den Beteiligten führen und individuell auf die jeweiligen Kinder bzw. Jugendlichen und ihre Eltern eingehen.

Circa drei bis sechs Monate vor der Transition könnten den Kindern bzw. Jugendlichen Schnupper-/Besuchstage in der neuen Einrichtung ermöglicht werden. Hierbei sind regelmäßige Besuche in der neuen Einrichtung günstig. Bereits zu diesem Zeitpunkt bietet es sich an, die neuen Räume, Personen und etwaigen Anforderungen kennenzulernen. Denn wenn die Kinder bzw. Jugendlichen wissen, was auf sie zukommt, erhöht dies das Verständnis für die neue Situation und kann dadurch aufkommende Ängste reduzieren. Auch Eltern brauchen Einblicke in die neue Institution, damit sie ihre Kinder gut begleiten können. Die pädagogischen Fach- und Lehrkräfte binden Kinder bzw. Jugendliche in diesen Prozess ein, sie sind nach wie vor gesprächsbereit und aufmerksam für Kinder bzw. Ju-

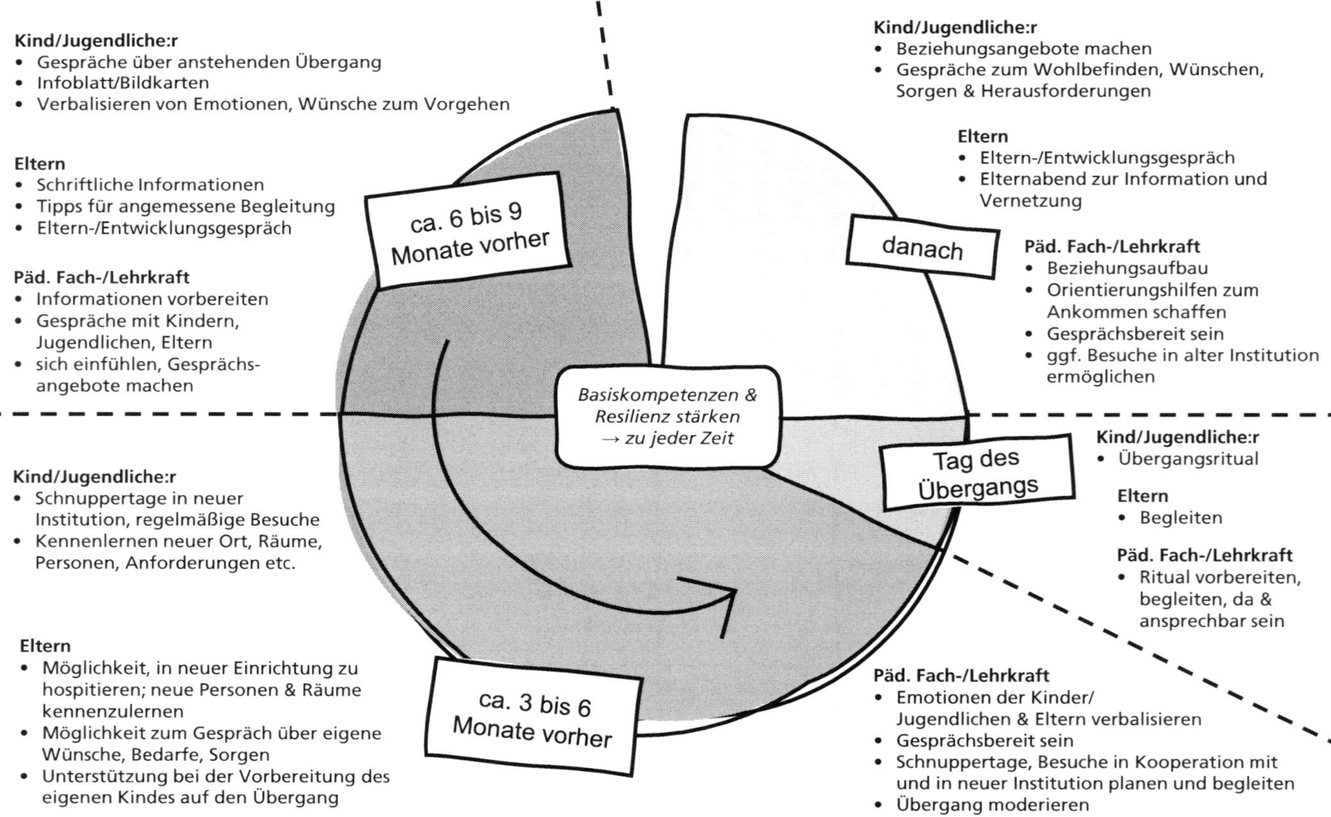

Abb. 6: Begleitung von Übergängen im Jahresverlauf (eigene Darstellung)

gendliche, die den Übergang vielleicht als übergroßen Stress erleben. Diese brauchen besonders enge Begleitung und Hilfe bei der Emotionsregulation. Pädagogische Fach- und Lehrkräfte kooperieren regelmäßig, um einen gelingenden Übergang zu ermöglichen.

Der eigentliche Tag des Übergangs sollte gut vorbereitet sein, ein passendes Ritual unterstreicht den Schwellencharakter des Ereignisses und sorgt für Zusammenhalt in der (neuen) Gruppe.

Nach dem Übergang (bis zu ca. neun bis zwölf Monate danach) beobachten pädagogische Fach- und Lehrkräfte die Kinder und Jugendlichen, sind aufmerksam für Fragen und Anliegen, reduzieren Ängste und Unsicherheiten, indem sie einen (neuen) sicheren Ort herstellen und Ansprechbarkeit signalisieren. Auch sollten die Kinder bzw. Jugendlichen eingeladen werden, ihre Gefühle auszudrücken, und dabei Unterstützung erhalten, sich zu regulieren. Gleiches gilt für Fragen und Unsicherheiten von Eltern. Auch sie brauchen gegebenenfalls Informationen, wie es nun, in der neuen Einrichtung, weitergeht; auch sie möchten und müssen die neue Einrichtung und Personen kennenlernen. Pädagogische Fach- und Lehrkräfte unterbreiten ein wertschätzendes Beziehungsangebot, damit das Ankommen gelingt.

4.3 Zusammenarbeit mit Eltern mit spezifischen Bedarfen

Beachtung und Unterstützung belasteter bzw. vulnerabler Familien

Im Erleben pädagogischer Fach- und Lehrkräfte sind manchmal nicht alle Familien bzw. Eltern gleich gut erreichbar. So findet sich der Begriff der ›schwer erreichbaren‹ Eltern (z. B. Eunicke, 2023; Morgan, 2017; Sacher, 2022; Vincent, 2017) in der Fachliteratur, womit Eltern gemeint sind, die durch pädagogische Fachkräfte und Lehrkräfte eher bzw. vermeintlich schwer zu erreichen sind. Zugleich zeigt sich häufig, dass die ›schwere Erreichbarkeit‹ von Eltern tendenziell herkunfts- oder einkommensspezifisch zugeordnet wird – zu geringe oder zu wenig Beteiligung wird eher Eltern mit geringem Einkommen oder Migrationshintergrund zugeschrieben (Eunicke, 2023). Diese Sichtweise gilt es migrations-, rassismus- und selbstkritisch zu hinterfragen, zumal mit der Zuschreibung ›schwerer Erreichbarkeit‹ manchmal auch eine ›schlechte‹ Elternschaft verknüpft ist (ebd.). Neben Eltern mit Migrationshintergrund oder eher niedrigem Einkommen, mit denen gleichermaßen der Aufbau einer gelingende Erziehungs- und Bildungspartnerschaft sowie Kooperation in Übergangssituationen gesucht werden sollte, finden sich auch alleinerziehende Elternteile, die besondere Bedarfe haben.

So ist es beispielsweise in der Eingewöhnung in eine Krippe oder eine Kita oder bei der Einschulung eines Kindes für einen alleinerziehenden Elternteil nicht ohne weiteres möglich, einen oder mehrere Tage Urlaub zu nehmen – insbesondere, wenn Arbeitgeber:innen wenig Entgegenkommen signalisieren. Hier gilt es, individuelle Unterstützung anzubieten und passgenaue Lösungswege zu finden. Wichtig zu wissen ist, dass Kinder aus einem Elternhaus mit einem alleinerziehenden Elternteil häufiger in Risikolagen leben als Kinder, deren Elternteile gemeinsam im Haushalt leben. Dazu kommt, dass oft mehrere Risikolagen zusammen anzutreffen sind – zusätzlich zum Aufwachsen in einem Haushalt mit einem alleinerziehenden Elternteil kommen häufig noch weitere Risikofaktoren wie geringe finanzielle Absicherung oder Erwerbslosigkeit. Das bedeutet, es herrscht potenziell intersektionale Diskriminierung. Kinder und Jugendliche aus Familien mit hohem sozioökonomischem Status haben höhere Chancen, zu den leistungsstarken Schüler:innen zu zählen als Kinder aus Familien mit mittlerem oder niedrigem Einkommen (Kolleck, 2020). Ebenso gilt es zu beachten, dass Kinder aus Familien, die psychosozial belastet sind, in der Regel weniger vielfältige Bewältigungsressourcen zur Verfügung haben, um Transitionen erfolgreich bewältigen zu können (Doblinger, 2020).

Demnach ist es unabdingbar, als pädagogische Fachkraft und Lehrkraft über diese Formen potenzieller Diskriminierung Bescheid zu wissen und entschieden vorzubeugen – gerade auch in der Begleitung von Familien in Übergängen. Zu fragen ist, wie Professionelle bei Transitionen alle Familien gleichermaßen gut unterstützen können. Insbesondere jedoch sollten Familien mit den erwähnten Risikofaktoren (z. B. Migrationshintergrund, niedriges Einkommen) passgenau unterstützt und begleitet werden, gegebenenfalls unter Hinzuziehen weiterer Unterstützungsangebote.

Kultursensibles Arbeiten in Transitionen

Auch im Kontext der Bildungsübergänge (und darüber hinaus) ist es von Bedeutung, dass pädagogische Fach- und Lehrkräfte kultursensibel arbeiten, um der kulturellen Heterogenität der Familien Rechnung zu tragen. Dies bedeutet, kulturelle Besonderheiten und Gepflogenheiten der jeweiligen Familien zu kennen, zu reflektieren und entsprechend darauf zu reagieren. So werden z. B. Gefühle (auch in Transitionen) je nach kulturellem Hintergrund unterschiedlich deutlich bzw. gar nicht geäußert. Die heutige Forschung trifft Unterscheidungen in eine eher *verbundenheitsorientierte* (Stärkung der Gruppenzugehörigkeit) oder *autonomieorientierte* (Förderung von Autonomie und Individualität) Kultur (z. B. Borke & Keller, 2021; Keller, 2011). Je nachdem, welcher Kultur eine Familie sich eher zuordnet, unterscheiden sich pädagogische Vorstellungen, Bindungsstile, Sozialisationsziele, Normen und Werte voneinander. Diese gilt es, als professionelle Begleitung im Übergang zu kennen und zu reflektieren, sich eine professionelle Haltung diesbezüglich zu erarbeiten sowie passgenau auf die jeweilige Familie zu- und einzugehen. Außerdem finden sich Familien, die von der einen in die andere Kultur wechseln und so eher eine ›Mischform‹ aus Autonomie- und Verbundenheitsorientierung in den Verhaltensweisen zeigen können. Wichtig ist zudem: Auch ein Wechsel zwischen unterschiedlichen Kulturen wie Familien- und Kita-Kultur oder Schulkultur kann eine Transition bedeuten.

Folglich können in den Bildungsinstitutionen unterschiedliche Modelle, Vorstellungen und Prägungen aufeinandertreffen und zu Irritationen führen – z. B. auch bei der Eingewöhnung von Kindern in bzw. während Transitionen. Denn je nach kulturellem Verständnis herrschen womöglich unterschiedliche oder entgegenstehende Sichtweisen vor. Bei Kindern (und deren Familien) aus eher verbundenheitsorientierten Kontexten kann zu viel Wahlfreiheit zu Irritationen führen – diese Familien bräuchten eventuell eher klare Vorgaben und Abläufe (Borke, 2010). Dennoch herrscht dahingehend Einigkeit, dass Kinder für eine seelisch gesunde Entwicklung sichere Bedingungen des Aufwachsens sowie sichere Beziehungen zu anderen Menschen brauchen. So halten Ahnert und Keller (2020) fest: »Universell ist sicher das Bedürfnis, Beziehungen zu bilden« (S. 52).

Pädagogische Fach- und Lehrkräfte sollten folglich in der Lage sein, diversitäts- und kultursensibel zu arbeiten und sich zu fragen, ob sie wirklich allen Familien mit der gleichen Unvoreingenommenheit und Wertschätzung begegnen können. Dabei gilt es, eigene Werthaltungen, Normen, Vorurteile und Zuschreibungen kritisch zu hinterfragen und daran zu arbeiten. Zeitgemäße Pädagogik beinhaltet folglich auch eine kultursensitive pädagogische Haltung (Borke & Keller, 2021).

Bezogen auf Transitionen bedeutet ein kultursensitiver Blick, dass pädagogische Fach- und Lehrkräfte über kulturell potenziell unterschiedliche pädagogische Vorstellungen Bescheid wissen und versuchen, die Eltern und Kinder in ihrem Verhalten zu verstehen, um darauf aufbauend passgenaue Unterstützungsmöglichkeiten entwickeln und anbieten zu können.

Implikationen für die Praxis

- ✓ Eltern bzw. Erziehungsberechtigte sind aktive Bewältigende des Übergangs. Deshalb: Sorgen, Ängste, Fragen ernst nehmen, rechtzeitig über den Übergang informieren
- ✓ Eltern in den Übergang einbeziehen, damit sie ihre Kinder gut unterstützen und begleiten können, d. h. über Ziele, Maßnahmen, Kooperationsaktivitäten informieren und Eltern zur Mitwirkung anregen
- ✓ Ausreichend Zeit für die Kommunikation mit Eltern einplanen
- ✓ Eltern ein wertschätzendes Beziehungsangebot unterbreiten, auf eine positive Bildungs- und Erziehung(spartnerschaft) hinarbeiten
- ✓ Eltern dabei unterstützen, dass sie ihrem Kind helfen können, die Transition als zu bewältigende Herausforderung, nicht als Überforderung/Bedrohung wahrzunehmen
- ✓ Eltern anregen, genügend Zeit mit ihrem Kind zu verbringen, gemeinsame Aktivitäten zu planen und die Emotionen wie Sorgen, Fragen, Ängste, Unsicherheiten des Kindes ernst zu nehmen
- ✓ Eine sichere Bindungsbeziehung zwischen Eltern und ihrem Kind unterstützen
- ✓ Eltern anregen, ihr Kind in seiner Autonomie zu unterstützen sowie ihrem Kind nicht übermäßig kontrollierend/sanktionierend zu begegnen

- ✓ Eltern mit dem hiesigen Bildungssystem vertraut machen und Bildungsmöglichkeiten benennen
- ✓ Elternbildungsmaßnahmen anbieten oder vermitteln.
- ✓ Eltern klar aufzeigen, wer wofür zuständig ist und wie Eltern ihr Kind bestmöglich unterstützen
- ✓ Wenn Eltern nicht (ausreichend) verfügbar sind, kompensatorische Bindungspersonen bzw. Unterstützer:innen für Kinder und Jugendliche anwerben, z. B. Mentor:innen (aus der Schule oder Studierende usw.)
- ✓ Dolmetscher:innen aktivieren, wo nötig, um gelingende Kommunikation zu ermöglichen
- ✓ Regelmäßig Elternabende/Elternnachmittage/Elterncafés/Zusammenkünfte mit Eltern anbieten, damit Eltern sich untereinander kennenlernen, Ängste abbauen und die neuen pädagogischen Fachkräfte bzw. Lehrkräfte kennenlernen können
- ✓ Vor dem Übergang runde Tische zwischen allen beteiligten Institutionen organisieren
- ✓ Informationsmaterialien in leichter Sprache und in allen in der Einrichtung gesprochenen Sprachen rechtzeitig vor dem Übergang anbieten, außerdem nach dem Übergang begleiten: Wie kann ich mein Kind beim Ankommen unterstützen, was muss ich über die neue Institution wissen?

Das Wichtigste in Kürze

Auch die Eltern bzw. Erziehungsberechtigten der sich im Übergang befindenden Kinder bzw. Jugendlichen müssen die anstehende Transition aktiv bewältigen. Dabei sind sie neben den Gefühlen ihrer Kinder auch selbst mit ihren Ängsten, Sorgen, Stolz, Freude, Verunsicherung und weiteren Emotionen konfrontiert. Pädagogische Fach- und Lehrkräfte sollten deshalb Eltern frühzeitig über den anstehenden Übergang informieren (z. B. in Gesprächen, Zusammenkünften mit Eltern, mittels Informationsmaterialien in leichter Sprache) und grundsätzliche Gesprächsbereitschaft signalisieren sowie ausreichend Zeit für Kommunikation mit Eltern einplanen. Wenn Eltern bzw. Erziehungsberechtigte nicht verfügbar sind, so ist es wichtig, andere Personen als Unterstützung bzw. Mentor:innen für Kinder und Jugendliche zu aktivieren (ältere Schüler:innen, Studierende usw.). Zudem ist es von Bedeutung, die jeweilige Familiensituation zu kennen, um das Verhalten der Eltern und ihrer Kinder möglichst umfassend verstehen zu können. Dies gilt insbesondere für Eltern mit besonderen Bedarfen und setzt eine kultursensible pädagogische Arbeit unter der Reflexion eigener Erwartungen, Vorurteile und Werte voraus.

5 Kooperation und Vernetzung

5.1 Herausforderungen und Gelingen

Für Einrichtungen der Kinder- und Jugendhilfe ist die Orientierung am Sozialraum und an den Lebenslagen bzw. Lebenswelten von Kindern, Jugendlichen und ihren Familien unabdingbar. So soll Jugendhilfe nach § 1 SGB VIII einen Beitrag zur Gestaltung von »positiven Lebensbedingungen« für Kinder, Jugendliche und ihre Familien leisten und eine »kinder- und familienfreundliche Umwelt [...] erhalten oder [...] schaffen«.

Fachkräfte in Kindertageseinrichtungen sollen laut § 22a SGB VIII mit den Erziehungsberechtigten, anderen Institutionen im Gemeinwesen (wie Familienbildung, Familienberatung) und mit Schulen zusammenarbeiten (ebd.). Hieraus ergibt sich der Auftrag zu Vernetzung und Kooperation zwischen Einrichtungen wie Kita und Schule (und darüber hinaus), auch in Übergängen. Sozialraumorientierung bedeutet, sich an den Bedingungen des geografischen, emotionalen und mit Beziehungen gestalteten Raums (Kobelt Neuhaus & Refle, 2008) zu orientieren. Um Übergänge professionell zu begleiten, sind somit insbesondere zwischen den beteiligten Institutionen, pädagogischen Fach- und Lehrkräften und den Familien Kooperation und Vernetzung nötig. Da unterschiedliche Berufsgruppen beteiligt und diverse Interessen vertreten sind, bedarf es dazu der multiprofessionellen Kooperation.

Vernetzung kann dabei verstanden werden als die Bildung, Verknüpfung und Aufrechterhaltung einer Struktur, die Angebote verschiedener Akteur:innen eines Systems zusammenführt (van Santen & Seckinger, 2003). Kooperation meint eine gezielte und geplante Zusammenarbeit verschiedener Personen, Gruppen oder Institutionen, um gemeinsam besprochene Ziele zu erreichen (Spieß, 2021). Dabei sollten die kooperierenden Personen sich darüber verständigen, wie der Informationsaustausch gelingen und wie mit langfristiger Bildungsdokumentation umgegangen werden kann (Kracke, Mayhack, Noack & Weber-Liel, 2019). Ein Netzwerk kann entstehen, wenn alle Beteiligten kooperieren, um ein gemeinsames Ziel zu erreichen (ebd.). Um eine gelingende Vernetzung und Kooperation in Bezug auf die Übergangsgestaltung zu erzielen, braucht es die Bereitschaft aller beteiligten professionellen Akteur:innen, dies aktiv zu wollen und zu betreiben. Dabei wird die Kooperation maßgeblich durch die jeweilige Persönlichkeit der beteiligten pädagogischen Fach- und Lehrkräfte sowie deren Haltungen, Werte und Einstellungen bezüglich des Nutzens der Kooperation getragen, wobei unterschiedliche Bedingungen, Formen und Klimata der Kooperation festzustellen sind (Rathmer,

2012). Für das Gelingen von Kooperation (bezüglich der Übergangsgestaltung) bedarf es nach Kracke et al. (2019) sowie nach Spieß (2021):

- Kinder bzw. Jugendliche im Zentrum des Übergangsprozesses,
- Bereitschaft zur Zusammenarbeit,
- Möglichkeiten der Zielabstimmung bzw. des Informationsaustauschs,
- Wechselseitiger, wertschätzender und offener Kommunikation und gegenseitiger Unterstützung,
- Konstruktiver Problemdiskussionen, Hinterfragen eigener Sichtweisen,
- Einer längeren Zeitperspektive, in der die Form der Kooperation erprobt wird und sich bestenfalls gegenseitiges Vertrauen entwickeln kann.

Günstig für eine funktionierende Vernetzung und Kooperation in Übergängen sind demnach neben grundsätzlicher Kommunikation und Unterstützung das Zusammenwirken aller Beteiligten, die Abstimmung über und Einigung auf gemeinsame Ziele und die Reflexion eigener Haltungen und Sichtweisen auf Übergänge (sowohl aus eigener biografischer Erfahrung als auch aus unterschiedlichen professionellen Sichtweisen Krippe – Kita – Grundschule – weiterführende Schule – Ausbildung/Studium o. Ä.). Aber auch die Weitergabe von Bildungsdokumentationen (unter Beachtung des Datenschutzes!) sowie gegebenenfalls der Einbezug von Förderkräften und Hilfestellen (Sprachtherapie, Schulbegleitung, Ergotherapie usw.) sollten bei Bedarf unterstützend hinzugezogen werden.

Cloos, Oehlmann und Sitter (2013) stellen fest, dass ein Übergangsmanagement unter Governance-Perspektive nötig, eine nur lokal begrenzte Kooperation zwischen den unterschiedlichen Gruppen (z. B. zwischen Familie, Kita, Schule) nicht ausreichend sei und es stattdessen einer

> »regionalen Verankerung dieser Kooperationen [bedarf], […] abgesichert […] durch die Erarbeitung von regionalen Konzepten zur Übergangsgestaltung unter Beteiligung von öffentlichen und freien Trägern, Fachberatungen, Fachdiensten, Kommunalpolitik, kommunalen Diensten etc.« (S. 558).

Damit Vernetzung und Kooperation nachhaltig gelingen können, genügt es demnach nicht, ›nur‹ auf Ebene von Kind, Familie, Kita, Schule, Ausbildungsstätte zusammen zu arbeiten und Absprachen zu treffen, sondern es ist von Relevanz, Kooperationen regional zu verstetigen, indem Akteur:innen auf kommunaler Ebene ein gemeinsames Übergangsmanagement abstimmen. Hier stellt sich die Herausforderung, wer aus den direkt beteiligten Institutionen bzw. aus Kommune, Stadt oder Landkreis dies steuern und wie dies angesichts von Fachkräftemangel und Geldknappheit gelingen kann.

Kracke et al. (2019) schlagen für inklusive und individuelle Übergänge sogenannte Übergangskonferenzen vor. Dazu beschreiben sie in einer Praxishilfe die Methode der Übergangskonferenzen, die insbesondere dann angewandt werden kann, wenn Schüler:innen bei der allgemeinen Vorgehensweise der Transitionsbegleitung nicht genügend Unterstützung erhalten, obwohl sie Bedarf dafür hätten. Die Autor:innen unterscheiden in ihrer Vorgehensweise unterschiedliche Typen von Übergängen, nämlich ob die weiterführende Einrichtung bekannt oder noch unbekannt ist. Anhand von Arbeitsmaterialien wird die Methode der Übergangskonferenz in vier Phasen beschrieben (ebd., S. 41):

1. *Situationsanalyse* (»Welche Informationen über das Kind beschreiben die aktuelle Situation?« – Informationssammlung und -analyse)
2. *Vorbereitung* (»Was muss für eine Übergangskonferenz bedacht, geplant und vorbereitet werden?« – passgenaue Vorbereitung)
3. *Durchführung* (»Wie kann eine Übergangskonferenz durchgeführt werden, um das Potenzial des Treffens zu nutzen?« – gemeinsames Ziel)
4. *Nachbereitung* (»Was hat die Übergangskonferenz gebracht?« – Nutzen für Kinder/Jugendliche/Eltern/Institution)

Für die einzelnen Phasen stellen die Autor:innen übersichtliche Abläufe und Checklisten zur Verfügung, sodass verantwortliche Personen sich daran orientieren können. Die Methode der Übergangskonferenz eignet sich für den Übergang vom Kindergarten in die Grundschule, zwischen weiterführenden Schulen und Berufsausbildung bzw. für den Berufsorientierungsprozess.

Außer der oben beschriebenen Herausforderung lassen sich in Kooperationsprozessen während Transitionen basierend auf Forschungsergebnissen weitere diverse Herausforderungen herauskristallisieren:

- »Zeit, Personalmangel und Arbeitsüberlastung,
- Organisatorische Probleme, wie die Unabkömmlichkeit während des Vormittags, was z. B. die Besuche der Fach- und Lehrkräfte erschwert,
- Unterschiede in der pädagogischen Ausrichtung der beiden Förderorte und im Status der Vorbildung der Beteiligten, die als so grundlegend wahrgenommen werden, dass sie die Kooperation grundsätzlich in Frage stellen,
- Schließlich auch der aktuelle Datenschutz und Schweigepflicht« (Wehner & Pohlmann-Rother, 2012, S. 71 f zitiert nach Buse & Sauerhering, 2018, S. 7).
- »Differierende Sprachcodes der unterschiedlichen Professionen,
- Statusgefälle zwischen den beteiligten Berufsgruppen« (Cloos et al., 2013, S. 556).

Erschwerend kommt hinzu, dass Schule vorrangig kein Ort von Teamarbeit und Kooperation zwischen Institutionen sei (Seckinger, 2010). Dem gegenüber stehen jedoch verschiedene Gelingensbedingungen (Wehner & Pohlmann-Rother, 2012, S. 72 f nach Buse & Sauerhering, 2018, S. 7; Cloos et al., 2013, S. 562; Ministerium für Kultus, Jugend und Sport Baden-Württemberg, 2015):

- Einrichtung örtlicher Arbeitsgemeinschaften,
- Feste Ansprechpersonen,
- Dialogbereitschaft der jeweiligen Institutionen,
- Gegenseitige Wertschätzung und offene Kommunikation über die jeweiligen pädagogischen Ziele,
- Gegenseitige Hospitationen,
- Gestaltung von prozessorientierten, gleichberechtigten Kooperationen,

- (Konferenz-)Beschluss zur Kooperation erwirken,
- Absicherung und Verankerung in den beruflichen Rahmenbedingungen,
- Entsprechende (gemeinsame) Aus- und Fortbildungen für beteiligte Fach- und Lehrkräfte,
- Die regionale Verankerung der Übergangsgestaltung in Abstimmung mit einzelnen Politikbereichen anstreben,
- Eine Verzahnung der unterschiedlichen Ausbildungen und Weiterqualifizierungen pädagogischer Fach- und Lehrkräfte erreichen,
- Die Anerkennung der jeweiligen Verschiedenheit der beteiligten Institutionen fördern,
- Netzwerkarbeit, indem Kontakte zu externen Institutionen geknüpft und gepflegt werden.

Aus erfolgreich durchgeführter Netzwerkarbeit ergeben sich insbesondere Vorteile für die beteiligten Personen (Kracke et al., 2019): Kinder und Jugendliche sowie deren Eltern werden bestmöglich und zielgerichtet unterstützt, die Beteiligten werden entlastet, außerdem erleben die beteiligten Pädagog:innen Unterstützung. Es sind verschiedene Kontakte im Sozialraum, mit denen ein Netzwerk aufgebaut werden kann, wie beispielsweise Beratungsstellen (Schulpsychologische Beratung, Erziehungsberatung usw.), Berufsorientierung (wie Firmen für Praktika, Bildungshäuser, weitere Einrichtungen), Schulamt (Schulpsychologischer Dienst, Beratung Berufsorientierung), Vereine und Verbände, Stadtverwaltung (Jugendamt usw.), Polizei u. a. m. (ebd.).

Bezüglich des Übergangs von der Schule in Ausbildung, FSJ, Studium o. Ä. wirken teilweise andere Partner:innen aus verschiedenen Systemen an einem gelingenden Übergang mit. Zum Übergangssystem zählen hier Schulen (Sekundarstufe), die im Zusammenwirken mit anderen Institutionen auf den Übergang in Ausbildung vorbereiten und unterstützen durch beispielsweise Berufsberatung, Betriebspraktika, Ausbildungsbetriebe, berufliche Schulen, aber auch weitere Akteur:innen des Übergangssystems wie Schulverwaltung und Schulaufsicht, Agenturen für Arbeit, Kammern, Gewerkschaften sowie kommunale Ämter (Deutsches Jugendinstitut, 2014).

Als Leitsätze für eine erfolgreiche Kooperation benennt das Ministerium für Kultus, Jugend und Sport Baden-Württemberg (2015, S. 18) mit Bezug auf die Kooperation zwischen Kita und Grundschule einige Aspekte, die auch auf weitere Transitionen und Kooperationen zwischen Bildungseinrichtungen übertragen werden können:

- Verankerung der Stärkung von Lebenskompetenz der Kinder und Jugendlichen als wichtigstes Ziel der Kooperation,
- Ausarbeitung eines gemeinsam entwickelten und abgestimmten Konzepts,
- Schriftliche Dokumentation gemeinsamer Leitgedanken bezüglich der Zusammenarbeit,
- Regelmäßige Auswertung und Anpassung des gemeinsamen Konzepts,
- Zusammenarbeit mit Eltern als wichtiger Bestandteil des Konzepts,

- Förderung von aktiver Mitsprache und Mitgestaltung auf allen Ebenen (Kinder bzw. Jugendliche, Eltern, pädagogische Fachkräfte, Lehrkräfte),
- Kontaktaufnahme und Kontaktpflege zu externen Institutionen aus dem Feld der Bildung, Betreuung und Erziehung (Netzwerkarbeit),
- Gegenseitige Hospitationen der kooperierenden Einrichtungen,
- Regelmäßiger Austausch zwischen kooperierenden Einrichtungen zur Reflexion der jeweiligen Rollen und Aufgaben,
- Blick auch für die Stärken und Ressourcen von Kindern und Jugendlichen,
- Erkennen individueller Förderbedarfe und Einleitung unterstützender Hilfemaßnahmen.

5.2 Stufen der Kooperation

Hinsichtlich der Kooperation zwischen Einrichtungen wie Kita und Grundschule lassen sich verschiedene Stufen der Kooperation (▶ Abb. 7) mit unterschiedlichen Intensitätsgraden feststellen (Steinert et al., 2006; Moser, 2016). Dabei kann zwischen folgenden Stufen unterschieden werden:

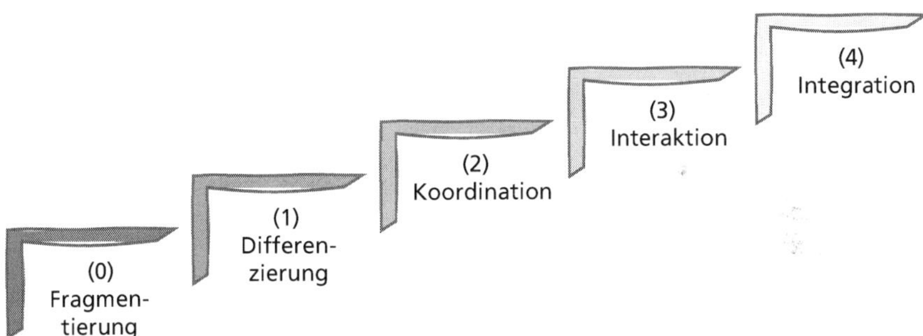

Abb. 7: Stufen der Kooperation (eigene Darstellung in Anlehnung an Steinert et al., 2006)

(0) *Fragmentierung:* Hier findet keinerlei Kooperation statt.
(1) *Differenzierung:* Es existieren erste Schritte der Kooperation in Form von Information und kollegialer Mitbestimmung.
(2) *Koordination:* Es gibt systematische Formen von Kooperation, indem Informationen weitergegeben werden und erste Formen von Teamarbeit stattfinden.
(3) *Interaktion:* Es finden Kooperationen in Form fachübergreifender Zusammenarbeit statt.
(4) *Integration:* Zusätzlich zu Information, Teamarbeit und fachübergreifender Zusammenarbeit existieren unterrichtsbezogene Kooperation, ein regelmäßiger Erfahrungsaustausch und kollegiale Hospitation.

Einrichtungen können sich ausgehend von diesen Stufen der Kooperation die Frage stellen, auf welcher Stufe sie jeweils stehen und was es bräuchte, um auf die nächste Stufe zu gelangen. Je höher die Stufe, desto intensiver und bestenfalls wirkungsvoller die Kooperation. Christe (2016) fordert dabei auf übergeordneter Ebene:

- Regionales Übergangsmanagement, indem vielfältige Möglichkeiten und flexible Unterstützungsangebote für Übergänge gestaltet werden, sowie die Beteiligung von Jugendlichen an der Gestaltung entsprechender Fördermaßnahmen.
- Stabilität in der Förderpraxis, indem langfristige und ausschließlich an Qualitätsmerkmalen orientierte Förderung Jugendlicher stattfindet.
- Flexibilität in den Ausbildungspfaden, indem das bisherige Übergangssystem weiterentwickelt wird (hier ist z. B. an assistierte Ausbildungen, ins System integrierte Benachteiligtenförderung zu denken).
- Abbau von Bildungsarmut, indem Bildungsungleichheiten verringert und Chancengleichheit hergestellt werden.

Es wäre somit zu empfehlen, nicht nur isolierte oder einmalige Kooperationen zu vereinbaren, sondern schrittweise intensivierte Kooperationen aufzubauen. Je regelmäßiger und verstetigter diese stattfinden, desto weniger mühevoll ist die Organisation für die Beteiligten und desto höher kann der Ertrag sein – sowohl für Kinder, Jugendliche und Familien als auch für beteiligte pädagogische Fachkräfte und Lehrkräfte.

Um zu reflektieren, wo die eigene Institution hinsichtlich der Kooperation und Vernetzung steht, bietet sich eine ›*SWOT*-Analyse‹ (Neugebauer & Bewyl, 2009) an. Dies ist eine Methode, die sich zur systematischen Situationsanalyse sowie zur Lösung von Problemen (in der Vernetzung und Kooperation) eignet und ihren Ursprung in der Organisationsentwicklung hat. ›SWOT‹ steht dabei für:

S = Satisfactions (Zufriedenstellendes): Was läuft gut? Was macht zufrieden?
W = Weakness (Schwächen): Was stört? Was klappt nicht? Wo gibt es Missstände? Wo gibt es Probleme?
O = Opportunities (Gelegenheiten): Wo sehen Sie Chancen? Wo liegen Herausforderungen? Welche Möglichkeiten bieten sich?
T = Threats (Bedrohungen): Welche möglicherweise gefährlichen Zukunftsszenarien sehen Sie?

Die ersten beiden Aspekte beziehen sich auf Gegenwärtiges, die letzten beiden auf Zukünftiges. Die nachfolgende Tabelle (▶ Tab. 5) bildet eine für die Übergangsbegleitung adaptierte SWOT-Analyse ab und kann pädagogische Fach- und Lehrkräfte bei der Situations- und Bedarfsanalyse unterstützen.

Tab. 5: SWOT-Analyse für die Übergangsbegleitung (eigene Darstellung in Anlehnung an Neugebauer & Bewyl, 2006)

IST-Situation (Gegenwart)	SOLL-Situation (Zukunft)
+ Zufriedenstellendes	+ Gelegenheiten
Sachliche Aspekte im Netzwerk Was läuft zufriedenstellend in der Begleitung von Übergängen? Warum?	*Sachliche Aspekte im Netzwerk* Welche Entwicklungsmöglichkeiten gibt es bei der Begleitung von Übergängen? In welchen Bereichen liegen sie?
Persönliche Aspekte Was ist für mich persönlich zufriedenstellend? Warum? Wo sehe ich meine spezifischen Übergangskompetenzen?	*Persönliche Aspekte* Welche Chancen und Möglichkeiten sehe ich für mich persönlich bei der professionellen Begleitung von Übergängen?
- Schwächen	- Bedrohungen
Sachliche Aspekte im Netzwerk Wo gibt es Fehler, Störungen, Schwierigkeiten, Schwachstellen bei der Begleitung von Übergängen? Was erzeugt Spannungen und Konflikte?	*Sachliche Aspekte* Welche ungünstigen oder bedrohlichen Entwicklungen gibt es hinsichtlich der professionellen Begleitung von Übergängen?
Persönliche Aspekte In welchen Bereichen liegen meine persönlichen Schwierigkeiten, Grenzen, Vorbehalte bei der professionellen Begleitung von Übergängen? Wann kommt es aus meiner Sicht zu Spannungen, Enttäuschungen, Motivationsverlust?	*Persönliche Aspekte* Welche bedrohlichen Faktoren oder Schwierigkeiten gibt es in meiner Situation als Übergangsbegleitung?

Das Wichtigste in Kürze

Damit Übergänge professionell begleitet werden können, bedarf es der Kooperation und Vernetzung mit Partner:innen im Sozialraum, die bestenfalls nicht nur einmalig, sondern kontinuierlich zwischen den beteiligten Institutionen stattfinden. Dienlich sind eine Reflexion der eigenen Haltung, Offenheit gegenüber der Sichtweise anderer Berufsgruppen, eine gemeinsame Sprache, Bildungsdokumentation sowie die Einigung auf gemeinsam akzeptierte Ziele. Regional verstetigtes und gemeinsames Übergangsmanagement kann Kooperation und Vernetzung anregen und aufrechterhalten. Übergangskonferenzen können individuelle, inklusive und passgenaue Übergangsbegleitung ermöglichen. Kooperation und Vernetzung in Übergängen bieten Chancen, bringen aber auch Herausforderungen mit sich, die gemeinsam bewältigt werden können. Es lassen sich verschiedene Stufen von Kooperation unterscheiden, wovon die Stufe der Integration die größtmögliche Zusammenarbeit birgt, indem regelmäßiger Erfahrungsaustausch, kollegiale Hospitation, Teamarbeit und fachübergreifende Zusammenarbeit gelebt werden.

6 Kompetenzen pädagogischer Fach- und Lehrkräfte

6.1 Transitions-Kompetenz-Modell

Zur Reflexion

Bitte denken Sie über folgende Fragen nach und machen Sie sich Notizen:

- Wie gut gelingt es mir, Kinder/Jugendliche und ihre Familien in Mikro- und Makro-Transitionen zu begleiten?
- Welche Kompetenzen bringe ich dazu mit?
- Welche Begleitung würde ich mir wünschen, wenn ich mich selbst in einer Transition befinden würde?

In Übergängen wirken verschiedene Institutionen zusammen; diese bringen teilweise unterschiedliche Bildungsverständnisse mit. Deshalb sind wie in Kapitel 5 beschrieben eine gute Kooperation und Abstimmung über die Ziele unter den Institutionen unerlässlich, ebenso wie eine transparente und professionelle Begleitung der jeweiligen Kinder, Jugendlichen und Familien. Damit pädagogische Fachkräfte und Lehrkräfte Kinder, Jugendliche und deren Familien in Übergängen zwischen Bildungsinstitutionen professionell begleiten können, benötigen sie spezifische Kompetenzen. Für den Kompetenzbegriff finden sich unterschiedliche Definitionen. Hier wird auf den Kompetenzbegriff nach Weinert (2001) Bezug genommen, da dieser eine breite Zustimmung in Fachkreisen erfährt. Kompetenzen sind demnach

> »die bei Individuen verfügbaren oder durch sie erlernbaren kognitiven Fähigkeiten und Fertigkeiten, um bestimmte Probleme zu lösen, sowie die damit verbundenen motivationalen, volitionalen und sozialen Bereitschaften und Fähigkeiten, um die Problemlösungen in variablen Situationen erfolgreich und verantwortungsvoll nutzen zu können« (Weinert, 2001, S. 27 f).

Kompetenzen sind somit zu erlernen, setzen sich aus Fähigkeiten und Fertigkeiten auf kognitiver Ebene zusammen und helfen dabei, Probleme zu lösen. Außerdem wird Bereitschaft auf der Ebene der Motivation, des Willens (»volitional«) und auf der sozialen Ebene benötigt. Schließlich dienen Kompetenzen dazu, Problemlösungen in unterschiedlichen Situationen erfolgreich anwenden zu können. Fröhlich-Gildhoff, Nentwig-Gesemann, Pietsch, Köhler und Koch (2014) greifen verschiedene Kompetenzdefinitionen auf und gießen diese in ein Kompetenzmodell der Frühpädagogik. Dieses wird hier auf die kompetente professionelle Begleitung von Übergängen im Kindes- und Jugendalter übertragen.

Kompetenz lässt sich stark vereinfacht ausgedrückt auf folgende ›Formel‹ bringen: Kompetenz = Wissen + Können + Wahrnehmung + Haltung + Handlung. Ausführlicher wird die Transitionskompetenz und die sie bestimmenden Faktoren in Abbildung 8, dem Transitions-Kompetenz-Modell, dargestellt. Pädagogische Fach- und Lehrkräfte benötigen Wissen über Transitionen und eine kompetente Transitionsbegleitung, aber auch über Entwicklungspsychologie sowie grundlegende Theorien (z. B. Stress- oder Transitionstheorien). Jede pädagogische Fachkraft und Lehrkraft hat aber auch zusätzlich zum (kognitiven) Fachwissen im Lauf der beruflichen Tätigkeit noch weiteres Wissen erworben: das habituelle und reflektierte Erfahrungswissen. Im Lauf des Berufslebens werden Erfahrungen gesammelt, wie Übergänge begleitet werden, wie sie ablaufen und was es dazu braucht, dass ein möglichst reibungsloser Ablauf stattfinden kann. Mit jeder begleiteten Transition erweitert sich dieses habituelle (gewohnheitsmäßige, also aus Gewohnheiten gewachsene) Wissen. Wird über dieses Wissen reflektiert, dann wächst das reflektierte Erfahrungswissen. Um Übergänge und somit Kinder bzw. Jugendliche und deren Familien angemessen und passgenau begleiten zu können, beobachten pädagogische Fach- und Lehrkräfte die jeweiligen Familien vor, während und nach dem Übergang. Es sollte genau wahrgenommen werden, wie es um die Befindlichkeit und Emotionen der Einzelnen steht, ob sie zuversichtlich sind oder eher sehr ängstlich, ob sie sich als selbstwirksam erleben oder eher weniger. Wenn Beobachtungs- und Dokumentationsverfahren eingesetzt werden, so können diese zur Hilfe genommen und, soweit datenschutzrechtlich möglich, weitergegeben werden. Ausgehend von den systematischen Beobachtungen und Wahrnehmungen wird die Transition als zu bewältigende Situation analysiert. Damit pädagogische Fach- und Lehrkräfte Übergänge gut begleiten können, benötigt es jedoch noch weitere – persönliche – Kompetenzen wie Motivation zur Transitionsbegleitung und -moderation, Einfühlungsvermögen und die eigene Selbstwirksamkeitserwartung. Hinzu kommen methodische Fertigkeiten wie Gesprächsführungskompetenzen und soziale Kompetenzen.

All diese Aspekte werden geprägt von der zugrundeliegenden professionellen Haltung: Ist diese ›transitionsbewusst‹ bzw. ›transitionssensibel‹? Besteht ein Bewusstsein für die Bedeutung von Übergängen? Lassen die eigenen Werte und Normen sowie die einrichtungsübergreifenden Regeln, Normen und Werte eine passgenaue und professionelle Übergangsbegleitung zu? Werden Kinder, Jugendliche und ihre Familien rechtzeitig, partizipatorisch sowie stärken- und ressourcenorientiert begleitet? Schließlich spielen die jeweiligen Rahmenbedingungen eine prägende Rolle: Wie viel Personal ist vorhanden? Wie viel Zeitkontingent haben die einzelnen pädagogischen Fach- bzw. Lehrkräfte zur Verfügung? Wie gut ist die fachliche Ausbildung der beteiligten Professionellen?

Es werden also spezifisches Wissen sowie entsprechende Fertigkeiten benötigt, um in der Begleitung von Übergängen basierend auf professionellem Fach- und Erfahrungswissen kompetent und passgenau handeln zu können. Passgenauigkeit meint dabei, die Transitionsbegleitung auf die individuellen Bedürfnisse, Stärken und Fähigkeiten von Kindern bzw. Jugendlichen abzustimmen. Die Transitions-

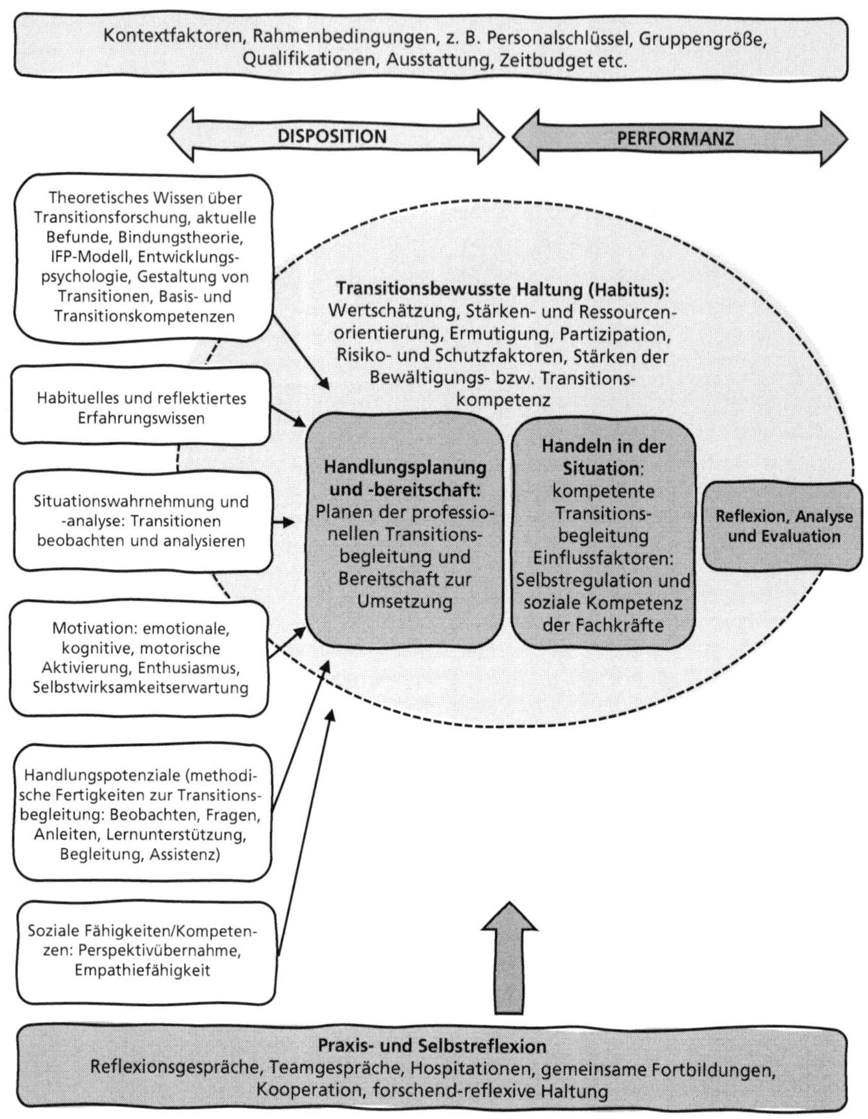

Abb. 8: Transitions-Kompetenz-Modell bezüglich der Transitionskompetenz pädagogischer Fach- und Lehrkräfte (eigene Darstellung in Anlehnung an Fröhlich-Gildhoff et al., 2014)

begleitung ist umso passgenauer, je besser sie zum Entwicklungsstand von Kindern und Jugendlichen passt (Neuenschwander, 2017) sowie zu deren Bedürfnissen. Das Konzept von ›Stage-environment-fit‹ (Eccles, 2004, nach Neuenschwander, 2017) besagt,

> »dass die entwicklungsspezifischen Bedürfnisse, Interessen und Kompetenzen (stage) mit der schulischen Umwelt […] (environment) korrespondieren sollten, damit sich das Kind

optimal entwickeln kann. Diese Passung ist hoch, wenn die schulischen Angebote [zur Transitionsbegleitung] und Anforderungen [an Transitionen] optimal auf die alterstypische Situation passen« (Neuenschwander, 2017, S. 145).

Passgenauigkeit ergibt sich demnach, wenn es pädagogischen Fachkräften und Lehrkräften gelingt, die Übergangsbegleitung auf die jeweils individuellen Bedürfnisse, Fähigkeiten und Entwicklungsstände der Kinder und Jugendlichen abzustimmen. Professionelle Transitionsbegleitung ist im Grunde genommen eine Form professioneller Entwicklungsbegleitung (Kroll, 2011). Dabei sollten sich pädagogische Fach- und Lehrkräfte vor Augen halten, dass ein Übergang im Bildungssystem auf drei Schritten aufbaut: (1) dem Abschied von der bisherigen Institution, (2) der Vorbereitung und dem Sich-Einstellen auf die neue Institution, (3) dem Einstieg in die neue Institution, wie es bereits basierend auf van Gennep beschrieben wurde (▶ Kap. 2.3). Professionelle Übergangsbegleitung bedeutet folglich, »das Herstellen von Passungen zu unterstützen, zu fördern und zu fordern« (Kroll, 2011).

Denner und Schumacher (2014) sowie Kroll (2011) formulieren u. a. folgende Anforderungen, um übergangsspezifische Performanz seitens pädagogischer Fach- und Lehrkräfte zu erreichen:

- über Wissen verfügen bezüglich eigener Vorannahmen, Sichtweisen, Haltungen bezüglich der Dynamik von Krisen und kritischen Lebensereignissen sowie über Bildung, Erziehung und Entwicklung (auch Wissen über sozial-emotionale, kognitive Faktoren mit Bezug auf Transitionen),
- Übergänge in ihren unterschiedlichen Varianten sehen und deuten können,
- sich und andere in Veränderungsprozessen wahrnehmen und verstehen können sowie die Fähigkeit der Perspektivenübernahme und Perspektiv-Orientierung besitzen,
- über Fachwissen bezüglich spezifischer Übergänge verfügen und entsprechende Rahmungen dafür entwickeln (auch z. B. Pubertät o. Ä.),
- Kenntnis der jeweiligen beteiligten Übergangsorte sowie Lebenskontexte,
- Wissen über Wünsche, Erwartungen, Vorstellungen beteiligter Akteur:innen sowie eigene Erwartungen und Vorstellungen (Fremd- und Selbstwahrnehmung),
- fähig sein, nächste Schritte in Übergangsprozessen zu planen, zu kommunizieren und zu begleiten,
- in der Lage sein, eine Passung zwischen der bisherigen Entwicklung von Kindern und Jugendlichen zur neuen Institution herzustellen,
- über die Fähigkeit verfügen, Selbstwirksamkeit und Problemlösekompetenz beteiligter Akteur:innen zu stärken,
- Fertigkeiten, den Übergang angemessen zu gestalten (hinsichtlich des Abschieds von der bisherigen Institution, Übergangsphase, Einstieg in die neue Institution).

Grundsätzlich sollte die Haltung pädagogischer Fach- und Lehrkräfte ressourcen- und stärkenorientiert sein (siehe Transitions-Kompetenz-Modell, ▶ Abb. 8), aber auch bestehende Defizite und mögliche Schwierigkeiten sollten diskutiert und transparent gemacht werden.

Um Übergänge professionell zu begleiten, sollten pädagogische Fach- und Lehrkräfte a) analysieren, welche Institutionen beteiligt sind (Diagnose), um mögliche und notwendige Handlungsoptionen zu erkennen und b) gemeinsam mit allen Beteiligten zu planen, wie genau diese ausgestaltet werden sollen (partizipatorische Planung). Dazu zählen c) Kenntnisse über Risiko- und Schutzfaktoren (einschließlich der Resilienzfaktoren), um möglicherweise erschwerende, aber auch unterstützende Faktoren zu berücksichtigen (Prävention vor Intervention im Übergang). Bestenfalls werden ›Resilienz-Kaskaden‹ ausgelöst (Masten, 2016), die eine positive Entwicklung im Übergang ermöglichen.

6.2 Spezifische Kompetenzen für die Übergangsbegleitung von Kindern und Jugendlichen

Aus Forschungsbefunden und Fachliteratur (► Kap. 3) lassen sich notwendige Kompetenzen und Handlungen ableiten, die pädagogische Fachkräfte mitbringen sollten, um Kinder und Jugendliche in Übergangssituationen professionell zu begleiten. Dazu gehören (rechtzeitige und informierte) Gespräche mit Kindern und Jugendlichen, die Ermöglichung von Partizipation, Vermittlung von Sicherheit, Ermöglichung von Selbstwirksamkeit, passgenaue und sinnstiftende Rituale, Besuche in der jeweils neuen Institution, Übergangsangebote, Schnuppertage, Einrichtungsrallyes, gemeinsame Feste, Feiern, Angebote, Projekte; Mentor:innen bzw. Pat:innen (durch ältere Kinder und Jugendliche) und vieles mehr.

Auch das jeweilige Zeitverständnis bzw. den Zeitbegriff der zu begleitenden Kinder sollten pädagogische Fachkräfte berücksichtigen (Denner & Schumacher, 2014). Kinder müssen ein Verständnis von vorher und nachher haben, um Übergänge in ein ›Davor‹ und ein ›Danach‹ einteilen zu können, um zu verstehen, was im zeitlichen Ablauf im Übergang geschieht. Außerdem hängt mit dem Zeitverständnis der Kinder zusammen, ab wann es zu empfehlen ist, mit dem jeweiligen Kind über den bevorstehenden Übergang zu sprechen.

Des Weiteren sollten pädagogische Fachkräfte und Lehrkräfte die Bewältigungskompetenzen von Kindern und Jugendlichen im pädagogischen Alltag stärken, bestenfalls alltagsintegriert, d. h. bei jeder sich bietenden Situation im Alltag (hierzu z. B. Kaiser & Fröhlich-Gildhoff, 2022). Zur Stärkung von Bewältigungskompetenzen und Resilienzfaktoren bieten sich viele pädagogische Situationen an, z. B. wenn ein Misserfolg verkraftet (wegen einer Klassenarbeit, im Sport), ein Konflikt mit Freund:innen besprochen oder eine Hürde überwunden werden muss.

Zudem – das machen die Erkenntnisse aus den Forschungsbefunden deutlich – sollten pädagogische Fach- und Lehrkräfte um die generell schützende sowie insbesondere im Übergangsprozess unterstützende Funktion von sicheren Beziehungen zu Kindern und Jugendlichen wissen und ihr Interaktionsverhalten entsprechend beziehungsvoll gestalten (dies umfasst u. a. ein feinfühliges, responsives, zugewandtes, wertschätzendes und auf die Interesse und Bedürfnisse der Kinder und Jugendlichen ausgerichtetes Interaktionsverhalten). Das bedeutet, sich für das Ankommen bzw. die Eingewöhnung der Kinder und Jugendlichen ausreichend Zeit zu nehmen, um eine individuelle Begleitung und Unterstützung im Übergangsprozess gewährleisten zu können. Hierbei gilt es insbesondere auch, den Blick bewusst auf vermeintlich »einfache« oder »übergangserfahrene« Kinder und Jugendliche zu richten und auch diese in ihren Anliegen und Bedürfnissen nicht zu übersehen. Auch sind gegebenenfalls die Strukturen in den Institutionen dahingehend zu reflektieren, ob und wie Kinder und Jugendliche angemessen im Übergang begleitet oder darauf vorbereitet werden können und wie zugleich kollegial Entlastung geschaffen kann (z. B. Lässt es unser Tagesablauf zu, dass wir uns einzelnen Kindern verstärkt zuwenden und Beziehungen aufbauen können? Wo finden gegebenenfalls Kooperationsmaßnahmen Platz? Wie können wir uns gegenseitig den Rücken freihalten?).

Zugleich ist die Beziehung zu den Kindern und Jugendlichen nicht erst bei oder kurz vor dem Übergang zu stärken, sondern bereits während der gesamten Zeit der einzelnen Kinder und Jugendlichen in der jeweiligen Institution. Dies gilt insbesondere auch für die gezielte Förderung von Kindern und Jugendlichen mit (multiplen) Problemlagen und/oder aus belasteten Verhältnissen, da Schwierigkeiten oder Auffälligkeiten zumeist bereits vor dem Übergang bestehen (Stichwort: Prävention statt Kurration). Auch sollten pädagogische Fach- und Lehrkräfte um die Bedeutung persönlicher Gespräche mit (älteren) Kindern und Jugendlichen wissen, in welchen u. a. deren Einstellungen zum bevorstehenden oder aktuell zu bewältigenden Übergang in Erfahrung gebracht werden können (z. B. Wie nehmen die Kinder und Jugendlichen ihre Rolle im Übergang selbst wahr? Wie selbstwirksam erleben sie sich? Was brauchen sie, um sich noch selbstwirksamer erleben zu können? Wie gut können sich die jeweiligen Kinder/Jugendlichen selbst regulieren? Mit welchen Emotionen stehen sie dem Übergang gegenüber? Wird der Übergang eher als bewältigbare Herausforderung oder als Bedrohung wahrgenommen?). Auf Grundlage der Beobachtungen und Gespräche können die Kinder und Jugendlichen dann gezielt in ihren Ressourcen und Kompetenzen gestärkt und gefördert werden.

Auch sollten pädagogische Fach- und Lehrkräfte Freundschaften und Peers als wichtige soziale Ressourcen im Übergangsprozess anerkennen und dahingehend gezielt Möglichkeiten schaffen bzw. Konzepte entwickeln, um Beziehungen zu Peers halten oder aufbauen zu können. Dies kann beispielsweise über Kooperationsmaßnahmen wie Peer-Learning-Projekte oder Pat:innenprogramme gelingen.

Um die Kinder und Jugendlichen bei der Transitionsbewältigung angemessen unterstützen zu können, gilt nicht zuletzt, sich als Fach- oder Lehrkraft durch gezielte Reflexion und die Bereitschaft zur professionellen Weiterentwicklung mögliche ›blinde Flecke‹, biografisch geprägte Haltungen und Verhaltensweise oder gegebenenfalls bestehende Vorurteile und Wertungen bewusst zu machen. Dies ist vor allem mit Blick auf die Forschungsbefunde zum Zusammenhang der sozialen Herkunft und dem eingeschlagenen Bildungsweg unabdingbar, um auch Kinder und Jugendliche aus belasteten Verhältnissen im Sinne der Chancengerechtigkeit aktiv fördern und unterstützen zu können.

6.3 Entwicklung eines Übergangskonzepts

Anhand der folgenden Reflexion kann überlegt werden, wie ein Übergangskonzept für die eigene Institution aussehen könnte. Bestenfalls wird für diese Reflexion ausreichend Zeit einplant (z. B. Konzeptionstag, Team-Sitzung etc.).

Entwicklung eines Übergangskonzepts

Erstellen Sie ein Übergangskonzept, das zu Ihrer Einrichtung bzw. zu dem von Ihnen begleiteten Übergang passt. Lassen Sie dabei Ihr Fachwissen ebenso einfließen wie Ihr Erfahrungswissen. Denken Sie zudem an die drei Ebenen des IFP-Transitionsmodells. Erscheint Ihnen das Erstellen eines kompletten Übergangskonzepts aktuell noch nicht machbar, dann formulieren Sie Handlungsstrategien, die Ihnen wichtig sind. Diese können zu einem späteren Zeitpunkt in ein Übergangskonzept einfließen.

Bedarfe benennen, Ziele formulieren

1. Wo stehen wir, aktuell hinsichtlich der professionellen Begleitung von Transitionen? (Situations- und Bedarfsanalyse → nutzen Sie hierfür die Fragen aus der SWOT-Analyse, ► Tab. 5)
2. Welchen Bereich wollen wir zuerst in den Blick nehmen und verändern? Warum gerade diesen? (Kinder/Jugendliche/Familien/Kooperationen) (Eingrenzung des Bereichs)
3. Wo wollen wir hin? (Zielbestimmung, einschließlich Begründung der Ziele)
4. Welche Wege gibt es dorthin? Wen könnten wir für diese Wege um Unterstützung bitten? (Ideensammlung zu in Frage kommenden Zielpfaden)
5. Welches Konzept, welche Strategien, Formen und Methoden wählen wir aus? (Festlegung unter Berücksichtigung der Gegebenheiten vor Ort)
6. Wann und wie setzen wir die ausgewählten Strategien um? Wer ist zuständig? (langfristige Planung, kurzfristige Planung, Klärung der Zuständigkeiten, Durchführung)
7. Sind wir auf dem richtigen Weg? (Zielkontrolle bzw. Wiedervorlage nach einer zuvor festgelegten Anzahl an Monaten)

7 Fazit und ›Checkliste‹ für die Praxis

Abschließend kann die eigene Kooperationspraxis reflektiert werden, indem mit der unten aufgelisteten ›Checkliste‹ abgeglichen wird, was die eigene Institution hinsichtlich Transitionsbegleitung bereits leistet. Wenn es auch hilfreich und am einfachsten wäre, einem stringenten Ablauf oder ›Rezept‹ für die Begleitung von Transitionen zu folgen, so lässt sich doch mit Kroll (2011) feststellen:

> »Es gibt kein Rezeptbuch für professionelle Übergangsbegleitung, wohl aber die Erkenntnis, dass Verstehen und Lösen von Entwicklungssituationen und Entwicklungsherausforderungen *Erkennen* und *Verstehen* von Entwicklungskontexten und -wirkungszusammenhängen verlangen, auf deren Grundlage dann reflexiv gestaltete Übergangsbegleitung gelingen kann« (S. 15).

Deshalb sind beteiligte Pädagog:innen gefordert, sich durch vorhandene Übergangskonzepte und Modellprojekte sowie Erkenntnisse aus Forschung und Fachliteratur anregen zu lassen, die jeweils zu begleitenden Übergänge passgenau zu unterstützen. Die Institutionen vor Ort sind in der Verantwortung, eigene Abläufe abzustimmen und so zu gestalten, dass Kinder, Jugendliche und ihre Familien bestmöglich begleitet und unterstützt werden.

Nichtsdestotrotz können Handlungsmöglichkeiten und eine Art Handlungsleitfaden bzw. Checkliste formuliert werden, die sich aus Fachliteratur und Forschungsbefunden als unterstützend erwiesen haben. Im Folgenden wird ein Handlungsleitfaden vorgestellt, an dem sich pädagogische Fachkräfte und Lehrkräfte bei der Übergangsbegleitung orientieren können.

7.1 ›Checkliste‹ zur positiven Gestaltung von Übergängen

Die folgende Checkliste wurde von den Autor:innen des vorliegenden Buches zur Reflexion für pädagogische Fach- und Lehrkräfte entwickelt und dient als Orientierung für eine positive, Kinder und Jugendliche stärkende Gestaltung von Bildungsübergängen:

- ▢ Autonomie und Kompetenzen von Kindern und Jugendlichen unterstützen (im Übergangsprozess, vor allem auch bereits über den gesamten Zeitraum des Besuchs in der jeweiligen Institution).
- ▢ Resilienzfaktoren fördern (Selbst- und Fremdwahrnehmung, Selbstregulation, Selbstwirksamkeit, soziale Kompetenz, Problemlösefähigkeiten, Stressbewältigungskompetenz, Sinnfindung und Zielanpassung).
- ▢ Kooperationsbeauftrage bestimmen, d. h. mindestens je eine feste Ansprechperson aus den beteiligten Institutionen, die gemeinsame Ziele festlegen, Übergangskonzepte erarbeiten, gemeinsame Aktivitäten planen und sich regelmäßig austauschen.
- ▢ Einen Kooperationskalender mit allen relevanten Terminen erstellen (für Austausch unter pädagogischen Fachkräften und Lehrkräften, für Hospitationen, für Besuche der Kinder bzw. Jugendlichen in der neuen Institution usw.).
- ▢ Kooperationsbeauftragten möglichst feste und ausreichend Zeiten zur Planung und Umsetzung der Übergangsbegleitung einräumen.
- ▢ Gemeinsame Fortbildungen zwischen den Institutionen.
- ▢ Schulsozialarbeiter:innen und sonstige involvierte Fachkräfte (z. B. Schulbegleitungen) einbeziehen.
- ▢ Übergangskonzept erstellen, Eltern und Kinder bzw. Jugendliche wo möglich einbeziehen, ihnen das Konzept vermitteln (Zeitplan, Abläufe usw.).
- ▢ Zentral: Selbstwirksamkeit ermöglichen (Kinder bzw. Jugendliche einbeziehen, rechtzeitig altersgemäß informieren und informierte Entscheidungen treffen lassen).
- ▢ Eltern bzw. Erziehungsberechtigte rechtzeitig über den bevorstehenden Übergang und darüber informieren, wie sie ihre Kinder angemessen begleiten können.
- ▢ Kennenlernen der neuen Institution durch Fotos, Videos, Besuche; gemeinsame Feste ermöglichen, wenn möglich nicht nur einmalig, sondern öfter/regelmäßig.
- ▢ Regelmäßige Aktivitäten mit der ›neuen‹ Institution im Vorfeld (z. B. regelmäßige gruppenübergreifende Treffen usw.).
- ▢ Kommunikation über Beobachtungen bzw. Dokumentationen zwischen den Institutionen (Datenschutz beachten!).
- ▢ Sicherheit vermitteln (vertraute Personen im Übergang einbeziehen, z. B. Eltern, Freund:innen).
- ▢ Peer-Kontakte ermöglichen, Aufbau bzw. Erhalt von Freundschaften unterstützen (z. B. ermöglichen, dass Freund:innen in dieselbe Klasse kommen).
- ▢ Kinder bzw. Jugendliche beobachten: Wem fällt der Übergang (vermeintlich) leicht? Wer benötigt intensivere Begleitung?
- ▢ Stärken und individuelle Bedürfnisse beachten, individuelle Übergangsbegleitung wo immer möglich praktizieren.
- ▢ Ängste, Sorgen, Unsicherheiten von Kindern/Jugendlichen und Bezugspersonen wahrnehmen bzw. in Erfahrung bringen (z. B. über Gespräche) und ernst nehmen.
- ▢ Vulnerable Gruppen besonders beachten, z. B. Familien mit Migrationshintergrund, Kinder mit Inklusionsbedarf, alleinerziehende Elternteile, Elternteile mit

psychischer Erkrankung, Familien mit niedrigem Einkommen und geringen finanziellen/räumlichen Ressourcen.

- ▢ Eltern bzw. Erziehungsberechtigten die Möglichkeit zum Gespräch geben.
- ▢ Rituale zum Abschluss/Übergang/Neubeginn.
- ▢ Regeln und Strukturen in der neuen Einrichtung altersgemäß vermitteln, neue Rollenerwartung kommunizieren, jedoch ohne Druck aufzubauen.
- ▢ Begegnungsmöglichkeiten für (neue) Eltern und Kinder einrichten (Elterncafé, Begegnungsnachmittag, Schnuppertag usw.).
- ▢ Netzwerk(e) aufbauen und Kooperation(en) pflegen.
- ▢ Ausreichend Zeit für die Übergangsbegleitung nehmen und einplanen! (strukturell verankern; sich gegenseitig unterstützen und ›den Rücken freihalten‹)

7.2 Fazit

Pädagogische Fachkräfte und Lehrkräfte spielen eine wichtige Rolle bei der Begleitung von institutionellen Übergängen im Kindes- und Jugendalter. Es obliegt ihrer Verantwortung und ihrem Aufgabenbereich, Kinder, Jugendliche und deren Familien passgenau, entwicklungsangemessen und individuell zu begleiten. Dazu sollte jede Einrichtung für die zu begleitenden Übergänge ein professionelles Übergangskonzept erarbeitet haben und dieses den Eltern bzw. Erziehungsberechtigten, Kindern und Jugendlichen entsprechend verständlich kommunizieren. Zusätzlich zu den erarbeiteten Strategien, die in Übergängen mit Bezug auf alle Kinder, Jugendlichen und ihre Familien angewandt werden, bedarf es einer aufmerksamen Wahrnehmung der einzelnen Kinder, Jugendlichen und derer Familien mit ihren je spezifischen Kompetenzen, Ressourcen, Bedürfnissen, Ängsten, Unsicherheiten und Fragen. Hier ist jeweils keine allgemeine Strategie anwendbar, sondern ein individuelles und passgenaues Eingehen auf die einzelnen Personen erforderlich.

Um Kinder, Jugendliche und deren Familien bereits vor dem jeweiligen Übergang zu unterstützen, sollten Ressourcen, Fähigkeiten, Begabungen, Stärken, Lebens- und Bewältigungskompetenzen gefördert werden. Übergänge gelingen dann, wenn sich Beteiligte angemessen vorbereiten können (Was wird von mir verlangt bzw. erwartet? Was kann ich tun, was muss ich wissen bzw. können?), wozu es einer klaren Information bedarf. Außerdem spielen Freund:innen und die Peer-Gruppe insgesamt eine wichtige Rolle, weshalb diese genutzt und gestärkt werden sollten. Schließlich benötigen gelingende Übergänge Kooperationen zwischen den Institutionen sowie erfolgreiche Netzwerkarbeit, um Kinder, Jugendliche und Familien angemessen begleiten zu können. Eine wertschätzende Zusammenarbeit auf Augenhöhe mit gemeinsam festgelegten Zielen ist hierbei wesentlich. Gelingt ein Übergang, so steigt die Wahrscheinlichkeit, dass weitere Übergänge ebenfalls positiv bewältigt werden – somit wirken pädagogische Fachkräfte und Lehrkräfte durch eine professionelle Übergangsbegleitung am Aufbau von Resilienz und Bewältigungskompetenzen mit und stärken damit fürs Leben.

Literaturverzeichnis

Ahnert, L. (2020). Der Zusammenhang von Bildung und Bindung. In J. Roos & S. Roux (Hrsg.), *Das große Handbuch Pädagogik in der Kita. Wissenschaftliche Erkenntnisse für die Praxis* (S. 107–116). Kronach: Carl Link.

Ahnert, L., Gunnar, M. R., Lamb, M.E. & Barthel, M. (2004). Transition to Child Care. Associations With Infant-Mother Attachment, Infant Negative Emotion, and Cortisol Elevations. *Child Development, 75*(3), 639–650. https://doi.org/10.1111/j.1467-8624.2004.00698.x

Ahnert, L. & Keller, H. (2020). Die Bindungstheorie in der Frühpädagogik – ein Streitgespräch. *Frühe Kindheit, 44*(3), 44–53.

Aich, G. & Behr, M. (2016). *Gesprächsführung mit Eltern in der Kita.* Weinheim: Beltz Juventa.

Alemzadeh, M. (2021). *Traumafrei eingewöhnen. TPS 9.* Verfügbar unter: www.alemzadeh.de/assets/pdf/Alemzadeh_TPS_09-2021_Traumafrei-eingewoehnen.pdf

Alicke, T., Heisig, S., Moisl, D., Prause, J. & Rexroth, M. (2009). *Resilienz und Bewältigungsstrategien von jungen Menschen mit Migrationshintergrund beim Übergang von Schule in Ausbildung. Zusammenfassung der Studie und Handlungsempfehlungen.* Frankfurt am Main: Institut für Sozialarbeit und Sozialpädagogik e.V.

Arndt, A.-K., Rothe, A., Urban, M. & Werning, R. (2013). Supporting and stimulating the learning of socioeconomically disadvantaged children – perspectives of parents and educators in the transition from preschool to primary school. *European Early Childhood Education Research Journal, 21*(1), 23–38. https://doi.org/10.1080/1350293X.2012.760336

Arndt, P. A. & Kipp, K. H. (Hrsg.) (2016). *Bildungshaus 3–10: Intensivkooperation und ihre Wirkung. Ergebnisse der wissenschaftlichen Begleitung.* Opladen: Barbara Budrich.

Asleithner, F., Vogl, S. & Parzer, M. (2021). Zwischen Wunsch und Wirklichkeit: Zum Zusammenhang von sozialer Herkunft, Migration und Bildungsaspirationen. *Österreichische Zeitschrift für Soziologie, 46*, 233–256. https://doi.org/10.1007/s11614-021-00442-3

Athola, A., Silinskas, G., Poikonen, P.-L., Kontoniemi, M., Niemi, P. & Normi, J.-E. (2011). Transition to formal schooling. Do transition practices matter for academic performance? *Early Childhood Research Quarterly, 26*, 295–302. https://doi.org/10.1016/j.ecresq.2010.12.002

Baasen, M., Schwalm, H.-G. & Sickinger, F. (2016). *Abgestimmte Bildungsarbeit Kindergarten/Grundschule.* Verfügbar unter: https://deutsches-schulportal.de/konzepte/gelungener-uebergang-von-der-kita-zur-grundschule/#72998976c8c824f940b04091e32a1a48:

Ball, J., Lohaus, A. & Miebach, C. (2006). Psychische Anpassung und schulische Leistungen beim Wechsel von der Grundschule zur weiterführenden Schule. *Zeitschrift für Entwicklungspsychologie und Pädagogische Psychologie, 38*(3), 101–109. https://doi.org/10.1026/0049-8637.38.3.101

Barlovic, I., Ullrich, D. & Wieland, C. (2024). *Ausbildungsperspektiven 2024. Eine repräsentative Befragung von jungen Menschen.* Gütersloh: Bertelsmann Stiftung.

Baumert, J., Maaz, K., Gresch, C., McElvany, N., Anders, Y., Jonkmann, K., Neumann, M. & Watermann, R. (2010). Der Übergang von der Grundschule in die weiterführende Schule – Leistungsgerechtigkeit und regionale, soziale und ethnisch-kulturelle Disparitäten: Zusammenfassung der zentralen Befunde. In K. Maaz, J. Baumert, C. Gresch & N. McElvany (Hrsg.), *Der Übergang von der Grundschule in die weiterführende Schule. Leistungsgerechtigkeit und regionale, soziale und ethnisch-kulturelle Disparitäten* (S. 5–22). Berlin: Bundesministerium für Bildung und Forschung (BMBF).

Baumert, J., Stanat, P. & Watermann, R. (Hrsg.) (2006). *Herkunftsbedingte Disparitäten im Bildungswesen: Differenzielle Bildungsprozesse und Probleme der Verteilungsgerechtigkeit. Vertiefende Analysen im Rahmen von PISA 2000.* Wiesbaden: Springer VS.

Bayrisches Staatsministerium für Familie, Arbeit und Soziales & Staatsinstitut für Frühpädagogik München (2019). *Der Bayrische Bildungs- und Erziehungsplan für Kinder in Tageseinrichtungen bis zur Einschulung* (10. Auflage). Berlin: Cornelsen.

Becker, S. & Börner-Ringleb, M. (2024). Zur querschnittlichen Beziehung von Leistungsdruck, Leistungsorientierungen und dem Erleben von Angst und Stress in der Schule. *Zeitschrift für Erziehungswissenschaft, 27,* 1329–1350. https://doi.org/10.1007/s11618-024-01250-7

Beelmann, W. (2000). Entwicklungsrisiken und -chancen bei der Bewältigung normativer sozialer Übergänge. In C. Leyendecker & T. Horstmann (Hrsg.), *Große Pläne für kleine Leute* (S. 71–77). München, Basel: Ernst Reinhardt.

Beicht, U. & Walden, G. (2019). *Der Einfluss von Migrationshintergrund, sozialer Herkunft und Geschlecht auf den Übergang nicht studienberechtigter Schulabgänger/-innen in berufliche Ausbildung.* Bonn: Bundesinstitut für Berufsbildung.

Beller, K. (2002). Eingewöhnung in die Krippe. Ein Modell zur Unterstützung der aktiven Auseinandersetzung aller Beteiligten mit Veränderungsstress. *Frühe Kindheit, Ausgabe 2/02.*

Bengel, J., Meinders-Lücking, F. & Rottmann, N. (2009). Schutzfaktoren bei Kindern und Jugendlichen – Stand der Forschung zu psychologischen Schutzfaktoren für Gesundheit. *Forschung und Praxis der Gesundheitsförderung, Band 35.* Köln: BZgA.

Bensel, J. (2010). Von der Familie in die Krippe. Der erste große Übergang. *TPS 3,* 16–19.

Bildungswerk der Hessischen Wirtschaft e. V. (o. J.). *KomPo. Kompetenzen entdecken, Potenziale nutzen – Berufswahl gestalten.* Verfügbar unter: https://kompomachtschule.de/projekt/

Bildungsregion Ortenau (o. J.). *Berufswahlordner. Schulische Berufsorientierung wirksam gestalten.* Verfügbar unter: https://www.bildungsregion-ortenau.de/de/projekte/beruflich-orientieren/berufswahlordner/

Borg-Laufs, M. (2012). Die Befriedigung psychischer Grundbedürfnisse als Weg und Ziel der Kinder- und Jugendlichenpsychotherapie. *Forum für Kinder- und Jugendpsychiatrie, Psychosomatik und Psychotherapie,* 1/2012, 6–21.

Borke, J. & Keller, H. (2021). *Kultursensitive Frühpädagogik* (2. Auflage). Stuttgart: Kohlhammer.

Borke, J. (2010). *Die Bedeutung von kulturellen Unterschieden für den Umgang mit Kindern unter 3 Jahre. Workshop. WiFF Fachforum. Von einer Ausländerpädagogik zur inklusiven Frühpädagogik – Neue Anforderungen an frühpädagogische Fachkräfte.* Verfügbar unter: https://www.weiterbildungsinitiative.de/fileadmin/Redaktion/Themen/PDF/Workshop_3_Kulturelle_Unterschiede_Kinder_u3_01.pdf

Bowlby, J. (1969). *Attachment and loss.* New York: Basic Books.

Bowlby, J. (2008). *Bindung als sichere Basis. Grundlagen und Anwendung der Bindungstheorie.* München: Ernst Reinhardt.

Bös, K. & Ulmer, J. (2003). Motorische Entwicklung im Kindesalter. *Monatsschrift Kinderheilkunde, 151,* 14–21. https://doi.org/10.1007/s00112-002-0623-8

Brahm, T., Jenert, T. & Wagner, D. (2014). Nicht für alle gleich: subjektive Wahrnehmungen des Übergangs Schule – Hochschule. *ZFHE, 9*(5), 63–82. https://doi.org/10.3217/zfhe-9-05/04

Braukhane, K. & Knobeloch, J. (2012). *Das Berliner Eingewöhnungsmodell – Theoretische Grundlagen und praktische Umsetzung.* Verfügbar unter: https://www.kita-fachtexte.de/de/fachtexte-finden/das-berliner-eingewoehnungsmodell-theoretische-grundlagen-und-praktische-umsetzung

Bronfenbrenner, U. (1981). *Die Ökologie der menschlichen Entwicklung.* Stuttgart: Klett-Cotta.

Bundesarbeitsgemeinschaft Berufswahlpass (o. J.). *Konzept des Berufswahlpasses. Frühzeitige Berufsorientierung als wichtiges gesellschaftliches Thema.* Verfügbar unter: https://berufswahlpass.de/berufswahlpass/allgemeine-informationen/

Bundesinstitut für Berufsbildung (2024). *Das Berufsorientierungsprogramm des BMBG (BOP).* Verfügbar unter: https://www.bibb.de/de/737.php

Bundesministerium der Justiz (1990). *Sozialgesetzbuch (SGB) – Achtes Buch (VIII) – Kinder- und Jugendhilfe.* Verfügbar unter: https://www.gesetze-im-internet.de/sgb_8/

Bundesministerium für Bildung und Forschung (2024). *Berufsbildungsbericht 2024.* Bonn.

Bundesministerium für Bildung und Forschung (o.J.). *Allgemeine Informationen zur Potenzialanalyse.* Verfügbar unter: https://www.berufsorientierungsprogramm.de/bop/de/potenzialanalyse/allgemeine-infos/pa-allg-infos-artikel.html?nn=729638

Bundeszentrale für gesundheitliche Aufklärung (BZgA) (2013). *Übergänge und Transitionen: Bedeutung, fachliche Konzepte und Beispiele. Handreichung Gesundheitliche Chancengleichheit.* Verfügbar unter: https://www.gesundheitliche-chancengleichheit.de/partnerprozess/uebergaenge-und-transitionen-bedeutung-fachliche-konzepte-und-beispiele/

Buse, M. & Sauerhering, M. (2018). *Im Übergang. Kooperation von KiTa und Grundschule.* Osnabrück: Niedersächsisches Institut für frühkindliche Bildung und Entwicklung (nifbe).

Carigiet, T. & Trösch, L. M. (2022). Die Determinanten eines gelungenen Kindergarteneintritts. Ergebnisse einer querschnittlichen Studie aus der Schweiz. *Zeitschrift für pädagogische Psychologie, Vorab-Artikel, November 9*, 1–14. https://doi.org/10.1024/1010-0652/a000353

Carigiet, T., Trösch, L. M. & Schaller, P. (2020). Gelingt der Übergang in den Kindergarten? Erkenntnisse aus einer Befragung von Kindergartenlehrpersonen und Eltern. *Schweizerische Zeitschrift für Bildungswissenschaften, 42*(1), 187–209. https://doi.org/10.25656/01:20594

Caspi, A. & Moffitt, T. E. (1993). When Do Individual Differences Matter? A Paradoxical Theory of Personality Coherence. *Psychological Inquiry, 4*(4), 247–271. https://doi.org/10.1207/s15327965pli0404_1

Christe, G. (2016). *Ausbildungschancen für alle. Neue Konzepte für den Übergang in Ausbildung.* Bonn: Friedrich-Ebert-Stiftung.

Cloos, P., Oehlmann, S. & Sitter, M. (2013). Der Übergang vom Kindergarten in die Grundschule. In W. Schröer, B. Stauber, A. Walther, L. Böhnisch & K. Lenz (Hrsg.), *Handbuch Übergänge* (S. 547–567). Weinheim: Beltz.

Datler, W., Ereky-Stevens, K., Hover-Reisner, N. & Malmberg, L.-E. (2012). Toddlers' transition to out-of-home day care: Settling into a new care environment. *Infant Behavior & Development, 35*, 439–451. https://doi.org/10.1016/j.infbeh.2012.02.007

Datler, W., Funder, A., Hover-Reisner, N., Fürstaller, M. & Ereky-Stevens (2012). Eingewöhnung von Krippenkindern: Forschungsmethoden zu Verhalten, Interaktionen und Beziehung in der Wiener Kinderkrippenstudie. In S. Viernickel, D. Edelmann, A. Hoffmann & A. König (Hrsg.), *Krippenforschung. Methoden, Konzepte, Beispiele* (S. 59–73). München: Ernst Reinhardt.

Denner, L. & Schumacher, E. (2014). *Übergänge in Schule und Lehrerbildung. Theorie – Übergangsdidaktik – Praxis.* Stuttgart: Kohlhammer.

Deutsche Kinder- und Jugendstiftung (2021). *Vielfalt entfalten.* Verfügbar unter: https://diversity-leben.de/projekt-vielfalt-entfalten-gemeinsam-fuer-starke-schulen-in-schleswig-holstein/

Deutsche Kinder- und Jugendstiftung (2023). *Leitfaden: Elterngespräche kultursensibel führen.* Verfügbar unter: https://www.mehrsprachen-mehrwir.de/materialsammlung/kultursensibel-elterngespraeche-fuehren/

Deutscher Bundestag (2021). *Übergang von der Grundschule auf eine weiterführende Schule der Sekundarstufe I.* Verfügbar unter: https://www.bundestag.de/resource/blob/835702/1da4c50c71135c08416a99ad1478a796/WD-8-025-21-pdf-data.pdf

Deutsches Jugendinstitut (2014). *Toolbox Kommunale Koordinierung im Übergang Schule – Beruf.* München: DJI. Verfügbar unter: https://www.dji.de/ueber-uns/projekte/projekte/toolbox-kommunale-koordinierung-im-uebergang-schule-beruf.html

Die Senatorin für Soziales, Jugend, Integration und Sport Bremen (2012). *Rahmenplan für Bildung und Erziehung im Elementarbereich* (2. Auflage). Bremen.

Dierkes-Hartwig, C. & Groot-Wilken, B. (2017). *Der Übergang von der Kita zur Grundschule.* Freiburg: Herder.

Ditfurth, A. v. (2018). *Das Zürcher Modell zur Begleitung von Übergangssituationen in der frühen Kindheit. Stadt Luzern.* Verfügbar unter: https://www.stadtluzern.ch/_docn/2570402/ZHR_Modell_Begleitung_v._bergangssituationen_fruhen_Kindheit.pdf.pdf

Doblinger, S. (2020). Kumulative Belastungen in der Familie als Risiko für Kinder beim Übergang vom Kindergarten in die Schule. Psychische Gesundheit, Kompetenzentwicklung und Übergangsbewältigung. *Frühe Bildung, 9*(4), 164–172. https://doi.org/10.1026/2191-9186/a000495

Druckrey, P. (2008). Wer die Wahl hat, hat die Qual. Welche Verfahren zur Kompetenzfeststellung eignen sich für die Arbeit der Kompetenzagenturen? *Praxishilfen Nr. 5 – Kompetenzagenturen*, 1–4.

EDUCATION Y (2018). *Modellprojekt »Stufenwechsel«. Den Übergang von der Grundschule an die weiterführende Schule gemeinsam gestalten.* Düsseldorf.

Ekman, P. (1988). *Gesichtsausdruck und Gefühl. 20 Jahre Forschung von Paul Ekman.* Paderborn: Junfermann.

Elster, F. (2013). Pädagogik des Übergangs. In M. S. Maier & T. Vogel (Hrsg.), *Übergänge in eine neue Arbeitswelt? Blinde Flecke der Debatte zum Übergangssystem Schule-Beruf* (S. 295–306). Wiesbaden: Springer VS.

Engel, G. L. (1977). The Need for a New Model. A Challenge for Biomedicine. *Science, 196*, 129–136. https://doi.org/10.1126/science.847460

Epp, A. (2017). *Von der Schule in die Berufsausbildung. Soziale Konstruktionen durch Lehrkräfte über ungünstige Faktoren in der Bildungsbiografie von Schülerinnen und Schülern.* Opladen: Barbara Budrich.

Ernst, G., Franke, A. & Franzkowiak, P. (2022). Stress und Stressbewältigung. In Bundeszentrale für gesundheitliche Aufklärung (BZgA) (Hrsg.), *Leitbegriffe der Gesundheitsförderung und Prävention. Glossar zu Konzepten, Strategien und Methoden.* https://doi.org/10.17623/BZGA:Q4-i118-2.0

Eunicke, N. (2023). Im Beziehungsgefüge von Familie und Schule: Positionen von Kindern und Lehrkräften zu ›schwer erreichbaren‹ Eltern. *Zeitschrift für Grundschulforschung, 16*, 235–251. https://doi.org/10.1007/s42278-023-00175-0

Faust, G., Kratzmann, J. & Wehner, F. (2012). Schuleintritt als Risiko für Schulanfänger? *Zeitschrift für Pädagogische Psychologie, 26*(3), 197–212. https://doi.org/10.1024/1010-0652/a000069

Faust, G., Wehner, F. & Kratzmann, J. (2011). Zum Stand der Kooperation von Kindergarten und Grundschule. Maßnahmen und Einstellungen der Beteiligten. *Journal of Educational Research Online, 3*(2), 38–61. https://doi.org/10.25656/01:5623

Filipp, S.-H. (1995). Ein allgemeines Modell für die Analyse kritischer Lebensereignisse und ihrer Effekte. In S.-H. Filipp (Hrsg.), *Kritische Lebensereignisse* (3. Auflage) (S. 3–52). Weinheim: Beltz PVU.

Fink, H. (2022). *Die Eingewöhnung in der Peer – Das Tübinger Modell.* Verfügbar unter: https://www.kita-fachtexte.de/de/fachtexte-finden/die-eingewoehnung-in-der-peer-das-tuebinger-modell

Fischer, C. & Prenzel, M. (2009). *Skizze für ein länderübergreifendes Anschlussvorhaben SINUS an Grundschulen.* Kiel: IPN.

Fröhlich-Gildhoff, K. (2013). *Angewandte Entwicklungspsychologie in der Kindheit. Begleiten, Unterstützen und Fördern in Familie, Kita und Grundschule.* Stuttgart: Kohlhammer.

Fröhlich-Gildhoff, K. & Hohagen, J. (2020). *Handreichung zur Einschätzung der Bindungsfähigkeit in der Kita (EiBiS). Hintergründe und Erläuterungen zum Verfahren. In Schriftenreihe der Baden-Württemberg Stiftung Nr. 95.* Stuttgart: Baden-Württemberg Stiftung. Verfügbar unter: https://www.bwstiftung.de/fileadmin/bw-stiftung/Publikationen/Gesellschaft_und_Kultur/G_K_Bindungssicherheit_EiBiS_Nr._95.pdf

Fröhlich-Gildhoff, K., Mischo, C. & Castello, A. (2016). *Entwicklungspsychologie für Fachkräfte in der Frühpädagogik. Grundlagen der Frühpädagogik, Band 2* (4. Auflage). Kronach: Carl Link.

Fröhlich-Gildhoff, K., Nentwig-Gesemann, I., Pietsch, S., Köhler, L. & Koch, M. (2014). *Kompetenzentwicklung und Kompetenzerfassung in der Frühpädagogik. Konzepte und Methoden.* Freiburg: FEL.

Fröhlich-Gildhoff, K., Rönnau-Böse, M. & Tinius, C. (2020). *Herausforderndes Verhalten in Kita und Grundschule. Erkennen, Verstehen, Begegnen* (2. Auflage). Stuttgart: Kohlhammer.

Fthenakis, W. E. (1999). Transitionspsychologische Grundlagen des Übergangs zur Elternschaft. Deutscher Familienverband (Hrsg.), *Handbuch Elternbildung* (S. 31–68). Opladen: Leske + Budrich.

Fürstaller, M., Funder, A. & Datler, W. (2012). *Wie Eingewöhnung an Qualität gewinnen kann. Zur Weiterqualifizierung pädagogischer Teams für den Bereich der Eingewöhnung von Kleinkindern in Kinderkrippe und Kindergärten. Projektdarstellung, Projektbericht und Empfehlungen aus dem Projekt.* Universität Wien.

Geiling, U., Liebers, K. & Prengel, A. (Hrsg.) (2015). *Handbuch ILEA T. Stand 25. 06. 2015.* Halle (Saale): Martin-Luther-Universität Halle-Wittenberg.

Gelitz, P. (2018). Von der Waldorfkrippe in den Waldorfkindergarten. Ergebnisse einer quantitativen empirischen Untersuchung zu den Faktoren gelingender Übergänge. *RoSE – Research on Steiner Education, 9*(2), 79–89.

Gesellschaft für seelische Gesundheit (2008). *Verantwortung für Kinder unter drei Jahren. Empfehlungen der Gesellschaft für seelische Gesundheit in der Frühen Kindheit (GAIMH) zur Betreuung und Erziehung von Säuglingen und Kleinkindern in Krippen.* Verfügbar unter: https://www.gaimh.org/reader-veroeffentlichungen/positionspapier.html

Glaser, B. G. & Strauss, A. L. (1971). *Status passage.* New Brunswick: Aldine Transaction.

Glüer, M. (2013). *Beziehungsqualität und kindliche Kooperations- und Bildungsbereitschaft. Eine Studie in Kindergarten und Grundschule.* Wiesbaden: Springer VS.

Gold, J., Störtländer, J. C., Dierker, P. & Textor, A. (2022). Segregationsprozesse beim Übergang vom Elementarbereich in die Grundschule. Wie verändern Wanderungsbewegungen zwischen Schulbezirken Kompositionen in Bezug auf Migrationshintergrund? *Zeitschrift für Grundschulforschung, 15,* 63–80. https://doi.org/10.1007/s42278-021-00128-5

Graalmann, K. (2016). ›Schulische Übergänge‹: Erkenntnisse aus der (Transitions-)Forschung. In M. Fiegert, K. Graalmann & I. Kunze (Hrsg.), *Schulische Übergänge gestalten – Brücken bauen. Konzepte – Umsetzung – Konsequenzen. Beiträge aus der Osnabrücker Forschungswerkstatt Schulentwicklung, Band 6* (S. 19–30). Universität Osnabrück: Eigendruck.

Grawe, K. (2004). *Neuropsychotherapie.* Göttingen: Hogrefe.

Griebel, W. (2012). Transitionen. In K.-P. Horn et al. (Hrsg.), *Klinkhardt Lexikon Erziehungswissenschaft, Band 3* (S. 322). Bad Heilbrunn: Klinkhardt.

Griebel, W. & Niesel, R. (2005). Die Bewältigung von Übergängen zwischen Familie und Bildungseinrichtung als Co-Konstruktion aller Beteiligten. In M. R. Textor (Hrsg.), *Kindergartenpädagogik, Online-Handbuch.* Verfügbar unter: www.kindergartenpaedagogik.de

Griebel, W. & Niesel, R. (2011). *Übergänge verstehen und begleiten. Transitionen in der Bildungslaufbahn von Kindern.* Berlin: Cornelsen.

Griebel, W. & Niesel, R. (2018). *Übergänge verstehen und begleiten. Transitionen in der Bildungslaufbahn von Kindern* (5. Auflage). Berlin: Cornelsen.

Grossmann, K. & Grossmann, K. (2014). *Bindungen – das Gefüge psychischer Sicherheit.* Stuttgart: Klett-Cotta.

Grotz, T. (2005). *Die Bewältigung des Übergangs vom Kindergarten zur Grundschule. Zur Bedeutung kindbezogener, familienbezogener und institutionsbezogener Schutz- und Risikofaktoren im Übergangsprozess.* Hamburg: Dr. Kovac.

Gutknecht, D. (o.J.). *Mikrotransitionen: kleiner Wechsel, große Wirkung.* Osnabrück: Niedersächsisches Institut für frühkindliche Bildung und Entwicklung (nifbe). Verfügbar unter: https://www.nifbe.de/component/themensammlung?view=item&id=591:kleiner-wechsel-grosse-wirkung

Gutman, L. M., Sameroff, A. J. & Cole, R. (2003). Academic growth curve trajectories from 1st grade to 12th grade: effects of multiple social risk factors and preschool child factors. *Developmental Psychology, 39*(4), 777–790. https://doi.org/10.1037/0012-1649.39.4.777

Hamburger Behörde für Arbeit, Gesundheit Soziales, Familie und Integration (2024). *Perspektive Kind. Hamburger Bildungsleitlinien für die pädagogische Arbeit in Kitas.* Hamburg.

Hanke, P. (2014). *Formen und Niveaus der Kooperation von Kita und Grundschule und deren Wirkungen auf Erzieher/innen, Grundschullehrkräfte, Eltern und Kinder (Wirkt). Schlussbericht.* Köln.

Hanke, P., Backhaus, J. & Bogatz, A. (2013). *Den Übergang gemeinsam gestalten. Kooperation und Bildungsdokumentation im Übergang von der Kindertageseinrichtung in die Grundschule.* Münster: Waxmann.

Havighurst, J. (1982). *Developmental tasks and education.* New York: Longman.

Hein, A. K. & Streffer, H. (2019). WEGE in die Grundschule. Zur Perspektive von Kindern auf Entwicklungsaufgaben im Übergang in die Grundschule. In C. Donie, F. Foerster, M. Obermayr, A. Deckwerth, G. Kammermeyer, G. Lenske, M. Leuchter & A. Wildemann (Hrsg.), *Grundschulpädagogik zwischen Wissenschaft und Transfer* (S. 314–319). Wiesbaden: Springer VS.

Hemmerich, F. (2020). Bildungspläne für den Elementarbereich als Chance für den Übergang. In S. Pohlmann-Rother, S. D. Lange & U. Franz (Hrsg.), *Kooperation von Kita und Grundschule, Band 1* (2. Auflage) (S. 145–174). Köln: Wolters Kluwer.

Hennig, C. & Ehinger, W. (2016). *Das Elterngespräch in der Schule. Von der Konfrontation zur Kooperation* (8. Auflage). Augsburg: Auer.

Herding, J. & Büker, P. (2022). Zwischen Konformität und Autonomie. Handlungsempfehlungen von Fünftklässler:innen zur Bewältigung des Grundschulübergangs. In E. Gläser, J. Poschmann & P. Büker, S. Miller (Hrsg.), *Reflexion und Reflexivität im Kontext Grundschule. Perspektiven für Forschung, Lehrer:innenausbildung und Praxis* (S. 203–208). Bad Heilbrunn: Klinkhardt.

Hinrichsen, M. (2020). *Das FSJ als biographischer Zwischenraum. (Re-)Konstruktionen von Bildungswegen junger Erwachsener.* Wiesbaden: Springer VS.

Hoffsommer, J. & Ramseger, J. (2014). Übergänge gelingen. Erfahrungen aus dem Programm »ponte. Kindergärten und Grundschulen auf neuen Wegen«. In S. Pohlmann-Rother & U. Franz (Hrsg.), *KiTa aktuell. Übergang von KiTa und Grundschule gestalten. Anforderungen, Konzepte und Praxistipps* (S. 113–123). Köln: Carl Link.

Holodynski, M. & Oerter, R. (2012). Emotion. In W. Schneider & U. Lindenberger (Hrsg.), *Entwicklungspsychologie* (7. Auflage) (S. 497–520). Weinheim: Beltz.

Holtmann, M. & Schmidt, M. (2004). Resilienz im Kindes- und Jugendalter. *Kindheit und Entwicklung 13*(14), 195–200. https://doi.org/10.1026/0942-5403.13.4.195

Hurrelmann, Klotz & Haisch, (2010). *Lehrbuch Prävention und Gesundheitsförderung* (3. Auflage). Bern: Hans Huber.

Huth, S. (2022). *Freiwilligendienste in Deutschland. Stand und Perspektiven.* Gütersloh: Bertelsmann Stiftung.

Institut für Bildungsanalysen Baden-Württemberg (o. J.). *Themenlandkarte: Übergang Schule-Beruf.* Verfügbar unter: https://ibbw-bw.de/,Lde/Startseite/Empirische-Bildungsforschung/bildungsregionen-themenlandkarte-uebergang-beruf

Jung, E. (2014). *Auf untervertrauten Pfaden. Der Übergang von der Kinderkrippe in den Kindergarten aus Sicht der pädagogischen Fachkräfte.* Weinheim: Beltz Juventa.

Jung, E. (2022). Episodisches Interview und thematisches Kodieren: von der Fallanalyse zum Gruppenvergleich. Der Übergang von der Krippe zum Kindergarten im Spiegel subjektiver Theorien pädagogischer Fachkräfte. *Fallarchiv Kindheitspädagogische Forschung. Online-Zeitschrift zu Qualitativen Methoden in Forschung und Lehre, 5*(1), Beitrag 3, 3–38. https://doi.org/10.18442/falki-5-1-3

Kaiser, S. & Fröhlich-Gildhoff, K. (2022). *Resilienzförderung in Krippe und Kindertagespflege. Ein Praxisbuch für Fachkräfte.* Stuttgart: Kohlhammer.

Kaiser, S. & Reutter, A. (2023). *Prävention und Resilienzförderung im Jugendalter – Ein Curriculum für Multiplikator*innen. Weiterbildung von Lehrkräften und pädagogischen Fachkräften der Sekundarstufe I und II.* Präventionsnetzwerk Ortenaukreis (PNO): Eigendruck.

Keller, H. (2011). *Kinderalltag. Kulturen der Kindheit und ihre Bedeutung für Bildung und Erziehung.* Berlin: Springer.

Keller, H. (2019). *Mythos Bindungstheorie: Konzept. Methode. Bilanz.* Weimar: Verlag das netz.

Kieferle, C. & Griebel, W. (2020). »Die anderen Stimmen« – immigrierte, geflüchtete und asylsuchende Familien auf dem Weg zur Teilhabe am deutschen Bildungssystem. *Frühe Bildung, 9*(1), 18–25. https://doi.org/10.1026/2191-9186/a000462

Kienig, A. (2002). The importance of social adjustment for future success. In H. Fabian & A.-W. Dunlop (Hrsg.), *Transitions in the early years. Debating continuity and progression for children in early education* (S. 23–37). New York: Routledge.

Klemm, K. (2023). *Jugendliche ohne Hauptschulabschluss. Demographische Verknappung und qualifikatorische Vergeudung.* Gütersloh: Bertelsmann Stiftung.

Kluczniok, K., Anders, Y. & Roßbach, H.-G. (2015). Der Übergang vom Kindergarten in die Grundschule aus Sicht der Eltern: Wovon hängt eine positive Bewältigung ab? *Diskurs Kindheits- und Jugendforschung/Discourse. Journal of Childhood and Adolescence Research, 2*, 129–148. https://doi.org/10.3224/diskurs.v10i2.19415

Knoppick, H., Becker, M., Neumann, M., Maaz, K. & Baumert J. (2016). Das subjektive Erleben des Übergangs in die weiterführende Schule. Die Bedeutung der Antizipation für die Bewältigung dieses kritischen Lebensereignisses. *Zeitschrift für Entwicklungspsychologie und pädagogische Psychologie, 48*(3), 129–143. https://doi.org/10.25656/01:14992

Knoppick, H., Dumont, H., Becker, M., Neumann, M. & Maaz, K. (2018). Der Übergang als kritisches Lebensereignis. Zur Rolle der Eltern für die Antizipation des Übergangs und das Wohlbefinden von Kindern auf der weiterführenden Schule. *Zeitschrift für Erziehungswissenschaft 21*(3), 487–510. https://doi.org/10.25656/01:17041

Kobelt Neuhaus, D. & Refle, R. (2008). *Inklusive Vernetzung von Kindertageseinrichtung und Sozialraum. Expertise des Weiterbildungsinstituts Frühpädagogische Fachkräfte.* München: DJI.

Kolleck, N. (2020). *Was uns zusammenhält. Wie erreichen wir mehr Teilhabechancen in unseren Schulen?* Bonn: Friedrich-Ebert-Stiftung.

Kooperationsverbund gesundheitliche Chancengleichheit (2015). *Übergänge: Bedeutung und fachliche Konzepte.* Verfügbar unter: https://www.gesundheitliche-chancengleichheit.de/materialien/publikationen-des-kooperationsverbundes/

Koslowski, C. (2015). KOOPERATION im »Bildungshaus 3–10« ist MEHR als Zusammenarbeit »auf Augenhöhe«. *Frühe Bildung, 4*(3), 3–11. https://doi.org/10.1026/2191-9186/a000187

Kordulla, A. (2021). Kita- und Grundschulkinder lernen zusammen. Peer-Learning im Übergang von der Kita in die Grundschule. *Frühe Bildung, 10*(3), 126–133. https://doi.org/10.1026/2191-9186/a000519

Kracke, B., Mayhack, K., Noack, P. & Weber-Liel, D. (2019). *Übergangskonferenzen. Eine Praxishilfe zur individuellen Übergangsgestaltung in Kindergarten und Schule.* Weinheim: Beltz.

Kramer, K. & Gabler, S. (2021). Ausgewählte entwicklungspsychologische Grundlagen für eine gelingende Teilhabe an einer digitalisierten Welt im Kindes- und Jugendalter. *In merz | medien + erziehung.* Verfügbar unter: https://www.jff.de/fileadmin/user_upload/merz/PDFs/online-exklusiv-klaudia-kramer-sandra-gabler-ausgewaehlte-entwicklungspsychologische-grundlagen-fuer-eine-gelingende-teilhabe-an-einer-digitalisierten-welt-im-kindes-und-jugendalter.pdf

Kroll, S. (2011). *Über-Gänge gestalten. Eine Perspektive der Entwicklungsbegleitung.* In S. Jungk, M. Treber & M. Willenbring (Hrsg.), *Bildung in Vielfalt. Inklusive Pädagogik der Kindheit. Materialien zur Frühpädagogik, Band 4* (S. 169–187). Freiburg: FEL.

Krüger, H.-H. & Grunert, C. (Hrsg.) (2010). *Handbuch Kindheits- und Jugendforschung* (2. Auflage). Wiesbaden: VS.

Kultusministerkonferenz der Länder (2009). *Den Übergang von der Tageseinrichtung für Kinder in die Grundschule sinnvoll und wirksam gestalten – Das Zusammenwirken von Elementarbereich und Primarstufe optimieren.* Verfügbar unter: https://www.kmk.org/fileadmin/veroeffentlichungen_beschluesse/2009/2009_06_18-Uebergang-Tageseinrichtungen-Grundschule.pdf

Kultusministerkonferenz der Länder (2017). *Empfehlung zur Beruflichen Orientierung an Schulen.* Bonn. Verfügbar unter: https://www.kmk.org/fileadmin/Dateien/veroeffentlichungen_beschluesse/2017/2017_12_07-Empfehlung-Berufliche-Orientierung-an-Schulen.pdf

Kurtz, T., Watermann, R., Klingebiel, F. & Szczesny, M. (2010). Das emotionale Erleben des bevorstehenden Grundschulübergangs und die Rolle der elterlichen Unterstützung. In K. Maaz, J. Baumert, C., Gresch & N. McElvany (Hrsg.), *Der Übergang von der Grundschule in die weiterführende Schule – Leistungsgerechtigkeit und regionale, soziale und ethnisch-kulturelle Disparitäten* (S. 333–355). Bonn, Berlin: Bundesministerium für Bildung und Forschung (BMBF).

Laewen, H.-J. (2006). Funktionen der institutionellen Früherziehung: Bildung, Erziehung, Betreuung, Prävention. In L. Fried & S. Roux (Hrsg.), *Pädagogik der frühen Kindheit. Handbuch und Nachschlagewerk* (S. 96–107). Weinheim: Beltz.

Laewen, H.-J., Andres, B. & Hédervári, È. (2003). *Die ersten Tage – Ein Modell zur Eingewöhnung in Krippe und Tagespflege* (4. Auflage). Weinheim: Beltz.

Lazarus, R. S. (1995). Streß und Streßbewältigung – ein Paradigma. In S.-H. Filipp (Hrsg.), *Kritische Lebensereignisse* (S. 198–323). Weinheim: Beltz PVU.

Lazarus, R. S. & Folkman, S. (1984). *Stress, appraisal, and coping.* New York: Springer.

Leibham, M. B., Alexander, J. M. & Johnson, K. E. (2013). Science Interests in Preschool Boys and Girls. Relations to Later Self-Concept and Science Achievement. *Science Education, 97*(4), 574–593. https://doi.org/10.1002/sce.21066

Lenkungsgruppe TransKiGs in Zusammenarbeit mit der Koordinierungsstelle TransKiGs (Hrsg.) & Hofmann, J. (Hrsg.) (2009). *Übergang Kita- Schule zwischen Kontinuität und Herausforderung. Materialien, Instrumente und Ergebnisse des TransKiGs-Verbundprojektes.* Weimar: verlag das netz.

Lichtblau, M., Hartmann, M. & Schenk, A. (2020). Kooperative Beobachtung und Förderung kindlicher Interessen im Kontext des Early Excellence-Ansatzes im Übergang Kita-Schule. *Frühe Bildung, 9*(3), 118–125. https://doi.org/10.1026/2191-9186/a000482

Liebers, K. & Scheib, S. (2014). TransKiGs: Gemeinsam eine »Bildungsphilosophie« entwickeln – gemeinsam den Übergang professionell begleiten. In S. Pohlmann-Rother & U. Franz (Hrsg.), *KiTa aktuell. Übergang von KiTa und Grundschule gestalten. Anforderungen, Konzepte und Praxistipps* (S. 124–143). Köln: Carl Link.

LoCasale-Crouch, J., Mashburn, A. J., Downer, J. T. & Pianta, R. C. (2008). Pre-Kindergarten teachers' use of transition practices and children's adjustment to Kindergarten. *Early Childhood Research Quarterly, 23*(1), 124–139. https://doi.org/10.1016/j.ecresq.2007.06.001

Lohaus, A. (2018). *Entwicklungspsychologie des Jugendalters.* Wiesbaden, Heidelberg: Springer.

Lohaus, A. & Vierhaus, M. (2015). *Entwicklungspsychologie des Kindes- und Jugendalters für Bachelor* (3. Auflage). Wiesbaden, Heidelberg: Springer.

Ludwig-Maximilian-Universität München (LMU) (o. J.). *Erfolgreiche Elterngespräche.* Lehrstuhl für Schulpädagogik. Verfügbar unter: https://www.edu.lmu.de/spe/int_schulent/6_eltern/63_elterngespraeche/index.html

Luthar, S. S. (2006). Resilience in Development: A Synthesis of Research across Five Decades. In D. Cicchetti & D. J. Cohen (Eds.), *Developmental Psychopathology: Risk, Disorder, and Adaptation* (pp. 739–795). New York: Wiley.

Margetts, K. (2013). What new children need to know: Children's perspectives of starting school. In K. Margetts & A. Kienig (Hrsg.), *International 73 Literature perspectives on transition to school. Reconceptualising beliefs, policy and practice* (S. 79–97). New York, London: Routledge.

Martschinke, S. & Frank, A. (2014). Das Nürnberger Übergangsprojekt für Kindertagesstätte und Grundschule – Emotionale, personale und soziale Kompetenzen als wichtige Ressourcen für eine gelingende Übergangsbewältigung. In S. Pohlmann-Rother & U. Franz (Hrsg.), *KiTa aktuell. Übergang von KiTa und Grundschule gestalten. Anforderungen, Konzepte und Praxistipps* (S. 81–97). Köln: Carl Link.

Maslow, A. H. (1954). *Motivation and personality.* New York: Harpers.

Masten, A. (2016). *Resilienz: Modelle, Fakten & Neurobiologie. Das ganz normale Wunder entschlüsselt.* Paderborn: Junfermann.

Mays, D., Quenzer-Alfred, C., Metzner-Guczka, F., Zielemanns, H., Tölle, L., Soyka, V., Krol, L. & Wichmann, M. L.-Y (2023). Der Übergang vom Kindergarten in die Grundschule – eine Orientierung zum Stand der empirischen Forschung. *Zeitschrift für Grundschulforschung, 16*, 357–389. https://doi.org/10.1007/s42278-023-00171-4

Mietzel, G. (2019). *Wege in die Entwicklungspsychologie. Kindheit und Jugend* (5. Auflage). Weinheim: Beltz.

Ministerium für Bildung, Wissenschaft, Weiterbildung und Kultur Rheinland-Pfalz (o. J.). *Leitfaden für ein Lehrer-Schüler-Eltern-Gespräch an rheinland-pfälzischen Schulen.* Verfügbar unter: https://eltern.bildung-rp.de/fileadmin/user_upload/eltern.bildung-rp.de/Leitfaden/Leitfaden_LSEG_2014.pdf

Ministerium für Kultus, Jugend und Sport (2005). *Kooperation zwischen Tageseinrichtungen für Kinder und Grundschulen.* Stuttgart.

Ministerium für Kultus, Jugend und Sport Baden-Württemberg (2015). *Kooperation zwischen Tageseinrichtungen für Kinder und Grundschulen. Kinder stärken im Übergang.* Verfügbar unter: https://kindergaerten.kultus-bw.de/site/pbs-bw-km-root/get/documents_E1135716431/KULTUS.Dachmandant/KULTUS/Projekte/kindergaerten-bw/Koopordner/Koopordner_13_Kinder%20staerken_im_Uebergang.pdf

Ministerium für Kultus, Jugend und Sport Baden-Württemberg (2017). *Verwaltungsvorschrift des Kultusministeriums über die berufliche Orientierung an weiterführenden allgemein bildenden und beruflichen Schulen (VwV Berufliche Orientierung 2017).* Verfügbar unter: https://km.baden-wuerttemberg.de/de/service/gesetze-und-verordnungen

Ministerium für Kultus, Jugend und Sport Baden-Württemberg (2019). *Verwaltungsvorschrift des Kultusministeriums über die Kooperation zwischen Tageseinrichtungen für Kinder und Grundschule (VwV Kooperation Kindertageseinrichtungen – Grundschulen).* Verfügbar unter: https://kindergaerten.kultus-bw.de/site/pbs-bw-km-root/get/documents_E453030779/KULTUS.Dachmandant/KULTUS/Projekte/kindergaerten-bw/pdf/koop/VwV%20Kooperation.pdf

Ministerium für Kultus, Jugend und Sport Baden-Württemberg (2024). *Das neue Schuljahr 2024/25 in Baden-Württemberg.* Verfügbar unter: https://km.baden-wuerttemberg.de/de/service/pressemitteilung/pid/das-neue-schuljahr-202425-in-baden-wuerttemberg

Ministerium für Kultus, Jugend und Sport Baden-Württemberg (2025). *Orientierungsplan für Bildung und Erziehung in baden-württembergischen Kindertageseinrichtungen und Kindertagespflege.* Freiburg: Herder.

Ministerium für Schule und Bildung des Landes Nordrhein-Westfalen & Ministerium für Kinder, Familie, Flüchtlinge und Integration des Landes Nordrhein-Westfalen (2018). *Bildungsgrundsätze Mehr Chancen durch Bildung von Anfang an Grundsätze zur Bildungsförderung für Kinder von 0 bis 10 Jahren in Kindertagesbetreuung und Schulen im Primarbereich in Nordrhein-Westfalen* (2. Auflage). Freiburg: Herder.

Ministerium für Wirtschaft, Arbeit und Tourismus Baden-Württemberg (2024). *Gemeinsamer Einsatz für die berufliche Ausbildung.* Verfügbar unter: https://wm.baden-wuerttemberg.de/de/arbeit/berufliche-ausbildung/ausbildungsbuendnis/

Morgan, N. S. (2017). *Engaging Families in Schools. Practical strategies to improve parental involvement.* London, New York: Routledge.

Moser, C. (2016). *Die Transition vom Kindergarten in die Grundschule in Oberösterreich. Grundlagen – Bestandsaufnahme – Perspektiven. Dissertation.* Universität Gießen.

Myers, D. G. (2014). *Psychologie* (3. Auflage). Wiesbaden: Springer.

Nationale Akademie der Wissenschaften Leopoldina (2024). *Förderung der Selbstregulationskompetenzen von Kindern und Jugendlichen in Kindertageseinrichtungen und Schulen.* Halle (Saale): Eigendruck. https://doi.org/10.26164/leopoldina_03_01157

Nentwig-Gesemann, I. & Hurmaci, A. (2020). *KiTa-Qualität aus der Perspektive von Eltern.* Gütersloh: Bertelsmann Stiftung.

Neuenschwander, M. P. (2017). Anpassungsprozesse beim Übergang in die Sekundarstufe I. In M. P. Neuenschwander & C. Nägele (Hrsg.), *Bildungsverläufe von der Einschulung bis in den ersten Arbeitsmarkt. Theoretische Ansätze, empirische Befunde und Beispiele* (S. 143–162). Wiesbaden: Springer.

Neuenschwander, M. P. (2019). Übergänge in die Berufsausbildung. In B. Kracke & P. Noack (Hrsg.), *Handbuch Entwicklungs- und Erziehungspsychologie* (S. 425–438). Wiesbaden: Springer.

Neuenschwander, M. P., Gerber, M., Frank, N. & Rottermann, B. (2012). *Schule und Beruf. Wege in die Erwerbstätigkeit.* Wiesbaden: VS.

Neuenschwander, M. P. & Schaffner, N. (2011). Individuelle und schulische Risikofaktoren und protektive Faktoren im Berufsorientierungsprozess. *Die Deutsche Schule, 103*, 326–340. https://doi.org/10.25656/01:25712

Neugebauer, U. & Bewyl, W. (2006). *Methoden zur Netzwerkanalyse. Zeitschrift für Evaluation, 2 – Originalbeiträge,* 249–286.

Niesel, R. & Griebel, W. (2013). Übergang von der Familie in eine Kindertageseinrichtung. In W. Schröer, B. Stauber, A. Walther, L. Böhnisch & K. Lenz (Hrsg.), *Handbuch Übergänge* (S. 215–231). Weinheim: Beltz.

Niesel, R., Griebel, W. & Netta, B. (2008). *Nach der Kita kommt die Schule. Mit Kindern den Übergang schaffen.* Freiburg: Herder.

OECD (2019). *PISA 2018 Ergebnisse (Band I): Was Schülerinnen und Schüler wissen und können.* Bielefeld: wbv Media. https://doi.org/10.1787/1da50379-de

Ogrodowski, J. (2021). Mit Kindern den Übergang auf die weiterführende Schule reflektieren – Sichtweise von Viertklässler*innen auf die selektiven Schulstrategien. In N. Böhme, B. Dreer, H. Hahn, S. Heinecke, G. Mannhaupt & S. Tänzer (Hrsg.), *Mythen, Widersprüche und Gewissheiten der Grundschulforschung. Eine wissenschaftliche Bestandsaufnahme nach 100 Jahren Grundschule* (S. 133–139). Wiesbaden: Springer.

Petermann, F. (2017). Emotionsregulation. *Kindheit und Entwicklung, 26*(3), 129–132. https://doi.org/10.1026/0942-5403/a000224

Piekny, J., Thomsen, T., Schuchardt, K., Lessing, N., Greve, W. & Mähler, C. (2017). Kognitive Kompetenzen und kognitive Bewältigungsstrategien im Vor- und Grundschulalter. Bedingungen, Wechselwirkungen und Entwicklungsverläufe. *Kindheit und Entwicklung, 26*(1), 28–38.

Pohlmann-Rother, S. & Franz, U. (Hrsg.) (2014). *KiTa aktuell. Übergang von KiTa und Grundschule gestalten. Anforderungen, Konzepte und Praxistipps.* Köln: Carl Link.

Pohlmann-Rother, S., Kratzmann, J. & Wehner, F. (2010). Was kann der Kindergarten zu einem gelingenden Schulstart beitragen? *KiTa spezial, 1*, 47–49.

Premack, D. & Woodruff, G. (1978). Does the chipmanzee have a theory of mind? *Behavioral & Brain Sciences, 1*, 515–526. https://doi.org/10.1017/S0140525X00076512

Rassenhofer, M. & Fegert, J. M. (2023). Gelingende Entwicklung, Teilhabe und Resilienz. In J. Fegert et al. (Hrsg.), *Gute Kinderschutzverfahren. Tatsachenwissenschaftliche Grundlagen, rechtlicher Rahmen und Kooperation im familiengerichtlichen Verfahren* (S. 173–182). Wiesbaden: Springer.

Rathmer, B. A. (2012). *Kita und Grundschule: Kooperation und Übergangsgestaltung. Konzeptionen. Empirische Bestandsaufnahme. Perspektiven.* Münster: Waxmann.

Resnjanskij, S., Ruhose, J., Wedel, K., Wiederhold, S. & Wößmann, L. (2023). Mentoring erhöht die Ausbildungsbeteiligung benachteiligter Jugendlicher. *ifo-Schnelldienst, 76*(12), 7–10.

Rimm-Kaufman, S. E., Pianta, R. C. & Cox, M. J. (2000). Teachers' judgements of problems in the transition to kindergarten. *Early Childhood Research Quarterly, 15*(2), 147–166. https://doi.org/10.1016/S0885-2006(00)00049-1

Rönnau-Böse, M. & Fröhlich-Gildhoff, K. (2024). *Resilienz und Resilienzförderung über die Lebensspanne* (3. Auflage). Stuttgart: Kohlhammer.

Sacher, W. (2022). *Kooperation zwischen Schule und Eltern – nötig, machbar, erfolgreich! Grundlagen, Forschungsstand und praktische Gestaltung* (3. Auflage). Bad Heilbrunn: Klinkhardt.

Schimmer, J. (2023). »Dass ich keine Freunde hab und dass ich mit keinem spiel« – Vorfreude und Ängste von Vorschulkindern mit Blick auf Einschulung und Schule. *Perspektiven der empirischen Kinder- und Jugendforschung, Ausgabe 2/2023, 9*(2), 22–35.

Schröder, R., Stabbert, R., Faulborn, B., Gerjets, I., Grüner, J. & Witthoeft, J. (2015). *Reformen zur Berufsorientierung auf Bundes- und Landesebene im Zeitraum 2004–2015.* Gütersloh: Bertelsmann Stiftung.

Sechtig, J., Freund, U., Roßbach, H.-G. & Anders, Y. (2014). Das Modellprojekt »KiDZ – Kindergarten der Zukunft in Bayern« – Kernelemente, zentrale Ergebnisse der Evaluation und Impulse für die Gestaltung des Übergangs vom Kindergarten in die Grundschule. In S. Pohlmann-Rother & U. Franz (Hrsg.), *KiTa aktuell. Übergang von KiTa und Grundschule gestalten. Anforderungen, Konzepte und Praxistipps* (S. 98–112). Köln: Carl Link.

Seckinger, M. (2010). Kooperation zwischen Kindergarten und Schule: kein einfaches Unternehmen. In A. Diller, H. R. Leu & T. Rauschenbach (Hrsg.), *Wie viel Schule verträgt der Kindergarten? Annäherung zweier Lernwelten* (S. 201–213). München: DJI.

Seddig, N. (2014). »In der Schule lernt man was und im Kindergarten nicht.« Vorstellungen und Bilder von Kindern über Kindertageseinrichtung und Grundschule, vor und nach der Einschulung. In K. Fröhlich-Gildhoff, I. Nentwig-Gesemann & N. Neuß (Hrsg.), *Forschung in der Frühpädagogik VII – Schwerpunkt: Profession und Professionalisierung* (S. 307–326). Freiburg: FEL.

Seddig, N. (2019). *Die subjektive Perspektive von Kindern im Übergang von der Kindertageseinrichtung in die Grundschule. Eine qualitative Studie über das subjektive Erleben, die Vorstellungen und die Einschätzungen von Kindern in institutionellen Bildungssettings.* Frankfurt am Main: Johann Wolfgang Goethe-Universität (Dissertation).

Shields, P. (2009). »School Doesn't feel as much of a partnership«. Parents' perception of their children's transition from nursery school to reception class. *Early Years: An International Journal of Research and Development, 29*(3), 237–248. https://doi.org/10.1080/09575140903286342

Siegrist, S. & Widmer, F. (o.J.). *Das »Stadtzürcher Transitionsmodell«. Ein modulares Modell für die Gestaltung des Übergangs von der Familie in Institutionen der Frühpädagogik.* Verfügbar unter: https://digitalcollection.zhaw.ch/server/api/core/bitstreams/0d55920c-28a0-40df-80d5-7eb9e527d962/content

Singer, A., Gerber, M. & Neuenschwander, M. P. (2014). Individuelle und soziale Bedingungen der beruflichen Sozialisation im Lehrbetrieb. In M. P. Neuenschwander (Hrsg.), *Selektion in Schule und Arbeitsmarkt* (S. 165–186). Zürich: Rüegger.

Solga, H. & Weiß, R. (Hrsg.) (2015). *Wirkung von Fördermaßnahmen im Übergangssystem. Forschungsstand, Kritik, Desiderata.* Bonn: Bundesinstitut für Berufsbildung.

Spieß, E. (2021). Kooperation. In M. A. Wirtz (Hrsg.), *Dorsch Lexikon der Psychologie* (20. Auflage). Bern: Hogrefe. Verfügbar unter: https://dorsch.hogrefe.com/stichwort/kooperation#search=30e772f0a12df22bb55dc624048dc71a&offset=0

Stadt Fürth (2011). *Der grüne Faden. Eine Anleitung zum Organisieren von Elternabenden in Bildungseinrichtungen.* Fürth: ELAN GmbH.

Stadt Nürnberg (Hrsg.) (2011). *Abschlussbericht Modellprojekt »Übergang Kindergarten – Grundschule«. Projektzeitrahmen: 2006–2011.* Nürnberg: Eigendruck. Verfügbar unter: https://www.nuernberg.de/imperia/md/jugendamt/dokumente/projekte/20111124_uebergang_kiga_grundschule.pdf

Statista (2016). *Was die junge Generation nach der Schule machen will in Deutschland 2015.* Verfügbar unter: https://de.statista.com/statistik/daten/studie/628338/umfrage/was-die-junge-generation-nach-der-schule-machen-will-in-deutschland/

Statista (2025). *Betreuungsquote: Anteil der unter 3-Jährigen in Kindertagesbetreuung in Deutschland von 2007 bis 2024.* Verfügbar unter: https://de.statista.com/statistik/daten/studie/1004679/umfrage/betreuungsquote-der-unter-3-jaehrigen-in-deutschland/

Statistisches Bundesamt (2024a). *Kinder in Tageseinrichtungen nach Altersgruppen und Bundesländern.* Verfügbar unter: https://www.destatis.de/DE/Themen/Gesellschaft-Umwelt/Soziales/Kindertagesbetreuung/Tabellen/kinder-kindertageseinrichtungen.html

Statistisches Bundesamt (2024b). *Schulen.* Verfügbar unter: https://www.destatis.de/DE/Themen/Gesellschaft-Umwelt/Bildung-Forschung-Kultur/Schulen/_inhalt.html#234480

Statistisches Bundesamt (2024c). *Statistik der allgemeinbildenden Schulen. Absolventen und Abgänger.* Verfügbar unter: https://www.destatis.de/DE/Themen/Gesellschaft-Umwelt/Bildung-Forschung-Kultur/Schulen/Tabellen/_tabellen-innen-schueler-absolventen.html

Statistisches Bundesamt (2024d). *Pressemitteilung Nr. 369 vom 26. September 2024.* Verfügbar unter: https://www.destatis.de/DE/Presse/Pressemitteilungen/2024/09/PD24_369_225.html

Statistisches Bundesamt (2024e). *Betreuungsquote von Kindern unter 6 Jahren nach Bundesländern.* Verfügbar unter: https://www.destatis.de/DE/Themen/Gesellschaft-Umwelt/Soziales/Kindertagesbetreuung/Tabellen/betreuungsquote.html

Statistisches Bundesamt (2024f). *Sozialbericht 2024. Ein Datenreport für Deutschland.* Bonn: Statistisches Bundesamt (Destatis), Wissenschaftszentrum Berlin für Sozialforschung (WZB), Bundesinstitut für Bevölkerungsforschung (BiB).

Statistisches Bundesamt (2024g). *Pressemitteilung Nr. 113 vom 21. März 2024.* Verfügbar unter: https://www.destatis.de/DE/Presse/Pressemitteilungen/2024/03/PD24_113_212.html

Statistisches Bundesamt (2024h). Auszubildende nach Ausbildungsbereichen und Ausbildungsjahren. *Statistischer Bericht Berufsbildungsstatistik. GENESIS-Online Datenbank – 21211 Berufsbildungsstatistik, Fachserie 11, Reihe 3.*

Statistisches Bundesamt (2025a). Studienanfängerinnen und Studienanfänger im 1. Hochschulsemester nach Hochschularten und Staatsangehörigkeit. *Statistischer Bericht Studierendenstatistik. Fachserie 11, Reihe 4.1.*

Statistisches Bundesamt (2025b). *Pressemitteilung Nr. 073 vom 26. Februar 2025.* Verfügbar unter: https://www.destatis.de/DE/Presse/Pressemitteilungen/2025/02/PD25_073_21.html

Steinert, B., Klieme, E., Maag Merki, K., Döbrich, P., Halbheer, U. & Kunz, A. (2006). Lehrerkooperation in der Schule: Konzeption, Erfassung, Ergebnisse. *Zeitschrift für Pädagogik 52*(2), 185–204. https://doi.org/10.25656/01:4452

Stiftung der Deutschen Wirtschaft (o. J.). *Vivo – Zukunftschancen für Kinder am Übergang in die Sekundarstufe I.* Verfügbar unter: https://www.sdw.org/das-bieten-wir/transferaktivitaeten/vivo/materialien.html

Sturmhöfel, N. (2014). Soziale und emotionale Kompetenzen von Kindern im Modellprojekt »Bildungshaus 3–10«. Eine Längsschnittstudie zu Übergangsprozessen vom Kindergarten in die Grundschule. In B. Kopp, S. Martschinke, M. Munser-Kiefer, M. Haider, E.-M. Kirschhock, G. Ranger & G. Renner (Hrsg.), *Individuelle Förderung und Lernen in der Gemeinschaft. Jahrbuch Grundschulforschung, Band 17* (S. 266–270). Wiesbaden: Springer VS.

Swartz, R. A., Speirs, K. E., Encinger, A. J. & McElwain, N. L. (2016). A Mixed Methods Investigation of Maternal Perspectives on Transition Experiences in Early Care and Education. *Early Education and Development, 27,* 170–189. https://doi.org/10.1080/10409289.2016.1087777

Textor, M. R. (2007). Bildung in der Erzieherin-Kind-Beziehung. In F. Becker-Stoll & M. R. Textor (Hrsg.), *Die Erzieherin-Kind-Beziehung: Zentrum von Bildung und Erziehung* (S. 74–96). Berlin: Cornelsen.

Thüringer Ministerium für Bildung, Jugend und Sport (2019). *Thüringer Bildungsplan bis 18 Jahre.* Weimar: verlag das netz.

Treutlein, A. & Schöler, H. (2013). Bewertung des Übergangs durch Schüler/-innen und Eltern. In J. Roos & H. Schöler (Hrsg.), *Transitionen in der Bildungsbiographie. Der Übergang vom Primar- zum Sekundarbereich* (S. 169–196). Wiesbaden: Springer VS.

Trunkenpolz, K. & Datler, W. (2019). Frühe Übergänge. Annäherungen an Eingewöhnungs- und Transitionsprozesse anlässlich des Eintritts von Kindern in elementarpädagogischen Einrichtungen. In H. Fasching (Hrsg.), *Beziehungen in pädagogischen Arbeitsfeldern und ihren Transitionen über die Lebensalter* (S. 43–57). Bad Heilbrunn: Klinkhardt.

Truschkat, I. (2013). Biografie und Übergang. In W. Schröer, B. Stauber, A. Walter, L. Böhisch & K. Lenz (Hrsg.), *Handbuch Übergänge* (S. 44–63). Weinheim: Beltz.

UNICEF (2022). *Konvention über die Rechte des Kindes.* Verfügbar unter: https://www.unicef.de/_cae/resource/blob/194402/3828b8c72fa8129171290d21f3de9c37/d0006-kinderkonvention-neu-data.pdf

van Gennep, A. (1986). *Übergangsriten.* Frankfurt am Main: Campus.

van Ophuysen, S. & Harazd, B. (2011). *Der Übergang von der Grundschule zur weiterführenden Schule – Gestaltung, Beratung, Diagnostik.* Kiel: IPN.

van Ophuysen, S. & Harazd, B. (2014). Der Übergang von der Grundschule zur weiterführenden Schule aus der Perspektive der Schulqualität. Ein Übergangsqualitätsmodell. In M. Pfeifer (Hrsg.), *Schulqualität und Schulentwicklung – Theorien, Analysen und Potenziale* (S. 73–92). Münster: Waxmann.

van Ophuysen, S., Harazd, B. & Schürer, S. (2006). Wie Schülerinnen und Schüler den Wechsel von der Grundschule zur weiterführenden Schule erleben – ein Zwischenbericht. *Forum Schule, 1,* 10–11.

van Ophuysen, S., Schürer, S. & Bloh, B. (2021). Die Gestaltung des Übergangs zur Weiterführenden Schule – Welche Maßnahmen wurden und werden an Grundschulen in NRW praktiziert? *Zeitschrift für Grundschulforschung, 14,* 149–167. https://doi.org/10.1007/s42278-020-00101-8

van Santen, E. & Seckinger, M. (2003). *Kooperation: Mythos und Realität einer Praxis. Eine empirische Studie zur interinstitutionellen Zusammenarbeit am Beispiel der Kinder- und Jugendhilfe.* München: DJI.

Vierhaus, M. & Lohaus, M (2007). Das Stresserleben während der Grundschulzeit als Prädiktor für die Bewertung des Schulübergangs von der Grundschule zur weiterführenden Schule. *Unterrichtswissenschaft, 35*(4), 296–311. https://doi.org/10.25656/01:5498

Vincent, C. (2017). ›The children have only one education and you have to make sure it's a good one‹. Parenting and parent-school relations in a neoliberal age. *Gender and Education, 29*, 541–557. https://doi.org/10.1080/09540253.2016.1274387

Walper, S. (2021). *Entwicklung, ökologischer Ansatz nach Bronfenbrenner.* In M. A. Wirtz (Hrsg.), *Dorsch Lexikon der Psychologie* (20. Auflage). Bern: Hogrefe. Verfügbar unter: https://dorsch.hogrefe.com/stichwort/entwicklung-oekologischer-ansatz-nach-bronfenbrenner

Weinert, F. E. (2001). Vergleichende Leistungsmessung in Schulen – eine umstrittene Selbstverständlichkeit. In F. E. Weinert (Hrsg.), *Leistungsmessungen in Schulen* (S. 17–32). Weinheim: Beltz.

Weiß, R. (2015). Viel hilft nicht immer viel: Wirkungen von Fördermaßnahmen im Übergang von der Schule in die berufliche Ausbildung – Einführung und Überblick. In H. Solga & R. Weiß (Hrsg.), *Wirkung von Fördermaßnahmen im Übergangssystem. Forschungsstand, Kritik, Desiderata* (S. 7–24). Bonn: Bundesinstitut für Berufsbildung.

Weltzien, D., Pasquale, D. & Boidol, M., (2022). *Bestands- & Bedarfserhebung III – 2021 Ergebnisse.* Präventionsnetzwerk Ortenaukreis (Hrsg.), Offenburg Landratsamt Ortenaukreis. Verfügbar unter: https://pno-ortenau.de/media/custom/2565_991_1.PDF?1658403496

Wicki, W. (2015). *Entwicklungspsychologie* (2. Auflage). München: Ernst Reinhardt.

Wildgruber, A. & Griebel, W. (2016). *Erfolgreicher Übergang vom Elementar- in den Primarbereich. Empirische und curriculare Analysen. Weiterbildungsinitiative Frühpädagogische Fachkräfte, WiFF Expertisen, Band 44.* München: DJI.

Wildgruber, A., Griebel, W., Radan, J. & Schuster, A. (2017). Übergang zu Eltern von Schulkindern. Unterschiedliche Bewältigung neun Monate nach Schulstart. *Frühe Bildung, 6*(1), 16–24. https://doi.org/10.1026/2191-9186/a000297

Wittmer-Gerber, S. (2022). Bildungsgerechtigkeit fördern – Impulse aus der Programmarbeit der Stiftung der Deutschen Wirtschaft. In T. Betz, A. Meyer-Hamme & A.-C. Halle (Hrsg.), *Soziale Ungleichheit und die Rolle soziale Beziehungen in der (Ganztags-)Schule. Kein Thema für Fortbildungen?* (S. 62–68). Gütersloh: Bertelsmann Stiftung.

Wustmann Seiler, C. (2021). *Resilienz. Widerstandsfähigkeiten von Kindern in Tageseinrichtungen fördern* (8. Auflage). Mühlheim an der Ruhr: Verlag an der Ruhr.

Wygotski, L. (1987). *Ausgewählte Schriften, Band 2: Arbeiten zur psychischen Entwicklung der Persönlichkeit.* Köln: Pahl-Rugenstein.

Zehbe, K., Krähner, I. & Cloos, P. (2021). *Elterngespräche und die Gestaltung von (inklusionsorientierten) Übergängen in Kindertageseinrichtungen.* Hildesheim: Universitätsverlag.

Zumbach-Basu, J. (2023). Bereiche und Phasen der kindlichen Entwicklung. In J. Fegert et al. (Hrsg.), *Gute Kinderschutzverfahren. Tatsachenwissenschaftliche Grundlagen, rechtlicher Rahmen und Kooperation im familiengerichtlichen Verfahren* (S. 137–160). Wiesbaden: Springer.